分析フェミニズム
基本論文集

木下頌子・渡辺一暁・飯塚理恵・小草泰
編訳

サリー・ハスランガー

キャスリン・ジェンキンズ

タリア・メイ・ベッチャー

ティモ・ユッテン

ロビン・ゼン

エリザベス・アンダーソン

クリスティ・ドットソン

アリソン・ワイリー

慶應義塾大学出版会

目次

———————————————
Part I　ジェンダーとは何か？
———————————————

1　ジェンダーと人種
　　──ジェンダーと人種とは何か？　私たちはそれらが何であってほしいのか？
　　　　　　　　　　サリー・ハスランガー（木下頌子訳）　3

2　改良して包摂する
　　──ジェンダー・アイデンティティと女性という概念
　　　　　　　　　　キャスリン・ジェンキンズ（渡辺一暁訳）　45

———————————————
Part II　性的モノ化
———————————————

3　邪悪な詐欺師、それでいてものまね遊び
　　──トランスフォビックな暴力、そして誤解の政治について
　　　　　　　　　　タリア・メイ・ベッチャー（渡辺一暁訳）　87

4　性的モノ化　　　　　　　　ティモ・ユッテン（木下頌子訳）　120

5　イエロー・フィーバーはなぜ称賛ではないのか
　　──人種フェチに対する一つの批判　　ロビン・ゼン（木下頌子訳）　153

———————————————
Part III　社会的権力と知識
———————————————

6　社会制度がもつ徳としての認識的正義
　　　　　　　　　　エリザベス・アンダーソン（飯塚理恵訳）　189

7 認識的暴力を突き止め、声を封殺する実践を突き止める
クリスティ・ドットソン（小草泰・木下頌子・飯塚理恵訳） 206

8 なぜスタンドポイントが重要なのか
アリソン・ワイリー（飯塚理恵・小草泰訳） 238

編訳者解説 木下頌子 275
出典一覧 292
人名索引 293
事項索引 295

凡例
- 原注は 1、2……と、訳注は〔1〕、〔2〕……と表記し、章ごとの通し番号で示した。
- 文中の〔　　〕は訳者による補足を示す。
- 引用文中での原著者による補足は［　　］によって示した。
- 原文におけるイタリック体は、強調の場合は傍点に、用語の導入の場合は「　」で反映した。また、第1章、第2章において概念を表すために用いられているイタリックは太字で反映した。
- 原文の（　）やダーシはおおむね反映されているが、文脈によって加除した箇所もある。
- 原文における明らかな誤植については、修正して訳出した。
- 引用文については、基本的に独自に訳出しているが、既訳がある場合には適宜参考にし、できるかぎり既訳の頁を記した。なお既訳の文章をほぼそのまま使った箇所については、その旨を明記した。
- 文献については、参照しやすいように適宜表記を統一した。

Part I

ジェンダーとは何か？

1

ジェンダーと人種

ジェンダーと人種とは何か?　私たちはそれらが何であってほしいのか?[1]

サリー・ハスランガー

木下頌子訳

> 女性を定義するのに、生物学的な女の機能だけでは不十分だとしたら、
> また、「永遠の女性的なもの」によって説明することも拒否するとしたら、
> しかし仮にも地上に女性がいることを認めるならば、
> 私たちは次のように問うべきである、女性とは何か、と。
> ──シモーヌ・ド・ボーヴォワール『第二の性』[1]

あなたは私のことをただの「女性の体に閉じ込められた女性」だと言って笑うでしょうね。

1　謝辞：本論文の草稿に対して有益なコメントをくれた以下の方々に感謝する。エリザベス・アンダーソン、ラリー・ブラム、トレイシー・エドワーズ、マリリン・フライ、スティーヴン・ダーウォル、エリザベス・ハケット、エリザベス・ハーマン、ドナルド・ヘルツォーク、ウィル・キムリッカ、イシャニ・マイトラ、ミカ・ラヴァク゠マンティ、ジョー・レヴィーン、エリザベス・ロイド、メアリー・ケイト・マッゴーワン、トリル・モイ、クリスティン・オーヴァーオール、ジェラルド・ポステマ、フィリス・ルーニー、デブラ・ザッツ、ジェフリー・セイヤー・マッコード、バリー・スミス、ジャクリーン・スティーヴンス、ナタリー・ストリアー、マーチン・ストーン、アスタ・スヴェンスドティア、ポール・テイラー、グレッグ・ヴェラッコ・イ・トリアノスキー、キャスリン・ウェアリング、ラルフ・ウェッジウッド、スティーヴン・ヤブロー。また、多方面にわたる素晴らしく洞察に満ちた数々のコメントと編集上の助言をくれたルイーズ・アントニーには、特に感謝を捧げる。本論文の内容について口頭発表を行なった、ケンタッキー大学、ノースカロライナ大学、クイーンズ大学、スタンフォード大学、タフツ大学、ユタ大学の哲学学科の聴衆にも感謝する。このプロジェクト研究は、1995〜96年に研究員として所属した国立人文センターの支援に基づいている。そのセンターを支援し、そこでの私の資金を提供してくれたトリデルタ・ソロリティに感謝する。

3

——エレン・デジェネレス、My Point...and I Do Have One

人種など存在しないというのが事の真相だ。
われわれが人種に求める役割をすべてもつようなものはこの世界に存在しない。
——クワメ・アンソニー・アッピア、In My Father's House

　日常の場面で、何を研究しているのかと聞かれて、ジェンダーとは何かを明らかにしようとしていると答えるとき、いつも居心地の悪い思いをする。というのも、学術界のいささか狭い領域以外では、「ジェンダー」という語はもはや男女について話すための丁寧な表現として使われており、そして人々にとって男（male）と女（female）の違いは疑うべくもなく知っているような事柄の一つであるからだ。〔そういう人々の理解では〕男とは、よく知られた様々な第一次性徴と第二次性徴——その最も重要な特徴は陰茎をもつことである——が現れる人であり、女とは、それとは異なる第一次性徴と第二次性徴——最も重要なのは腟をもつことである（あるいは子宮をもつことかもしれない）——が現れる人である。以上。そう考えている人からすれば、「ジェンダーとは何か」という問いを探究すること、特に哲学的に探究することに、いったい何の意味があるのかわからないだろう[2]。

　けれども、ジェンダーに関わる問題を扱う一部の学術領域では、セックス（sex）とジェンダーは単純に同一視されるものではないし、さらには一見はっきりしているように思われる男女の解剖学的違いも疑問視されてきた。そして、男性（men）と女性（women）には解剖学的違いだけでなく社会的違いがあると

〔訳注1〕『決定版 第二の性I』、「第二の性」を原文で読み直す会訳、新潮文庫、2001年。既訳の文章をほぼそのまま使用し、本書の用語法に従って一部訳語に修正を加えた。

〔訳注2〕本文の注2で述べられるように、ハスランガーは "female/male" をセックスの分類を表す語として、"woman/man" をジェンダーの分類を表す語として、はっきりと使い分けている。日本語では、この区別に対応するような表現がないため、前者に「女／男」、後者に「女性／男性」という語を機械的に割り振ることにした。ただし、セックス／ジェンダーの区別に関係ない熟語表現において "female/male" が出てくる場合にのみ、熟語表現の自然さのためにこの方針に従わなかった箇所がある（"male dominance" を「男性優位」とするなど）。また、この訳語の方針は本章および、"female/male" と "woman/man" の区別が同様に重要になっている本書の第2章および第3章において適用されているが、そうした使い分けが意識されていないその他の論文においては適用されていない。

いうことを指摘するために始まった奮闘の結果、「ジェンダー」という語には様々な用法が溢れかえっている。そうした論争の文脈においては、ジェンダーが何であるかも、ジェンダーをどう理解していくべきなのかも明らかでないし、そもそもジェンダーというものがあるのかどうかさえ明らかではないのだ。

　人種に関しても、状況は似たり寄ったりである——あるいはもっとひどいかもしれない。アメリカの日常生活において人種の区別が自明なものであるのとまったく反対に、法律上や学術的文脈において人種的カテゴリーは不確かなものである。生物学の研究では、私たちが区別している人種的カテゴリーが、生物学的に有用な分類にきちんと対応していないことが示されている。とはいえ、そうだとしてもそれで話が終わるわけではない。次のような疑問は解決されないままだからだ。例えば、私たちが明らかに身体的な外見に基づいて人々を人種に分類する傾向をもつことをどう理解すべきなのだろうか。また、そうした分類によってもたらされる社会的・経済的帰結をどう理解すべきなのか。結局人種は実在するのか、しないのか。

　この論文は、フェミニスト認識論の知見に基づいたジェンダーと人種の理論を提示することを目指す、より大きなプロジェクトの一部をなしている。ここでの目的は、そうした理論の中心的アイディアの一部を概説することである。最初に断っておくと、私はこれから提案するものが人種とジェンダーについての唯一の受け入れ可能な定義だと主張するつもりはない。実際、私が採用する認識論的枠組みは明らかに、異なる関心に応じて異なる定義を提示できるものになっている。また、人種とジェンダーを個別に考察したり、両者の違いに注目したりすることが有益な場合もあるが、本論文では両者がもついくつかの重要な類似点を探究することから出発する。ジェンダーと人種の類比を強調しすぎるのは危険だが、とはいえ以下の議論を見れば、両者を一緒に理論化することが、広範囲の問題について考えていくための有益なリソースを与えてくれるとわかるはずだ。さらに、人種とジェンダーの類似点が明らかにされるようなモデルを携えておくことは、両者の重要な違いを特定することにも役立つだろう。

1　問い

　まずは「ジェンダーとは何か」、「人種とは何か」という問いと、それに関係する「男性である、女性であるとはどういうことか」[2]、「白人である、ラティーノ〔ラテン系アメリカ人〕である、アジア人であるとはどういうことか」という問いについて考察するところから始めるのが有益である。「Xとは何か」あるいは「Xであるとはどういうことか」という形式の問いを理解する仕方は複数あり、それに応じてこの問いに答える仕方も複数ある。例えば、「知識とは何か」という問いを考えよう。この問いは、次のようないくつかの意味で理解できる。一つは「私たちがもっている知識の概念はどんなものか」を尋ねているというものだ（この場合には、それに答えるためにアプリオリな方法に頼ることになる）。あるいは、より自然主義的な問いとして、「認識に関わる私たちの語彙が捉えている（自然）種は（もしあるとすれば）何か」を尋ねているとも理解できる。さらには、もっと改訂的なプロジェクトに携わる問いとして、「知識の概念をもつ目的は何か、そしてその目的を達成するために最良の概念は何か」を尋ねているとも理解できる[3]。これら三種類の異なるプロジェクトは、完全に別個に進められるわけではないとはいえ、それぞれ異なる方法論的手順に則るものである。以上を踏まえ、「人種とは何か」、「ジェンダーとは何か」といった問いについても、異なる関心に基づく三つのプロジェクトを区別することができる。各々を概念的探究、記述的探究、分析的探究と呼ぶことにしよう。

　人種やジェンダーについての概念的探究が目指すのは、私たちがもつ人種概念やジェンダー概念を明確化することである（Riley 1988）。この概念的問いに答えるためのひとつの方法は、反照的均衡の手法を用いることである。（なお分析哲学の文脈では、ここで行なわれることを語の概念分析だとみなすこともある

2　私は「男性」、「女性」という語をジェンダーに基づいた個人の区別に、「男」、「女」という語をセックスに基づいた個人の区別に用いている。

3　Stich 1988 を参照のこと。スティッチは、私の用語で言うと「分析的」ではなく「概念的」プロジェクトとされるものに、「分析的認識論」という語を使用している。

かもしれないが、私は「分析」という語を、以下で説明する別の種類のプロジェクトを指すのに使いたいと思う。）

　一方、記述的プロジェクトは、この概念的プロジェクトとは異なり、私たちの概念（あるいは他の誰かが当該の事柄についてもっている概念）の内実を探究することには関わらない。記述的プロジェクトの関心の的になるのは、私たちの概念の外延である。ここでは、通常、経験的または準経験的な手法に基づいて問題の現象を注意深く調べることによって、将来的により正確な概念を形成していくことが課題となる。この記述的プロジェクトが典型的に行なわれるのは、自然現象に関する研究の場面である。私は先ほど知識についての自然主義的アプローチを例に挙げたが、その場合に目標となるのは、私たちが知識に関して語る際に指示して（あるいは指示しようとして）いる（自然）種を——もしそうしたものがあるならば——特定することである。とはいえ、記述的アプローチは、必ずしも自然種または物質種の探究に制限されるわけではない。例えば、人権や市民、民主主義といったものが何であるかを探究する場合でも、これまで人権や市民などとみなされてきたものの全体〔外延〕を考えたうえで、それらをひとつのまとまりとして分類したくなる理由を説明するような根底的な種（おそらくは社会的な種）が存在するのかどうか明らかにするということができる。自然科学によって自然現象について私たちがもつ「素朴な」概念的理解がより豊かになっていくのと同様に、社会科学（および芸術や人文学）によって社会現象に関する「素朴な」概念的理解もより豊かものになりうるのだ。このように、人種やジェンダーについての記述的な探究では、必ずしも人種やジェンダーが生物種であることが前提されるわけではなく、私たちが使う人種やジェンダーに関する語彙が、社会種を捉えているのかどうか、もしそうだとすればそれらがどんな社会種なのかが問われる場合もある。

　第三の種類のプロジェクトは、「ジェンダーとは何か」や「人種とは何か」という問いに対する分析的アプローチ[3]である（Scott 1986）。このアプローチが目指すのは、私たちの日常的な概念を明らかにすることでも、日常的な概念

〔訳注3〕ここで「分析的（analytic）」と呼ばれるアプローチは、後年の著作では「改良的（ameliorative）」と呼ばれている。

が捉えている種を（あるいはそうした種が存在しないことを）を突き止めることでもない。分析的アプローチは、当該の語を使った私たちの言語実践のプラグマティックな側面を包括的に考察することから出発する。私たちが当の概念をもつ目的は何か。その概念をもつことで私たちが達成できる（あるいは達成できるようになるべき）認知的タスクや実践的タスクは何か。その概念を使うことは私たちの（正当な（legitimate））目的を達成するのに有用か。もし有用でないとしたら、そうした目的を果たすのにより役立つのはどんな概念なのか。分析的アプローチの極端なケースでは、新たな語の意味を約 定することによって当該の概念が導入され、その内容はその概念が果たす理論的役割によって完全に決定される。しかし、日常の語彙は認知的目的と実践的目的の両方を果たすためのものであり、それらの目的は理論構築によって果たされることもある。だとすれば、私たちの（正当な）目的をより良く理解させてくれたり、目下の課題に取り組むためのより良い概念的リソースを与えてくれたりする理論が、同時に日常概念の（おそらく改訂的な）分析を与えていると言える場合も十分にあるだろう[4]。

　それゆえ、分析的アプローチのもとで、「ジェンダーとは何か」とか「人種とは何か」という問いに答えるためには、私たちがこれらの概念にどんな役割を求めているのかを考えなければならない。そもそもなぜこれらの概念が必要なのだろうか。これらの概念を私たちの目的のためにどう定義するかは私たちの手に委ねられている。そうした定義を行なう際には、それが日常的な用法（およびその語の内包と外延の両方）に部分的に対応していることが望ましいだろう。とはいえ、ここでは日常用法も、経験的探究も決定的ではない。このプロジェクトには規約的な側面があるからだ。つまり、そこには「私たちが考察するべき現象はこれだ。当該の語はこの現象を指示するものとしよう」というような規約が含まれることになるのである。分析的アプローチのもとでは、世界そのものは、ジェンダーや人種が何かを教えてくれない。むしろ、世界のなかの何がジェンダーで何が人種なのか——もしそうしたものがあるとすれば

4　Cf. Appiah and Gutmann 1996, pp. 30–105. アッピアは、p. 42 においてやや間接的に触れているのを除いて、人種についての分析的アプローチに取り組んではいない。

——を決めるのは私たちの仕事なのである。

　本論文では、分析的アプローチのもとで人種とジェンダーの定義を考えていく。ただし、その分析対象は、ジェンダーと人種に関する私たちの語彙が実際に何らかの社会種を捉えているのかどうかを明らかにする——そうした種は、たいていの場合、人種とジェンダーに関する日常的な概念がもつ顕現的（manifest）内容によって隠されているものである——記述的プロジェクトとも結びついている[5]。なお、私が提示する分析は実際に存在している社会種を特定することになるが（もちろんこれは偶然ではない）、私は人種やジェンダーについての日常的な語りが「本当は」そうした社会種についてのものであったという主張をここで擁護しようとはしていない。私がこの探究で第一に目指しているのは、私たちが現に何を意味しているのかではなく、特定の理論的・政治的目的のために、私たちが意味することをどう改訂するのが有用かを明らかにすることである。

　先の三つのアプローチの特徴づけはまだおおざっぱなものだが、この最初の段階で、分析的アプローチに懐疑的になる理由の一つについて取り上げておいたほうがよいだろう。私が説明してきた各々のアプローチは、方法の面でも、主題の面でも、互いに異なっている。しかし、私たちが探究に臨むときには、問いを組み立て、答えを探すために手持ちの概念セットを用いることになる。すると、どんな探究であっても、その主題は最初から決まっていると思われるのではないだろうか。例えば、私たちが**人種**とは何か、**ジェンダー**とは何かを問う際、その問いは人種やジェンダーに関する日常の言葉によって表現される。だとすれば、この日常概念に——あるいは少なくとも私たちの日常的な用法に——従う義務を負うことなく、こうした問いに有意味な仕方で答えることがどうしたら可能なのだろうか。改訂的プロジェクトは、そもそも問われていたの

5　顕現的概念と稼働的（operative）概念の区別については、Haslanger 1995 の特に p. 12 を見よ。〔当該箇所の説明によれば、私たちが特定の語を事例に適用するとき、そこで働いている二つの概念を区別することができる。一つは、私たちがその語を事物に適用するときに、実際にその適用条件になっているものを表す概念であり、これを「稼働的概念」と呼ぶ。他方で、私たちがその語の適用条件であると思っている条件を表す概念を「顕現的概念」と呼ぶ。私たちはしばしば自分が使う語が従っている実際の適用条件について誤解していることがあるのであり、そのとき稼働的概念と顕現的概念は一致しないのである。〕

とは違う問いに答えている恐れがあるのではないだろうか。

　しかし、周知のように、日常概念は曖昧であり、個々人の概念理解と言語使用は非常に多様である。そして、あるプロジェクトを組み立てるために最初に用いられた日常概念が、そのままでは当該の理論的課題に適していないということが探究によってわかるというのはよくあることだ。（これが概念的プロジェクトから分析的プロジェクトに移行するときの一つの理由である。）けれども、まさに私たちの日常概念が曖昧であるからこそ（あるいは、私たちの日常的な語の使用によって私たちがどの概念を表現しているかが曖昧であるからこそ）、ここには私たちが語っていることが正確には何であるかを、拡張したり、縮小したり、形成し直したりする余地があるのだ――新たな、ときに予想しない方向へと。

　とはいえ、明示的に改訂的なプロジェクトを行なうにあたって、既存の用語を流用することがどんな場合に正当化されるのかはまったく明らかではない。そもそも「私たちの」概念が何であるかを明らかにすることが困難なので、あるプロジェクトが解明的（explicative）なものから改訂的なものにどこで切り替わるのか、さらにはどの時点でもはや改訂的でさえなく、単に主題を変えていることになるのかは、完全にはっきりしているわけではない。もし目標が「私たちの」X概念の分析を与えることであるならば、その概念の解明になっているかそうでないかが問題になるだろう。しかし、私たちのより大きな目的に資する概念を特定することが目標となる場合、用語法の問題は基本的にはプラグマティックな問題であり、ときに政治的な問題になる。つまり、私たちの理論的カテゴリーを指示するために、日常で使われている語を利用すべきなのか、それとも新たに別の語を作り出すべきなのかということが問題になるのだ。扱われている語が「人種」や「ジェンダー」のように社会的アイデンティティに関するカテゴリーを指すときには、こうした言葉の流用は、とりわけ重大かつ繊細な問題である。

　では、日常で使われる語を理論的目的のために流用することが正当かどうかを判定する原理はあるのだろうか。おそらく、そうした原理は、意味論的条件と政治的条件の両方を含むものでなければならないように思われる（もっとも、ときには何を優先して流用すべきかが明白な場合もあるだろうが）。意味論的条件は、おそらく予想されるように、次のようなものだ。すなわち、語の意味を変

える提案は、その語の中心的機能を変化させない場合に（例えば、当該の日常語を用いて同定・記述しようとしていた一連の中心的現象を体系化したり説明したりするのに役立つような場合に）、意味論的に認められる[6]。他方で、政治的条件を一般的に特徴づけるのはずっと難しい。そうした語の流用に関する政治学は、次のような事柄に依存するからである。すなわち、語の流用によって達成される目標の受け入れ可能性、〔意味の〕変化によって生じる影響（意図的なものであれそうでないものであれ）、その語が使われる文脈の政治学、そして根底にある価値観が正当化されるものであるかどうかといった事柄である。これらの点の一部には、後ほど私の分析を提示したあとで戻ることにしよう。

2 （フェミニズム的・反人種主義的）批判理論

　分析的プロジェクトの出発点は、私たちが当該の概念に何を求めているのかを考えることである。ここで、その答えは簡単だと主張する人がいるかもしれない。すなわち、私たちの概念の役割は私たちが真理を述べることを可能にすることだ、というわけだ。しかし当然ながら、何の制約もない真理探究は、混沌を生むだけで、理論には至らない。真理はあまりに容易く手に入り、そしてあまりにも多い。時間とやる気があれば、この周りの物理的環境に関してたくさんの真理を挙げてみせることができるだろう——そこには自明な真理も、興味深い真理も、たくさんの退屈な真理も存在する。しかし、やみくもに事実を集めても理論にはならない。それらは何の秩序もない寄せ集めである。理論を構築する文脈では、当該の探究の主軸となる問いに答えることに密接に関わっているかどうかによって、一部の真理が他の真理よりも重要な意味をもつことになるのだ（Anderson 1995）。

　理論構築は、それがまさに真理の探究を目指して取り組まれる場合であっても、正当化された真なる信念を獲得するという目標だけに導かれてはいないはずである。優れた理論は、大量の真理のなかから、私たちの広範な認知的要求

6　ここで問題になっているのは、意味の同一性の基準ではなく、改訂的プロジェクトとみなされうるものと、完全に新規のプロジェクトとみなされるものの境界であるということをくれぐれも忘れないでほしい。

および実践的要求に応える真理を選び出す、まとまった知識体系である。多くの場合、当のプロジェクトを形作る問いや目的は理解されており、プロジェクトを進展させるためにそうした問いや目的を調べる必要はない。しかしそうでない場合、例えば論争が行き詰まりを見せてきて、互いの話がすれ違っているような状況では特に、既存の理論ないし新たな理論の成功を適切に評価するために、より大きな目標が何かを明らかにすることが不可欠となる。

　以上いくつかの理論的選択肢を概説したところで、私自身のプロジェクトを次のように特徴づけることにしたい。すなわち私のプロジェクトは、「ジェンダーとは何か」、「人種とは何か」、またこれらと関連する「男性であるとはどのようなことか」、「女性であるとは……」、「白人であるとは……」、「ラティーノであるとは……」といった問いに答える批判的かつ分析的な試みである。より具体的に言えば、このプロジェクトの目標は、ジェンダーと人種の概念が、（とりわけフェミニズム的、反人種主義的な）批判的社会理論において私たちのためにどんな働きをしてくれるのかを考え、その仕事の少なくとも重要な要素を達成できる概念を提案することである（Geuss 1981）。というわけで、まずは次の問いから始めよう。フェミニズム的反人種主義者はなぜジェンダーと人種の概念を必要とするのだろうか。これらの概念は私たちにとって何の役に立つのだろうか。

　最も一般的なレベルで言えば、私たちの課題は、不正義と闘う際に有用な道具となるジェンダーと人種の説明を作ることである。そしてこの大きなプロジェクトを導くのは、以下の四つの関心である。

⑴　男女間や、「肌の色」が異なる人々の間に存在し続ける不平等を特定し、説明する必要性[7]。ここには、いかに社会的な力が、しばしば生物学的な力が働いているかのように見せかけて、そうした不平等を存続させているのかを明らかにすることへの関心が含まれる。

⑵　男女間の類似性と違い、および「肌の色」によって分けられた集団の人同士に見られる類似性と違いを繊細に反映するような枠組みの必要性。ここには、絡み合った複数の抑圧がもたらす影響（例えば、人種、階級、ジェンダーの 交 差 性（インターセクショナリティ））を明らかにするという関心が含まれる

（Crenshaw 1993）。

⑶　セックスや人種の違いに関係していることが明らかなものだけでない広範な社会現象に、ジェンダーと人種がどう関与しているのか——例えば、芸術、宗教、哲学、科学、法律が「ジェンダー化」かつ／または「人種化」されうるのかどうか——を捉えられる理論の必要性。

⑷　女性や、両ジェンダーの有色の人々の主体性（agency）を真摯に扱うようなジェンダーと人種の理論の必要性。その説明は、批判的な社会的主体を力づけるフェミニズムと反人種主義の奮闘に役立つような、主体性の理解を与えられるものでなければならない。

本論文で、私は最初の二つの関心に取り組むことから出発するが、第四の関心も後ほどその議論に関わってくる。なお、もしもここで、女たちが歴史を通じて体系的に従属化されるに至ったり、「肌の色」が社会的階層化（stratification）の基盤になったりした経緯や理由を因果的に記述することを説明として期待している人がいるとすれば、次の点を強調しておきたい。それはこの論文における私の目標は、性差別と人種差別の完全な説明を与えることではないということだ。ここでの目標は、ある意味ではより穏当で、しかし別の意味ではより議論を呼ぶようなものである。一般に何かに説明を与えるには、それに先立って、説明が必要とされる現象——ここでは、例えば問題になっている不正義の種類や、その不正義に晒されている集団——を特定する明確な概念的カテゴリーを提供することが有益である。しかし人種的従属化と性的従属化の場合、この作業は見かけほど容易ではない。まず、人種的・性的従属化の形態は非常に多種

7　ここで、ある人種のメンバーとして人々を印づけるような個人の身体的特徴を指すための語が必要である。それらを「人種的」特徴と呼ぶこともできるが、人種的本質についての何らかの主張に加担することを避けるため、以下ではこうした人種の（文脈的に可変の）身体的な「目印」を指示するために、「肌の色（color）」という語を用いる。これは、「セックス」という語をジェンダーの（文脈的に可変の）身体的「目印」を指示するのに使用するのとちょうど同じである。なお、「肌の色」には、単なる皮膚の色合い以外の特徴も含まれるものとする。一般的には、例えば眼、鼻、口の形、毛質、体格といったものも目印となっている。また、ふつう「有色の人々（people of color）」という語は白人以外の人々を指示するのに使われているが、私の用法では「白人性」の目印も「色」に含まれる。

多様であるので、人種的従属化や性的従属化を他の種類の従属化と区別できるような理論を得ることが役に立つだろう。しかしさらに気をつけなければならないのは、「肌の色」と「セックス」の日常的な区分を純粋に自然的なカテゴリーとして扱い、目下の問題を単純に、（日常的な理解を前提とした）「肌の色」や「セックス」が社会的な意義をもつように見えるのはいったいなぜなのかという問題とみなしてしまうことである。少なくとも探究のこの段階では、「肌の色」や「セックス」の違いを区別する基準が時代と場所によって異なること、またその境界線が少なくとも部分的には政治的な問題であることを認めておかなければならない。ただし他方で、文脈によってこうした基準の違いがあるとしても、私たちが向き合っているのはやはり人種的従属化と性的従属化という包括的な現象なのである。

3　ジェンダーとは何か

　文献をざっと眺めただけでもわかるように、フェミニズム理論のなかで「ジェンダー」とみなされてきたものは非常に多岐にわたる。フェミニズムの指導的理念は、「ジェンダーはセックスの社会的意味である」というスローガンによって表されることがあるが、あらゆるスローガンがそうであるように、このスローガンには様々な解釈の余地がある。一部の理論家たちは、「ジェンダー」という語を、特定のセックスに結びつけられる身体をもつこと（sexed embodiment）の主体的経験や、世界に対する広範な心理的指向（「ジェンダー・アイデンティティ」[8]）を指示するのに用いている。また、男女の規範として働く、特性や理想の集まりを指示するのに用いる理論家もいる（「男性性（masculinity）」、「女性性（femininity）」）。性的象徴システムを指示するのに用いる理論家もいる。さらには、男性と女性の伝統的な社会的役割を指示する者もいる。私の以下の方針は、ジェンダーの第一義的な意味を一つの社会階級として定義する、焦点的（focal）分析を提示することである。焦点的分析とは、互

8　ジェンダーないし人種的「アイデンティティ」の問題を考える際に重要な「アイデンティティ」という語の用法には少なくとも四つのものがある。当然ながら、ここでの「ジェンダー・アイデンティティ」についての記述は不十分なものである。

いに関連する様々な現象を、理論のなかで中心・中核に置かれた現象との関係によって説明する試みである。私が理解するかぎり、ここで問題とされるべき中心的現象は、支配的な男性と従属的な女性という社会階級を構成する社会的関係のパターンである。規範、象徴、アイデンティティは、このジェンダーを構成する社会的関係と関連づけられる形でジェンダー化される[9]。以下でより明らかになるが、こうした強調点の置き方は、唯物論的フェミニズムの伝統に連なるものと言えるだろう――もっとも、それに無批判に従うわけではないが[10]。

　フェミニズム理論家たちの間で、女性について統一的な説明を与えることへの悲観的見方を生み出してきた二つの問題がある。以下ではそれらを「共通性の問題」と「規範性の問題」と呼ぶことにする。ごく簡潔に言えば、共通性の問題とは、果たして女たちに、彼女たちの「ジェンダー」とみなされうるような共通の社会的特徴があるのかどうかという問題である。異なる時代、場所、文化に生きる、す・べ・て・の女たちを考えるとき、彼女たち全員に共有される身体のタイプを除いて（それですら共有されているのか怪しいのだが）、そこに何か共通のものがあることを疑う理由はいくつかある（Spelman 1988）。他方、規範性の問題は、「女性とは何か」をどのように定義しようとも、それが特定の価値づけを帯びてしまうことへの懸念である。そうした定義には、一部の女たちを周縁化して他の女たちを特権化し、現在のジェンダー規範を強化する危険があるというわけだ（Butler 1990, Ch. 1）。

　ここで簡単ではあるが、批・判・的・な・分・析・的・プ・ロ・ジ・ェ・ク・ト・のもとでは、こうした問題が異なる様相を呈することを指摘しておくのは重要であろう。分析的プロジェクトの中心的目標は、女たちの共通性を見つけ出すことではない。女たち

9　ごくおおざっぱに言えば、女性性の規範とは、**女性**という階級を構成する社会的地位において人が秀でていると評価されるための規範である。また、女性的な（feminine）ジェンダー・アイデンティティは、（少なくともこの語の一つの意味では）女性性の規範の内面化を含むような、世界に対する心理的指向である。そして、女性性の象徴とは、理想化された女性性の規範を表すものである。何が「女性性」の規範、「女性的な」ジェンダー・アイデンティティ、「女性性」の象徴とみなされるかは派生的であり（規範、象徴、アイデンティティが内在的に女性的／男性的であるわけではない）、女性の社会階級が個々の文脈でどのように構成されるかに依存する。

10　唯物論的フェミニストの著作の一例として、Hennessy and Ingraham 1997 が挙げられる。

の経験の類似性や違いは重要だが、このプロジェクトで第一に目指されるのは、性に関する正義を求める際の道具として役立つようなジェンダーの分析である（本論文第２節を見よ）。さらに、批判的プロジェクトは「女性とは何か」を定義する試みが規範的含意をもつという帰結を受け入れることができる。というのも、批判的プロジェクトはそもそも規範的帰結を明示的に含んでいるからだ。その分析によってもたらされる規範的含意は、性的な抑圧の構造を強化するのではなく、むしろ切り崩す助けになることが見込まれている。こうした点については後ほど戻って論じることにしよう。

　正義と性的不平等への関心に重点を置く私の立場からすると、セックスとジェンダーを区別する第一の動機は、男と女が身体的に異なるだけでなく、社会的にも体系的に異なる地位（position）に置かれているという点を認識することから生じている。簡単に言えば、様々な社会が全体として、男の身体をもつ人々を特権化しているという事実が問題なのである。具体的な抑圧の形や仕組みは文化ごとに異なるものの、それぞれの社会は、女たちの性的能力と生殖能力を管理し、搾取するたくさんの方法——巧妙なものもあれば、洗練されていないものもある——を編み出してきた。

　唯物論的フェミニストが採ってきたジェンダーの理論の基本的方針は、ジェンダーを、男性支配的なシステムにおける女性の従属的地位によって定義するというものである[11]。ルーツはマルクス主義にあるものの、現代の唯物論的フェミニストは、あらゆる社会的現象が経済学的現象として説明できるとか、それに還元できるという考えには与（くみ）していない。また、唯物論的フェミニストは女性の抑圧に言語や文化が果たす役割を強調するが、極端な言語的構築主義に陥らないように用心し、地に足をつけて女性の生の物質的な現実を見ることを重視する。実際、ジェンダーに基づく抑圧の持続に、文化的な力と物質的な力の両方がどう働いているのかを示すための熱心な努力がなされているのだ。

　フェミニズムを一般化することに対する数々の批判は、ジェンダーの多様な形態と、女たちが置かれている個別の社会的地位に注意を払うべきだというこ

11　一部の論者（Delphy, Hartmann）は、家庭の生産関係における女性の経済的搾取に焦点を当てている。また、強制された異性愛のもとでの性的搾取や生殖的搾取に焦点を当てる論者（Wittig, Monique）や、性的モノ化に焦点を当てる論者（MacKinnon, Catharine）もいる。

とを教えてきた。しかし、この指摘に従いつつも、ジェンダーというカテゴリーを、異なる文脈において異なる仕方で実現される一つの類として扱うことは可能である。ジェンダーをそのように扱うならば、ジェンダーが制度化され、身体化される仕方に見られる重要なパターンを認識できるようになるだろう。そこで、最も一般的なレベルで考えるとき、唯物論者の戦略はジェンダーを理解する際の指針となる三つの基本原則を与えてくれる。

(1) ジェンダー・カテゴリーは、人が社会的に与えられる地位によって定義される。ここで言う社会的地位とは、例えば、その人の見られ方や扱われ方、その人の生活が社会的、法的、経済的に構造化される仕方といった事柄の関数である。ジェンダーは、個人の内在的な身体的特徴や心理的特徴によって定義されるものではない。

(なおこの原則は、内在的な身体的特徴によって定義される別のカテゴリー——例えば、セックス——が存在する可能性を排除するものではない。ただし、ここが重要な点だが、社会的地位としてのジェンダーを焦点にしているかぎり、(日常的な意味で)「女性のようにふるまう」、「自分が女性だと感じる」、さらには女の身体をもつといったことがなくても、人は女性でありうるということを認めなければならい。)

(2) ジェンダー・カテゴリーは、複数の抑圧的関係からなるより大きな構造のなかで、ヒエラルキー的に定義される。すなわち、一方の集団(すなわち女性)が、典型的には経済的抑圧や社会的抑圧といった他の種類の抑圧的関係が成立している文脈のなかで、他方の集団(すなわち男性)より社会的に従属的な地位に置かれる。

(3) セックスの違いは、二つの集団を区別するための身体的な目印^{マーカー}として働き、各集団のメンバーに対する見方や扱い方の違いを正当化するのに使われる。

以上の要点を反映すると、(暫定的に)次のような分析が与えられる。〔以下の

「A iff_df B」は、「A を B で定義する」ということを意味する。］

　　　S は女性である　iff_df　S はある一定の側面（経済的、政治的、法的、社会的側面など）において体系的に従属化されており、かつ S は生物学的に女の生殖的役割を担う証拠と考えられている身体的特徴をもっていると観察または推測されることによって、この扱いの対象として「印づけ」られている[12]。

　　　S は男性である　iff_df　S はある一定の側面（経済的、政治的、法的、社会的側面など）において体系的に特権化されており、かつ S は生物学的に男の生殖的役割を担う証拠と考えられている身体的特徴をもっていると観察または推測されることによって、この扱いの対象として「印づけ」られている。

　私が思うに、この分析の良いところは、人のセックスがもつ意味や、それによって人が位置づけられるヒエラルキーのあり方が、文脈によってかなり多様であることが許容されている点である。そうした事柄が文化によって（さらにはより小さな文化単位ごとに）異なることは明らかだろう。例えば 1790 年代の中国人女性であることと、1890 年代のブラジル人女性であること、1990 年代のアメリカ人女性であることは、それぞれ非常に異なる種類の社会的関係や抑圧と結びついているかもしれない。しかしいま提案された分析のもとでは、これらのどの集団も、従属的地位に置かれることが（女という）セックスに基づいて印づけられ、正当化されるという点において、女性だと言える（Hurtado 1994, 特に p. 142 も見よ）。また同様にこの分析では、セックスのもつ意味が他の社会的に重要な特徴（人種、階級、セクシュアリティなど）と相互作用する仕方によって、同じ文化のなかであっても、ジェンダーがもたらす実質的な意味合いが個人ごとに異なることも許容されている。例えば、特権的な白人女性と

12　この分析は、時代と場所を通じて共通の「セックス」理解が存在しないことを許容する。私の分析では、ジェンダー化された社会的地位とは、当の文脈において、生殖的役割の説明ないし証拠になると一般的に想定されている特徴——それが、私たちにとって「セックス」とみなされる特徴であろうとなかろうと——を参照して印づけられる地位である。

アンダークラスの黒人女性は、女であることの社会的意味に影響されて特定の社会的地位に置かれているという点において、どちらも女性だと言える。けれども、性差別は人種や階級による抑圧と密接に絡み合っているために、女であることの社会的帰結はそれぞれに異なるのだ。

とはいえ、先の分析にはいくつか明確化しなければならない点がある。ある人が「体系的に従属化される／特権化される」とはどういうことなのか。さらに、その従属化が特定の特徴「に基づいて」生じるとはどういうことであるのか。ここで背景となっている発想は、女性は抑圧されており、しかも女性は女性として抑圧されているという考えである。だが、女性が抑圧されているとはどういうことなのか、そして「女性として」という但し書きは何を付け加えているのか、という点はまだ答えられていない。

マリリン・フライによる抑圧の理論および、それを洗練させたアイリス・ヤングの理論は、有用な出発点を与えてくれる（Frye 1983; Young 1990）。彼女たちの考えは、特定の有識者界隈では常識になっているものだが、ここでごく簡単に要点を述べておくことは有益だろう。もちろん、抑圧について申し分のない理論に至るためにはまだ解決されていない複数の困難があり、ここでその課題に取り組むわけにはいかない。私にできるのは、十全な理論がいつか与えられることを願いつつ、その基本的な見解をおおまかに示すことだけである。ともかくも、フライたちが意図した意味での抑圧は、特定の集団を不利な立場におき、それに対して別の集団を有利ないし特権的な立場におくような構造的現象である。抑圧は、「ある集団やカテゴリーに属する人々を固定化し、格下げする傾向をもつ、力と障壁による囲い込みの構造」なのだ（Frye 1983, 11）。重要なのは、そうした構造が――少なくとも私たちが知るかぎり――、権力者によって設計され、監視されることで成り立っているわけではないということだ。むしろ、

　　……抑圧とは、悪意のない人々が、たいてい無意識に信じている前提や行なっている反応の結果として、一部の集団が被る巨大で深刻な不正義である。そうした無意識の前提や反応は、他者との日常的な交流やメディア、文化的ステレオタイプ、そして官僚制組織や市場メカニズムの構造的特徴

といった、要するに日々の普通のプロセスのなかで現れるものである。
（Young 1990, 41, 邦訳 58）

　ヤングは、この抑圧概念を発展させて、それが具体的に採りうる五つの形態を挙げている。すなわち、搾取、周縁化、無力化、文化帝国主義、（組織的）暴力である。現在の話にとって重要なのは、抑圧には複数の異なる形態があるということ、そして人はある一定の側面（例えば、収入や敬意という面）で特権的であっても、別の側面では抑圧の対象になりえるという点である[13]。実際、一部の社会的な軸において体系的に従属的扱いを受けていても、全体としての社会的地位は非常に特権的であるような人は存在しうるだろう。

　女性たちが搾取や周縁化を経験する集団のメンバーであるという意味で、女性が抑圧されていることは明らかである。では、女性たちがまさに女性として抑圧されているという主張は、どう理解すればよいだろうか。この点についてフライは次のような説明を与えている。

　　人は、ある集団またはカテゴリーのメンバーであることによって、抑圧的なプレッシャーが適用される対象として印づけられる。……目下の例では、そうしたカテゴリーに当たるのが女性である。……ある女性が経済力や政治的力をわずかにしか、あるいはまったくもたない場合や、達成したいことがほとんどできない場合、その主要な原因は、その人が女性であることである。あらゆる人種や経済階級のあらゆる女性にとって、女性であることは、その人が被る不利益や損失──その大小は様々だが──に重要な仕方で結びついている。……［反対に、男性にとって］男であることは、その人の人種や階級、年齢、障害が不利に働くものであるときでも、有利に働くものである。（Frye 1983, 15–16）

　しかし、このように権力が拡散している構造的抑圧のモデルを考えたとき、ある個人が「印づけられる」ことや、プレッシャーが「適用」されることをど

13　権力と抑圧を分けることの重要性については、Ortner 1996 を参照のこと。

う理解すべきだろうか。抑圧が生じる文脈では、個人が備えるいくつかの性質が社会的に意味をもつ。すなわち、そうした性質は、特定の形の社会的営みに正当化や動機づけを与えるような広く受け入れられた（しかし通常は完全に明示されているわけではない）世界の表象において一定の役割を担うことになるのである。当該の重要な性質——　現在の事例で言えば、人がもつと想定されている、あるいは実際にもっている身体的性質——が誰かを「抑圧的なプレッシャーの適用先」として印づけるということは、その性質を人に帰属させることが、背後にあるそうした世界の表象に照らしたとき、その人が抑圧的な社会関係構造のなかで置かれる地位を適切に説明・正当化するものとして解釈されるということである。つまり女性の例に当てはめて言えば、女であることを、人の見方や扱い方に規範的帰結をもつような他の事実に結びつける世界の表象が存在し、社会がその表象のもとで動いているということである。こうした女（と男）の身体がもつ文化的意味に合わせて私たちが社会生活を組み立てるかぎり、女たちは抑圧された社会的地位に置かれるのである。

　性差別的な社会で、全体として女たちが不利に、男たちが有利になる仕方で社会制度が組み立てられているというフライの考えには賛成だが、他方で社会は一枚岩ではなく、抑圧の源泉は性差別以外にもあるということを忘れてはならない。例えば、現代の米国において、黒人でありかつ男であることは、人をある種の組織的暴力（例えば、警察による暴力）の標的として印づける。そうした文脈では、フライの主張に反して、男であることは、その男性にとって「有利に働く」性質にならない——もちろん、（現代の米国でも）黒人の男たちが男であることによって恩恵を受ける文脈はあるわけだが。この種のケースで、男たちが男として受ける組織的な暴力は、男性性の剝奪（emasculating）である（そして、これはおそらく意図的になされている）。しかし、女性と、男性性を剝奪された男性には重要な違いがある。いま考えているような見解によれば、女性とはその従属的な身分が、（想定された）女の身体組織に基づいて印づけられる人である。他方で、（想定された）男の身体組織に基づいて従属的対象として印づけられる人は、女性とみなされているのではなく、特定の文脈において、男性としての社会的地位を与えられない人なのである。

　以上の考察が示すのは、私たちのジェンダーの理論に文脈というものを明示

的に盛り込むことが有用かもしれないということだ。さらにジェンダーの社会化に関する近年の研究でも次のような考えが支持されている。すなわち、多くの人は 3 歳までに比較的確固としたジェンダー・アイデンティティを確立させるが、身体が印づけられることで生じる違いの度合いは文脈によって異なるというものだ。バリー・ソーンは、小学生を対象とした研究において、次のように述べている。

> ジェンダーの境界は一過性の曖昧なものであり、「ボーダーワーク」［ジェンダーの境界線について争ったり、取り締まったりする活動］という概念は、それと対応する「中立化」のような言葉——すなわち、少年少女（と大人たち……）が、分断・対立したものとしてのジェンダーの意識を薄めたり失くしたりしていくプロセスを指す言葉——と対にされるべきである。
>
> （Thorne 1993, 84）

ソーンの研究はジェンダーが強固に確立された抑圧システムであるという認識に動機づけられたものではあるが、このコメントで彼女が意図しているのは、女子と男子、男性と女性について語るときにみられがちな、問題のある二つの傾向を解消することである。ひとつは、典型的またはステレオタイプ化された言動に基づいて、ジェンダーの差異を過剰に一般化する傾向である。もう一つは、個人（特に子ども）を、ジェンダーの社会化——より一般的にはジェンダー化された生——に受動的に参加する存在とみなす傾向である。

　フライとソーンのアプローチは、いくつかの点で、互いに緊張関係にあるように見える。フライは、性差別的な抑圧という構造的事実をしきりに強調している。つまり、人の身体は、本人が好むと好まざるとにかかわらず、その人を社会的ヒエラルキーのなかに位置づけてしまうという事実である。他方でソーンは、ミクロなレベルにおいて、抑圧がいかに経験され、強化され、そして抵抗されるのかを考察している。しかし、どちらのアプローチにも見るべき点がある。抑圧的な構造や、有利／不利な立場からなる全体的なパターンを認識しなければ、個別の侮辱や葛藤が無害なものに見えてしまうかもしれない。他方で、個々の違いや主体性を認識しなければ、構造が独立に体を成し、不可避で

どうにもできないもののように見えてしまうだろう。だが、両方の観点をジェンダーの理論に取り入れることは可能なのだろうか。発想は十分に単純だと思われる。すなわち、ミクロな次元での人々の社会的活動——その具体的な形は多様で複雑であるにせよ——に偏向をもたらす支配的なイデオロギーおよび社会構造が存在し、その結果、たいていの場面において男たちが特権をもち、女たちが不利益を被っているのである。

　適切なジェンダーの理論は、文脈ごとの違いを反映できるものでなければならないが、個人のジェンダーが駆け引きされる狭く限定的な文脈に完全に集中してしまうと、容易に見失いかねない事実もある。それは、私たちのほとんどにとって、人々の身体に女と男のいずれかのセックスを割り振るような比較的定まった解釈が存在し、その解釈は、当該の文脈において支配的なイデオロギーのもとで、人々を性差別的な抑圧システム内の特定の地位や機会にのみふさわしい者として印づけているという事実である。不平等なシステムを理論化するというここでの優先課題を考えると、まずは大きな従属—特権構造のなかに男性と女性という社会階級を位置づけることが重要である[14]。

　　S は**女性である**　　iff$_{df}$

　　⑴　S は、特定の身体的特徴をもつと規則的かつたいていの場合に観察または推測されており、その身体的特徴は生物学的に女の生殖的役割を担う証拠と考えられている。

　　⑵　S がこれらの身体的特徴をもつことは、S が属する社会の支配的イデオロギーのもとで、ある種の社会的地位——実態としては従属的であるような地位——を占めるべき人として S を印づけている（それによって、S がその地位を占めることを動機づけ、正当化している）。

14　この提案は、少なくとも一部の社会に「支配的なイデオロギー」が存在するという主張に依存している。なお、同じようなことを言うために、「背景」、「ヘゲモニー」、「ハビトゥス」といった概念を用いる論者もいる。どの概念がより好ましいのかを争うより、私は「支配的イデオロギー」という語を、後に定まる分析のための仮の言葉として用いたいと思う。ただし、私の分析方針に従うならば、どの社会でも複数のイデオロギーが存在する可能性が認められねばならない。Geuss 1981、Hoy 1994 を参照のこと。

(3) Sが(1)と(2)を満たすという事実によって、Sは体系的に従属的地位に置かれることになっている。すなわち、ある一定の側面においてSの社会的地位は抑圧的なものであるのだが、Sが(1)と(2)を満たすことが、その側面における従属化の要因となっている。

Sは男性である　iff_df

(1) Sは、特定の身体的特徴をもつと規則的かつたいていの場合に観察または推測されており、その身体的特徴は生物学的に男の生殖的役割を担う証拠と考えられている。

(2) Sがこれらの身体的特徴をもつことは、Sが属する社会の支配的イデオロギーのもとで、ある種の社会的地位——実態としては特権的であるような地位——を占めるべき人としてSを印づけている（それによって、Sがその地位を占めることを動機づけ、正当化している）。

(3) Sが(1)と(2)を満たすという事実によって、Sは体系的に特権的地位に置かれることになっている。すなわち、ある一定の側面においてSの社会的地位は特権的なものであるのだが、Sが(1)と(2)を満たすことが、その側面における特権化の要因となっている。

なお、以上の分析は、人のジェンダーが（少なくとも一部の人にとって）完全に不変のものであるとはかぎらないこと、また特定の文脈では他の抑圧システムがジェンダー〔の働き〕を妨害しうることと両立する。女性である人がいつでも社会的に女性として機能するとはかぎらないし、男性である人がいつでも社会的に男性として機能するとはかぎらない[15]。前述の例に戻れば、白人至上主義と男性優位のシステムが衝突するとき、黒人男性の男性特権は、力づくでも奪わなければならないほどの脅威とみなされるかもしれない。こうした文脈ごとの変化に対応するための試みとして、以下を付け足すことができる。

15　唯物論主義的理論において、セックスとジェンダーが常に一致するものではないことは先に述べた。ここではさらに進んで次のことが主張されている。すなわち、人は、男性または女性としてジェンダー化されていても、その生活のすべてにわたって社会的に男性または女性として機能するとはかぎらないということである。

Sは文脈Cにおいて、**女性として機能する** iff$_{df}$

(1) Sは文脈Cにおいて、特定の身体的特徴をもつと観察または推測されており、その身体的特徴は生物学的に女の生殖的役割を担う証拠と考えられている。

(2) Sがこれらの身体的特徴をもつことは、Cの背景的イデオロギーのもとで、ある種の社会的地位——実態としては従属的であるような地位——を占めるべき人としてSを印づけている（またそれによって、Sがその立場を占めることを動機づけ、正当化している）。

(3) Sが(1)と(2)を満たすという事実によって、SはCにおいて体系的に従属的地位に置かれることになっている。すなわち、ある一定の側面においてSの社会的地位は抑圧的なものであるのだが、Sが(1)と(2)を満たすことが、その側面における従属化の要因となっている。

またこれを適宜変更すれば、文脈Cにおいて男性として機能することの定義になる。

ここで重要なのは次の点である。すなわち、これらの定義は、当該の背景的イデオロギーにおいて、（もつと想定されている）生殖機能そのものが、男性または女性に「ふさわしい」とされる扱いを正当化する役割を果たすことを要求してはいない。（もつと想定されている）生殖的特徴は、そのイデオロギーにおいて当該の扱いを正当化するものとみなされている、おそらくは「より根底的な」（そして道徳的に重要な？）特徴の単なる「目印」になっているだけでよい（Appiah 1992, 13–15）。

私は根本的には、**男性**と**女性**の以上の分析を擁護するつもりだが、後ほど〔第7節で〕ジェンダーを定義するための大枠の唯物論的方針を修正する理由があるということを主張する。簡単に述べておくと、私はジェンダーを、男性と女性というヒエラルキー的な社会的地位だけでなく、部分的に生殖機能に言及することで定義されるがヒエラルキー的ではない他の社会的地位をも含みうるような、より上位の類として理解するのが有用だと考えている。もちろん、私たちが知っているジェンダーは、男性と女性というヒエラルキー的な形態をとっていると思われるが、男性と女性を〔必ずしもヒエラルキー的でない〕単な

る二種類のジェンダーとして扱うこの理論的選択肢は、（現実に存在する）他の
ジェンダーや、ヒエラルキー的でないジェンダーのあり方を構築する政治的可
能性について考えるためのリソースとなるだろう。

4　人種とは何か

　先のジェンダーの分析がもつ一つの利点は、人種についても類比的な説明が
与えられることである。はじめに、私が確立された事実として扱ういくつかの
点を確認しておこう。第一に、私たちが各人種と関連づけている複雑な〔生物
学的〕形態や文化的パターンの原因となるような人種的遺伝子は存在しない。
第二に、人種の区別は、文脈ごとに異なる特徴に基づいてなされている。例え
ばブラジルと米国で、誰が「黒人」とみなされるかを決める分類の方式は異な
る。これらの点およびその他の理由から、人種を、ジェンダーと同じく、広範
な社会的ネットワーク内の地位として理解することは有益であるように思われ
る。
　だが、この発想は示唆的であるものの、それを形にするのは容易ではない。
人種が生物学的には虚構であるとしても社会的に実在すると認識することと、
「肌の色がもつ社会的意味」を一般的に特徴づけることは別の事柄である。人
種のあり方はあまりに多様であるように思われる。とはいえ、ジェンダーの場
合でも同じように、「セックスの社会的意味」に統一的な分析を与えることが
可能なのかという問題が生じていたことを思い出そう。そこで役に立ったのは、
唯物論フェミニズムのアプローチから得られた方針である。すなわち、セック
スのもつ意味が常にどこでも変わらないという前提に基づいた分析を求めるの
ではなく、当該の集団のメンバーがどんな社会的な地位に置かれ、どんな身体
的目印がそうした扱いの根拠として機能しているのかという点に注目するので
ある。
　では、この方針を人種に適用するとどうなるだろうか。スローガンを書き換
えるならば、人種は地理的観点から印づけられた身体の社会的意味であるとい
うことになるかもしれない。このとき、目印としてよくあるのは、皮膚の色、
髪質、目の形、体格だろう。以上をもとに、次のような分析を提案する[16]。

定義１：

ある集団が**人種化されている**　iff_{df}　その集団のメンバーは、ある一定の側面（例えば経済的、政治的、法的、社会的側面など）において社会的に従属的または特権的な地位を与えられており、かつその集団は、特定の地理的地域に祖先をたどれる証拠と考えられている身体的特徴をもつと観察または推測されることによって、そうした扱いの対象として「印づけ」られている。

あるいはより精緻な形は以下である。

　集団 G が文脈 C において**人種化されている**　iff_{df}　G のメンバー（の全員かつそのメンバーにかぎる）は次のような者である。

⑴　その人は文脈 C において、特定の身体的特徴をもつと観察または推測されており、その特徴は、特定の地理的地域（複数の場合もある）に祖先をたどれる証拠だと考えられている。
⑵　その人がそうした特徴をもつ（あるいはもつと推測されている）ことは、C の背景的なイデオロギーの文脈において、特定の種類の地位——実態としては、従属的ないし特権的な地位——を占めるにふさわしい者としてその人を印づけている（それによって、その人がその地位を占めることを動機づけ、正当化している）。
⑶　その人は⑴と⑵を満たすことによって、C において、体系的に従属的ないし特権的状態に置かれることになっている（もしくは、置かれるはずである）。すなわち、その人は C において、ある一定の側面で従属化ないし特権化されているのだが、⑴と⑵を満たすことが、その側面における特権化ないし従属化の要因になっている（もしくは、要因となるはず

16　この提案に関しては Stevens 1999 の第 4 章および、Omi and Winant 1994, 特に pp. 53–61 に多くを負っている。

である）[17]。

17　この定義には、さらなる洗練や留保が必要な点がいくつかある。以下にそのうちの4点を挙げる。

　第一に、私の定義では、実際には特定の地域に祖先をもつが、そうでない者として「パス」している人は、当該の人種化された集団のメンバーとみなされない。このことは、社会的に男性として機能している女や、社会的に女性として機能している男の場合と類比的である。ここでの目標は人種とジェンダーを社会的地位として定義することであるので、私はこうした帰結がもたらされることを受け入れている。

　第二に、現状この定義では、特定の「人種的」集団のメンバーであるかどうかが部分的に教育と階級によって決まるブラジルのような状況をうまく扱えない。この定義では、（「肌の色」のみを考えるならば）従属的な人種に属するように見えるけれども実際には特権化されている（「白くなった（Whitened）」）人は従属的な人種から〔適切に〕除外されるし、同様に、従属的状況にある（「黒くなった（darkened）」）人は特権化された人種から〔適切に〕除外される。そうした人々は、定義の三つ目の条件を満たしていないからだ。しかし、この定義は、特権的な集団に「白くなった」メンバーが含まれる事例や、従属的な集団に「黒くなった」メンバーが含まれる事例を扱えない。一つ目の条件が満たされないからだ。そこで、もとの定義を、強いバージョンの人種化を捉えるものとして理解し、別のバージョンとして、適切な「肌の色」は重要だが不可欠ではないような定義を作ることができる。二つ目の条件を次のように修正すればよい。

　(2*) そのような特徴をもつ（あるいはもつと推測されている）ことは——また場合によっては他の特徴も合わさることで——、Cの文化的イデオロギーの文脈において、特定の種類の地位——実態としては、従属的ないし特権的な地位——を占めるにふさわしい者としてその人を印づけている（それによって、その人がその地位を占めることを動機づけ、正当化している）。

第一の条件はすでに、その集団のメンバーの出自だとされている場所が二つ以上の地域にわたる可能性を認めるものになっている（これは、もともと「ミックスレイスの」集団の人種化を扱うために不可欠であった）。二つ目の条件を修正することで、人種化された集団が異なる「肌の色」の人々を含む可能性や、他の様々な要因に依存する可能性が認められるようになる。

　第三に、人種化された集団は、実際の／想定された身体タイプによって「印づけられる」必要があるだろうか。ユダヤ人やネイティブ・アメリカン、ロマ人の場合はどうなるのだろうか。（ロマ人は、出自とされている場所があるのかあまりはっきりしていないという点でも興味深い。なお私は、ロマ人は「出自とされる場所をもたない」ことで人種化される、極端なケースになると考えている。）私の提案は次のようなものだ。ユダヤ人とネイティブ・アメリカンが人種化される文脈において、重要な意味をもつ身体的特徴（／推測される身体的特徴）はいくつか存在するが、その集団のメンバーは、他に祖先との結びつきの証拠になるものがあるならば、必ずしもそうした身体的特徴をもたなくてもよい。とはいえ究極的には、人種的メンバー

要するに、人種とは、認識される身体タイプにどのような地理的関連づけが伴うかによって区別され、その関連づけが当のメンバーがどう見られどう扱われるべきかということに評価的意味合いをもつような集団である。ジェンダーの場合と同じく、身体の形態ないし地理的事柄は、当該のイデオロギーにおいて、メンバーに対する「ふさわしい」扱いの全面的な根拠になるとみなされている必要はない。むしろ身体の形状や地理的事柄は、そうした扱いを正当化するとされている別の特徴の「目印」になっているだけでもよい。

　この定義をもとに、次のように言うことができる。すなわち、S が［文脈 C において］白人（黒人、アジア人……）人種に属する　iff$_{df}$　白人（黒人、アジア人……）が［C において］人種化された集団であり、S がそのメンバーである[18]。この見解のもとでは、ある集団が人種化されているかどうかということ、またある人が人種化されているかどうか、どのように人種化されているのかということは、絶対的な事実ではなく文脈に依存する。例えば、黒人、白人、アジア人、ネイティブ・アメリカンは、現在の米国において人種化されている。これらの集団はすべて出自に関連づけられた身体的特徴によって定義されており、

シップが、異なる文脈において異なる仕方で重みづけられる複数の特徴（身体的な外見、血統、階級など）のクラスターによって決まることを許容するほうがより有用であるかもしれない。

　最後の点として、人種的集団のメンバーは様々な社会的文脈に分散しており、実際には全員が局所的な特権－従属構造に（直接的に）影響を受けているわけではないという考えを、この定義に反映させたい。例えば、黒人のアフリカ人（Black African）とアフリカ系アメリカ人（African-American）はともに、米国で現在人種化されている一つの集団に属するが、特定のイデオロギーのもとで彼らの「肌の色」に与えられる解釈は、すべての黒人のアフリカ人を従属させるよう働いてきたわけではない。ゆえに、次のような定義を提案する。すなわち、文脈 C において人種化されている集団のメンバーとは、C にいるときに印づけられ、それに応じて従属化／特権化される人、もしくはそうなるであろう人である。すべての黒人が世界中で白人至上主義的な構造とイデオロギーの影響を被ってきたと（もっともなことに）考える人には、この追加の文言は不要である。また、人種的メンバーシップ基準に潜在的によりきめ細かな根拠を求める人は、この文言を省くとよい。

18　ジェンダーの場合と同様、私は、人種／民族集団のメンバーであることを、当該の文脈において規則的かつたいていの場合にどう見られたり、扱われたりするかという点から理解することを推奨している。ただし先の場合と同じく、ある人種のメンバーであることと、その人種のメンバーとして機能することを、（生物学的事実や血統に基づいてではなく）人種化された社会的地位がどの程度確固としたものとして与えられているかに注目することによって、区別できる。

かつその集団のメンバーであることが人を評価する際の基盤として社会的に機能しているからである。しかし、例えばイタリア人やドイツ人、アイルランド人は、現在の米国では人種化されていないが、過去には人種化されていた集団であり、それらが再び人種化される可能性もある（また他の文脈では現に人種化されている）。

　ここで人種と民族の違いとなりうるものについて述べておくと有益だろう——とはいえ、私は民族についての理論を持ち合わせてはいないので、以下はいくつかの暫定的な対比である。〔人種と同じく、〕人の民族性には、特定の地理的地域に祖先のつながりをもつことが関係している（そしておそらくは、その地域の文化的実践への参与も関係しているだろう）。また多くの場合、民族は特有の身体的特徴と関連づけられる。しかし私たちの目的にとっては、「民族」の概念を、先ほど定義した人種集団と似てはいるが、当該の文脈で体系的な従属化・特権化を経験することがない点でのみ異なる集団に対して使用することが有用かもしれない[19]。もっとも、民族集団は人種化される可能性があり（実際、人種化されている集団もある）、そして人種化された場合、その集団に属する個人は特定の社会的ヒエラルキーのなかに地位を与えられる。ただ、（いま述べている見解からすると、）そうしたヒエラルキー的な地位を与えられるということは、結局、その集団が単なる民族集団である域を超え、当の文脈において人種として機能しているということにほかならない。まとめると、人の出自（と想定されているもの）に基づいた分類と、人の出自（と想定されているもの）に基づいたヒエラルキー的な分類を区別することができ、人種と民族の違いをこの区別に対応させることが有用かもしれないということである。

19　民族的集団同士の間にも、人種の構成要素である体系的な従属化には至らないほどの、ある種の社会的階層化が存在することを許容したいと思う人がいるかもしれない。この点について私の分析は、曖昧さを残している。それを明確にするためには、社会的ヒエラルキーについてのより洗練された説明を組み込むことが必要になるだろう。また身体も関係している。民族と人種を、同化が可能だと認識される度合いによって、区別できるだろうか。

5　規範性と共通性

　さて、以上のような分析を採用することでいったい何が達成されるのだろうか。こうした分析は私たちが必要とする道具になっているだろうか。そこでまず、ジェンダーに関して、共通性と規範性の問題を考えてみよう。

　共通性の問題は、あらゆる女たちがもつと言えるような社会的な共通点が何かあるのかという問題であった。女たちに共通の精神構造、性格的特徴、信念、価値観、経験のような（解剖学的構造以外の）内在的特徴があるかと言えば、答えはおそらく「ノー」である。あるいは、文化や歴史を通じて、あらゆる女たちが担ってきた特定の社会的役割があるかどうかを考えてみても答えは「ノー」だと思われる。

　私の分析によれば、女性とは特定の種類の社会的地位、すなわちセックスをもとに印づけられる従属的地位を占める人々である。つまり、女性たちは、自分のセックス（と想定されているもの）のせいで社会的に不利になるという共通点をもつ。他方で、こうした共通点の存在は、フェミニズムの研究が明らかにしてきたような文化的相違と両立する。女性が置かれている地位の具体的な内容や、その地位が正当化される仕方が、各文化によってかなり違いがあることは許容されているからだ。もちろん、そうした違いに対応できるのは、この分析が非常に抽象的だからである。しかしそうであるからこそ、この分析は、女性を従属させる物質的な力と、その力を維持させるイデオロギー的な枠組みとの相互依存的関係を浮き彫りにする図式的な説明を与えることができているのだ。

　しかし、ここで次のような疑念をもつ人がいるかもしれない。一部には、抑圧されていない、とりわけ女性として抑圧されてはいない女性（というより女）もいるはずではないかと。おそらくいるだろう。例えば、男性として「パス」している人や、女であると認識されているが、そう認識されることと結びつけられた仕方で従属的地位に置かれてはいない人がいるかもしれない。後者の事例が（たとえいるとしても）それほど多いとは思えないが、先に提案した定義を満たさない女が存在しうることは確実に認められる。実のところ、私は、女

性である人がもはや存在しない日が来ることこそフェミニズムのプロジェクトの一部であると考えている（もちろんこれは、女たちを始末していこうという意味ではない！）。したがって私は、先に定義した意味での女性に当たらない女たちが存在しうることを喜んで認めており、そうした人の存在（あるいは存在する可能性）はこの分析の反例にならないのだ。私が与えた女性の分析は、あくまでもフェミニズム的な批判理論の試みにとって有意義な政治的カテゴリーを捉えることを意図したものであるので、抑圧されていない女たちがこのカテゴリーに入らないのは当然である（もちろん、彼女たちは他の理由では興味深いかもしれないが）。

　この点は、まさに規範性の問題にもつながっている。規範性の問題は、**女性**を定義するいかなる試みも、問題含みな仕方で一部の女性を特権化することで、他の女性を（理論上で）周縁化してしまい、それ自体が規範的になることを批判するものであった。第一の懸念は、様々な経験や社会的役割のうちのどれを〔女性の〕定義的特徴とするか決める際にバイアスが不可避的に働いてしまうことである。第二の懸念は、〔女性の定義を与えると、〕「本物の」女性であろうとする人は、与えられた定義に適合しなければならなくなり、それによって男性優位が脅かされるどころか、むしろ強化されてしまうということである。

　私が提示した理論のもとで、一部の女たちが「本物」の女性とみなされないことはたしかだ。また、そこで、女性の生に関する特定の事実が定義的特徴として特別扱いされているのもたしかだ。しかし、先に説明してきた認識論的枠組みを採るかぎり、明確で、考え抜かれた価値基準をもとに、重視すべき事実を選択することは、重要かつ不可避である。そして、批判的フェミニズムの探究の目的にとっては、抑圧こそが、私たちの理論的カテゴリーを体系化する際に中心に置かれるべき重要な事実である。抑圧されていない女たちは私の理論において周縁化されるかもしれない。だが、それは（私たちのプロジェクトを導いているフェミニズム的かつ反人種主義的な価値観に即した）目下の大きな目的に照らしたとき、彼女たちが重要な存在ではないからである。気にすべきなのは、理論が誰かを「周縁化」しているかどうかではなく、その周縁化がもともとの探究の動機づけになっているフェミニズム的価値観に反しているかどうかである。私が考えるかぎり、理論構築の焦点を、抑圧される女たちの地位の理解に

当てないことこそ、そうした価値観に反するものになるだろう。

　では、もう一つの懸念についてはどうだろうか。私が提示した女性の定義は、ジェンダー・ヒエラルキーの保存に加担しうるような、女性の規範的理想を暗に示しているだろうか。女性を抑圧される集団として定義している以上、もちろん私はそうでないことを願っている！　むしろ、この定義で提示されているのは、男性優位を批判する、〔本来そうあるべきでないという〕否定的な理想だと言える。

　ここでは人種化された集団の分析に対しても同じように生じる規範性と共通性の問題について、応答することはしない。いま述べてきた議論を繰り返すだけになるだろうからだ。もちろん、同じ議論を人種化された集団に適用する際には興味深い細部の違いが出てくるだろうが、人種固有の何かによってそうした議論が妨げられることはないと私は考えている。

6　言葉の交渉

　では、私が提案した定義がもついくつかの利点をまとめよう。これまでのところ、言葉の問題は脇に置き、当該の集団が私たちの探究の目標に照らして、重要な考察の対象となる集団になっているのかどうかという点のみを考えてきた。すでに述べてきたことから、私の分析が人種的抑圧や性的抑圧に備わる大きなパターンを特定し、批判するのにいかに役立つのか（MacKinnon 1987）、そして、社会的カテゴリーの交差性（インターセクショナリティ）をいかにうまく扱えるのか、は明らかであると思う。しかし、そこからさらに進んで、私がより興味深いと思うのは、そうした集団について考えるときに、当該の言葉を使うことが有用かどうかという問題である。自分たちを、ここで提案された仕方で、**男性**ないし**女性**、そして特定の**人種**のメンバーであるとみなすことは、性的・人種的抑圧を理解し、性的・人種的平等を達成するという目標に資するものなのだろうか。

　私が提示した分析は、人種とジェンダーに関わる日常的な語彙を流用することによって、私たちに自らの個人的・政治的アイデンティティの形成に影響を与える抑圧システムの力を認識させてくれる。私たちは皆、自分の人種とジェンダーに一定の重きを置いている。例えば、私は白人女性である。先の分析に

従えば、この主張は、私をある面では特権化し、別の面では従属化させる社会システムのうちに私を位置づける。ジェンダーと人種の不平等は単なる公共政策の問題ではなく、個々人の自己理解の根幹にも関わっているので、そうした用語法の変化は私たちに自分が何者であると思っているのかを再考させることになるのだ。

　この点は、社会的アイデンティティに関わるカテゴリーを指す言葉の場合に、なぜ言葉の流用がとりわけ繊細な問題となるのかを浮き彫りにする。かつて、『ニューヨーク・タイムズ』の社説が「黒人」という言葉を「アフリカ系アメリカ人」へと変更することを支持した際、トレイ・エリスは次のように反応していた。

　　　私が招かれてもいなかったカクテルパーティーでの決定事項だと言って、私が自分のことをどう呼ぶべきか教えてくる奴がいたら、クソ食らえ（kiss my black ass）と言ってやるね。それが母親の言いつけだ。たいていの場合、「アフリカ系アメリカ人」なんて、全然ダメだ[20]。

問題は単に、私たちがどんな語を使うべきか、あるいはどんな語を使うべきかを誰が決めるのかということだけではなく、私たちが自分を何者だとみなしているのか、そして結局のところある意味では、私たちが何者であるのかということである。社会集団を表す言葉は記述的な語として機能しうるのであり、したがって、ある人が特定の条件を満たすときにその人が女性であると言うことが正しいこともある。しかし、社会集団を表す言葉は、その他の修辞的な目的にも寄与する。誰かをある社会集団のメンバーとして分類する行為は通常、（その文脈に固有の）「ふさわしい」規範や期待を喚起する。分類は、その人を一つの社会的枠組みのなかに位置づけ、その人に対する特定の種類の評価を可能にする。要するに、分類は指令的な（prescriptive）力をもつのである。ある集

20　Trey Ellis, *Village Voice*, June 13, 1989; 以下より引用。H. L. Gates 1992, "What's In a Name?" p. 139. ゲイツは、この節を引用するときに、"kiss my black ass"（「クソ食らえ」）の "black" を省いている。ゲイツはエリスの結論を補足しているが、彼はこの変更によって、この引用がもつ自己例示的な力を奪ってしまっている。

団に分類されることを受け入れたり、その集団に自分を帰属させたりすることは、典型的に、いくつかの規範や期待——それらは必ずしも社会的に是認されたものであるとはかぎらないが——を承認することを含む。それゆえ、私が「女性」と「ウーモン（wommon）」[4]のどちらで呼ばれるべきか、あるいは「白人」と「ヨーロッパ系アメリカ人」のどちらで呼ばれるべきかという問いで問われているのは、単にどの言葉が使われるべきかという問題ではなく、どんな規範と期待がふさわしいとされるべきかという問題である。つまり、私が何と呼ばれるべきかという問いは、私がどんな規範のもとで評価されるべきかという問いなのである（Haslanger 1993, 特に pp. 89–91）。

　ただし、誰かをある社会集団のメンバーとして「同定」することは一連の「ふさわしい」規範を喚起することになるが、そうした規範の内容は常に同じであるわけではない。この点で、女性であること、白人であること、ラティーノであることの意味は、可変的で、常に争いに開かれている。時間的可変性は、他の社会的変化を通じて、ジェンダー的関係や人種的関係の基本構造が維持されるために不可欠である。経済や移住、政治運動、自然災害、戦争などの影響で様々な社会的役割が変化するのに応じて、人種的アイデンティティやジェンダー・アイデンティティの規範的内容も変化するからだ。また、文脈的柔軟性は、社会生活の複雑さに対応している。どんな規範が適用されると想定されているのかは、そこで支配的な社会構造やイデオロギー的文脈、そして（階級、年齢、障害、セクシュアリティといった）個人のアイデンティティを形作る他の様々な側面によって決まるものだからだ。しかし、こうした可変性と柔軟性があるからこそ、集団は自分たちを新たな仕方で定義し直すことができる。その一つの方法は、集団のための新しい名称を導入することだ（「アフリカ系アメリカ人」、「ウーミン（womyn）」）。もう一つの方法は、古い名称を奪取し、その規範的力を歪めてしまうことである（「クィア」）。しかし、ときには標準的に使われている言葉の意味について争いが起こる場合もある（「私は女性じゃないのか？」）。ジェンダーや、（少なくとも米国において）人種的カテゴリーは個人の

〔訳注 4〕"man" が含まれている "woman" という言葉の代わりに使うものとしてフェミニズム運動家によって提案された用語の一つ。他にも "womyn" や "womxn" などがある。

あり方を大きく左右するので、「女性」ないし「男性」であることや標準的な人種の一つのメンバーであること、またそう認識されることは、きわめて重要な事柄であり続けている。だがそうであっても、（これはいくらか誇張になるが）ジェンダーや人種に関わる私たちの言葉を、実質的には、私たちの社会的アイデンティティのあり方について集団的に交渉するときの焦点を示す仮の言葉として捉えることは可能である。

　では、誰かを人種やジェンダーに関わる用語で同定する（または自己同定する）ことが規範的力や政治的影響力をもつという点を踏まえたうえで、私が提案しているような類の言葉の流用をどう評価すべきだろうか。例えば、人種やジェンダーに関わる用語は自分や他人の見方を形作るのに用いられているのだから、それにもかかわらずこれらの用語を私たちの自己理解に含まれていない新たな概念のために流用することは、どこか不誠実なところがないだろうか。

　この最後の問いは特に差し迫ったものである。というのも、いま検討中の流用は、多くの人にとってポジティブな自己理解を与えるカテゴリー——ラティーナ〔ラテン系アメリカ人の女性〕、白人男性など——を意図的に持ち出したうえで、それらについて、不正義というより広い文脈を強調した分析を提供するものであるからだ。そうした流用は、当のカテゴリーに関する理解の改訂を促すだけでなく（こうしたカテゴリーが可変的である以上、これは頻繁に起きていることである）、人々がそのカテゴリーの指令的な力に対してもっている関係の改訂を促している。日常的な言葉にこうした分析を与えることで、私はポジティブな社会的アイデンティティに見えるものを拒絶することを呼びかけている。私は、男性または女性であること、人種化された集団のメンバーであることを成り立たせているそれらの力を縮小させるよう努めるべきだということを主張しているのだ。すなわち、私たちは男性または女性としてジェンダー化されること、そして人種化されることを拒絶すべきなのである。このことは、人が身体をもつことに関する本質主義的な主張を否定するだけでなく、異なる仕方で生きることへの積極的な政治的コミットメントを含んでいる（Stoltenberg 1989）。ある意味では、こうした言葉の流用は「単なる意味」の問題である。私は既存の言葉を新たな仕方で使うことを勧めているにすぎない。しかし、それは政治的な問題でもある。私は、自分や周りの人々が不正義の影響を強く受けて形作

られていることを理解し、そのうえで適切な指令的推論を導くことを勧めているのである。私は、この試みが、批判的精神をもった社会的主体を力づけるのに役立つことを期待している。もちろん、私が提案している用語法の変更が政治的に有用かどうかは、それが使われる文脈や、それを使う個人に依存するだろう。重要なのは、あらゆる文脈で使われるべき言葉を制定することではなく、それぞれの場面で慎重に使われるべきリソースを提供することなのである。

7　根強い懸念、見込みのある代替説

　私が採ってきた方針に対して生じうるさらに大きな疑問がまだ残っている。それは、なぜ定義のなかにヒエラルキーを組み込むのか、という疑問である。なぜジェンダーと人種を、単に身体の文化的解釈によって動機づけ・正当化される社会的地位として、必ずしもヒエラルキー的でない形で、定義しないのだろうか。そうした定義は、女性を定義上従属的に、男性を定義上特権的に、そして各人種を定義上、ヒエラルキーのなかの地位とする（信じがたい）帰結をもたらすことなく、私たちの要求を満たしてくれるのではないだろうか。

　定義からヒエラルキーを取り除くことには、他にも二つの利点がある。第一に、身体の文化的表象のうち、従属／特権関係の維持に寄与していない部分を、私たちのモデルに組み込むことによって、ジェンダーと人種をもつことにポジティブな側面があることをよく認識できるようになる。第二に、そのような定義は、より公正な世界を作り上げるのに必要とされる建設的な変化を思い描くための枠組みを提供してくれる。たしかに、人種とジェンダーを消去すべきだという提案はラディカルな運動に共鳴する者たちへの強力なスローガンとなるかもしれない。しかし、身体が何ら意味をもたない社会や、セックスや生殖能力の差異が考慮されることなく組織される社会が果たして可能なのか、またそうあるべきなのかはまったく明らかではない。だとすれば、ジェンダーについては、破壊のために奮闘するだけでなく再構築のために奮闘することに役立つような概念が少なくとも必要になるのではないだろうか。

　ジェンダーについて考えよう。私はセックスとジェンダーをラディカルな仕方で捉え直すことに賛成である。とりわけ、私は人々を分類する基本的な根拠

として解剖学的構造を用いるのをやめるべきだと考えているし、セックスや生殖能力を備えた身体の種類の区別はすべて非常に政治的で、議論に開かれた事柄であると考えている。一部の論者たちは、解剖学的違いが連続的であることを認識し、少なくとも5種類のセックスを認めるべきだと主張している（Fausto-Sterling 1993）。また、もしセックスの区別がより複雑になるならば、既存の異性愛／同性愛のパラダイムでは性的欲求がうまく捉えられなくなり、セクシュアリティについても再考する必要が出てくるだろう。

　しかし、セックスと生殖に関わる選択肢の増加を奨励することは、解剖学的なセックスと生殖機能がもつあらゆる社会的帰結を消去できる／消去すべきだと主張しなくても可能である。ヒトという一つの生物種として、各々の身体が生殖において果たす役割や、生殖の物理的負担を主として背負う身体の種類には実質的な違いがある。加えて、生殖が社会的に重要な事実にならざるをえない（何と言っても、子孫が生み出されるのだから）ことを考慮すると、正常に機能している社会——より限定的に言えば、正常に機能しているフェミニズム的な社会——において、子どもを出産できそうな身体と、そうでない身体の違いが何らかの仕方で認識されていないことは想像しがたいように思われる。唯物論的な意味でのジェンダーのない社会——つまり、セックスに基づく抑圧が存在しない社会——に向けて努力すべきだと主張することと、公正な社会においてセックスや生殖能力の差異が考慮されるべきだと認めることは両立するのだ（Frye 1996; Gatens 1996）。

　公正な社会がセックスや生殖能力の差異を気にかけるべき度合いについてここで論じるつもりはない。私たちが、フェミニストとして、（新たに）ヒエラルキー的でないジェンダーの構築を推奨するべきなのか、それともジェンダーの完全な撤廃を目指すべきなのかという規範的な問題については別の機会に譲ることにしよう。とはいえ、少なくとも、そうした問題を議論するための用語をもっておくことは、有益であるだろう。私は、先に提示した「男性」と「女性」の定義を使うことを提案している。現状、私たちのジェンダー構造を構成するこの二つの主要な要素がヒエラルキー的であることは明白だからだ。しかし、同じ方針を応用して、先ほどの女性と男性の定義を包含しつつ、ヒエラルキー的でないジェンダーの可能性を許容し、男性と女性の二項対立を壊すよう

な、一般的なジェンダーの定義を与えることが可能である[21]。

> 集団 G が文脈 C において**あるジェンダーである**　iff$_{df}$　G のメンバーは次のような者である（G のあらゆるメンバーかつ G のメンバーのみが次の条件を満たす者である）。
>
> ⑴　特定の身体的特徴をもつことが規則的に観察または推測されており、その身体的特徴は、C において、特定の生殖能力をもつ証拠であると考えられている[22]。
>
> ⑵　そうした特徴をもつ（あるいはもつと推測されている）ことによって、その人は、C のイデオロギーの文脈のなかで、自分が置かれた社会的地位のいくつかの側面が動機づけ・正当化されるように印づけられている。
>
> ⑶　その人が⑴と⑵を満たすことが、C において、その人の社会的地位が当該の側面のいずれかをもつことの要因になっている（もしくは、要因となるはずである）。

私は、この分析を「ジェンダーはセックスの社会的意味である」という標準的なスローガンの一つの捉え方として提示する。なお、こうした「代替的な」ジェンダーを考えてみる際、当該の生物学的区別が私たちの考える「セックス」に対応していることを当然視しないよう注意すべきである[23]。（別の分類には、「妊娠中の人」、「授乳中の人」、「月経のある人」、「不妊の人」、などが含まれるかもしれない（また、身体的原因について与えられる説明次第では「同性愛者」も含まれるかもしれない）。）また、あるジェンダーのメンバーであることが、その人

21　このアプローチを示唆してくれたジェフリー・セイヤー・マッコードに感謝する。

22　ここで言われている「観察」や「推測」が、個々人に特異のものではなく、大きな社会的認識パターンの一部であるということは重要である。ただし、その観察や推測は、**男性**と**女性**の場合と違って、「たいていの場合」に成り立つものである必要はない。それらは規則的だが稀なものであってもよい。

23　「第三のジェンダー」と言われてきた集団が、私の理論においてジェンダーに当たるのかどうかという点については保留しておく。第三のジェンダーを包含するとされるようなジェンダーの理論のいくつかでは、身体への注意が不十分なために、例えばジェンダーと人種を区別できていない。Roscoe 1996 を参照のこと。

の人格的アイデンティティや心理的アイデンティティを構成する重要な要素になることを前提すべきではない。私が提案している理論では、ジェンダーと人種は、何よりもまず、社会的関係の構造のうちに定義される社会的集団である。それがアイデンティティや規範とどう関係しうるのかは、非常に偶然的であり、各々の状況の詳細に依存する。例えば、「革命後」の世界では、特定の「セックスに結びつけられる」身体をもつ者として分類された人々に法的保護や医療を受ける権利が与えられるという形で、ジェンダーが人の全体的な社会的地位の一要素になっていると想像することができるかもしれない。しかし、その場合のジェンダーは、心理的アイデンティティや日々の社会的営みに大きな帰結をもつとはかぎらない。身体の「セックス」は公には印づけられてさえいないかもしれないからだ。

　人種についても簡単に見ておくと、やはり同じような問いが生じる。「人種的に」公正な別の社会のあり方を思い描き、それについて議論するために、ヒエラルキー的でない「人種」の概念が必要だろうか。こちらの場合は、「人種」を新たに定義しなくとも、利用できる用語的リソースがすでにあると思われる。人種が、先に定義したように、身体的特徴と（想定されている）地理的起源によって（おおまかに）定義されるヒエラルキー的に配置された集団であるとして、それに対して（当の文脈において）ヒエラルキー的に配置されていない集団を「民族」と呼ぼう。もっとも、現状の民族は社会的な身分や権力と結びついたものであるので、私はこの語をいくぶん理想化された概念のために使うことを提案していることになる。

　ジェンダーの場合と同様に、反人種主義的プロジェクトは、現存する民族集団の保存を推奨すべきなのか、それとも「新たな」民族の形成を推奨するべきなのかという点が問題になる。さらにより一般的なこととして、フェミニズム的反人種主義は、ジェンダーと民族－人種的集団をずっと同じ仕方で扱っていくべきなのかを考える必要がある。例えば、私たちは、あらゆるジェンダーと民族－人種的集団の消去を目指すべきだろうか。それとも、それらを保存し多様化させることを目指すべきなのだろうか。あるいは、ジェンダーは消去するが、民族は消去しないこと（またはその逆）を目指すべきだろうか。これらの問いは慎重な検討に値するものだが、ここで扱うことはできない。

　定義同士の関係が複雑になったので、最後に理解に役立つような図を挙げておく。

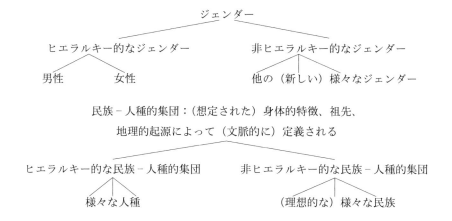

　　　　　　　　　　　　　　ジェンダー

　ヒエラルキー的なジェンダー　　　　　　非ヒエラルキー的なジェンダー

　　　男性　　　　　女性　　　　　　　　他の（新しい）様々なジェンダー

　　　民族－人種的集団：（想定された）身体的特徴、祖先、
　　　　　　　地理的起源によって（文脈的に）定義される

　ヒエラルキー的な民族－人種的集団　　　　非ヒエラルキー的な民族－人種的集団

　　　　　様々な人種　　　　　　　　　　　　（理想的な）様々な民族

8　結論

　私が提示した理論によれば、人種とジェンダーには際立った類似が見られる。ジェンダーと人種はどちらも実在し、どちらも社会的なカテゴリーである。ジェンダーも人種も、個人が選べるものではないが、そのあり方に抵抗したりそれを変異させたりすることはできる。また、（現状では）人種もジェンダーもヒエラルキー的だが、そのヒエラルキー関係を維持させているシステムは偶然的なものである。そして人種とジェンダーでは、そのイデオロギーやイデオロギーが支えているヒエラルキー構造のあり方にかなり大きな違いがあるが、両者は互いに深く絡み合っている。

　人間の身体のタイプは非常に多様である。それらを分類する際、ある目的にとっては特定の分類法が他の分類法より有用だと言えるが、唯一の「正しい」方法は存在しない。人の身体を分類する仕方は、政治的に重大な問題になりうるし、実際そうなっている。というのも、私たちの法律や社会制度、個人のアイデンティティは、身体とその身体の可能なあり方に関する理解に密接に結び

ついているからだ。もっともこのことは、ある身体の可能なあり方が、それに
ついて私たちがもっている理解と必ずしも一致するわけではないという考えと
両立する。私たちの身体は、私たちがそれらをどう意味づけていようと、しば
しば私たちの予想を超え、私たちを混乱させるものである。

　ここで説明してきた枠組みは、**男性**、**女性**、**人種**（および個々の人種的集団）
のようにヒエラルキー的であることを構成要素とする理論的カテゴリーと、
「ジェンダー」や「民族」のようなヒエラルキーを含まない理論的カテゴリー
のどちらも許容するものになっている。先に述べたように、私は人種やジェン
ダー、男性や女性について、〔私のプロジェクトとは〕異なる関心や優先順位に
基づいて、別の問題に答えることに役立つような定義を与える仕方が他にも存
在することを、否定するつもりはない。人種やジェンダーによる従属化の複雑
なシステムを理解するために必要な作業のすべてを行なうには、確実に複数の
概念が必要になるはずだ。

　要するに、私は（私が提示した分析について）まさにこれこそがジェンダーで
あり、人種であると主張するつもりはなく、これらがフェミニズム的反人種主
義理論に必要とされる重要なカテゴリーであると主張しているだけである。も
ちろん先に説明したように、「ジェンダー」や、「男性」と「女性」、「人種」と
いう語を、私が定義した概念のために使う修辞的利点はあると思う。けれども、
もしこれらの語を譲らないと決めている人がいるとしたら、私は別の語を使う
だろう。はじめのほうで分析的プロジェクトを特徴づけた際に述べた点を繰り
返すが、ジェンダーと人種を私たちの理論的目的のためにどう定義するかは、
私たち次第である。世界そのものが、ジェンダーとは何かを教えてくれるわけ
ではない。人種についても同様だ。もし〔人種とは何かを探究する〕私たちのプ
ロジェクトが概念の複雑な歴史を継承せざるをえないのだとすれば、アッピア
が主張するように、「私たちが人種に求める役割のすべてを担えるものはこの
世界に存在しない」（Appiah 1992, 45）かもしれない。しかしそうではなく、「人
種」に、それが以前求められてきたことと異なる役割を求めることもできる。
もちろん、語を定義するにあたっては、過去と現在の状況を分析するにせよ、
別の未来を思い描くにせよ、そこでの政治的目的を明確にもっておく必要があ
る。だがともかく、「ジェンダーとは本当は何であるのか」あるいは「人種と

は本当は何であるのか」ということに頭を悩ますよりも、私たちはジェンダーや人種が（理論的にも、政治的にも）どんなものであってほしいのか、という問いから出発すべきだと私は考えている。

参考文献

Anderson, Elizabeth. (1995) "Knowledge, Human Interests, and Objectivity in Feminist Epistemology," *Philosophical Topics* 23: 2: 27–58.

Appiah, K. Anthony and Amy Gutmann. (1996) *Color Conscious*. Princeton, NJ: Princeton University Press.

Appiah, K. Anthony. (1992) *In My Father's House*. New York: Oxford University Press.

Butler, Judith. (1990) *Gender Trouble*. New York: Routledge.〔ジュディス・バトラー『ジェンダー・トラブル——フェミニズムとアイデンティティの攪乱』竹村和子訳、青土社、1999年〕

Crenshaw, Kimberle. (1993) "Beyond Racism and Misogyny: Black Feminism and 2 Live Crew," *Words That Wound*, ed., Mari J. Matsuda, Charles Lawrence, Richard R. Delgado and Kimberlé W. Crenshaw. Boulder, CO: Westview, 111–32.

Fausto-Sterling, Anne. (1993) "The Five Sexes: Why Male and Female Are Not Enough," *The Sciences* 33:2: 20–24.

Frye, Marilyn. (1996) "The Necessity of Differences: Constructing a Positive Category of Women," *Signs* 21:4: 991–1010.

Frye, Marylin. (1983) *The Politics of Reality*. Freedom, CA: Crossing Press.

Gatens, Moira. (1996) "A Critique of the Sex-Gender Distinction," *Imaginary Bodies*. New York: Routledge, 3–20.

Gates, Jr., Henry Louis. (1992) *Loose Canons*. New York: Oxford University Press.

Geuss, Raymond. (1981) *The Idea of a Critical Theory*. Cambridge: Cambridge University Press.

Haslanger, Sally. (1993) "On Being Objective and Being Objectified," *A Mind of One's Own*, ed., Louise Antony and Charlotte Witt. Boulder: Westview, 85–125.

Haslanger, Sally. (1995) "Ontology and Social Construction," *Philosophical Topics* 23:2: 95–125.

Hennessy, Rosemary and Chrys Ingraham, eds. (1997) *Materialist Feminism*. New York: Routledge.

Hoy, David. (1994) "Deconstructing Ideology," *Philosophy and Literature* 18:1.

Hurtado, Aida. (1994) "Relating to Privilege: Seduction and Rejection in the Subordination of White Women and Women of Color," *Theorizing Feminism*, ed., Anne Hermann and Abigail Stewart. Boulder, CO: Westview Press, 136–54.

MacKinnon, Catharine. (1987) "Difference and Dominance: On Sex Discrimination," *Feminism Unmodified*. Cambridge, MA: Harvard University Press, 32–45.

Omi, Michael and Howard Winant. (1994) *Racial Formation in the United States*. New York: Routledge.

Ortner, Sherry. (1996) "Gender Hegemonies," *Making Gender*. Boston: Beacon Press, 139–72.

Riley, Denise. (1988) *Am I That Name?* Minneapolis: University of Minnesota Press.

Roscoe, Will. (1996) "How to Become a Berdache: Toward a Unified Analysis of Gender Diversity," *Third Sex, Third Gender*, ed., Gilbert Herdt. New York: Zone Books, 329–72.

Scott, Joan. (1986) "Gender: A Useful Category of Historical Analysis," *American Historical Review* 91:5: 1053–75.

Spelman, Elizabeth. (1988) *The Inessential Woman*. Boston: Beacon Press.

Stevens, Jacqueline. (1999) *Reproducing the State*. Princeton: Princeton University Press.

Stich, Stephen. (1988) "Reflective Equilibrium, Analytic Epistemology, and the Problem of Cognitive Diversity," *Synthese* 74: 391–413.

Stoltenberg, John. (1989) *Refusing To Be a Man*. New York: Meridian Books.〔ジョン・ストルテンバーグ『男であることを拒否する』蔦森樹監修、鈴木淑美訳、勁草書房、2002 年〕

Thorne, Barrie. (1993) *Gender Play*. New Brunswick, NJ: Rutgers University Press.

Young, Iris. (1990) *Justice and the Politics of Difference*. Princeton: Princeton University Press.〔アイリス・マリオン・ヤング『正義と差異の政治』飯田文雄・苑田真司・田村哲樹監訳、河村真実・山田祥子訳、法政大学出版局、2020 年〕

2

改良して包摂する

ジェンダー・アイデンティティと女性という概念

キャスリン・ジェンキンズ

渡辺一暁訳

1　導入──改良的探究と包摂問題

　この数十年にわたってフェミニズムの哲学者たちは、ジェンダーという概念の分析、特に**女性**という概念の分析を進展させようと努めてきた。この仕事が難しくなっているのは、すべての女性が共通に備える単一の性質などないように思われるので、女性を定義しようと試みると、どうしてもそこから除外されたり主流でないものとして扱われたりしてしまう**女性**が出る恐れがある、という事実のためだ。そして典型的には、こうした除外や周縁化の危険にさらされている女性というのは、例えば有色の女性や労働階級の女性といった形で、抑圧された他の社会集団にも同時に属していることが多い。かといって女性という概念を無定義のままにしておくのでは、フェミニズムというプロジェクトは疑問に付されることになってしまう──というのも、フェミニズムというのは、「女性」の抑圧を終わらせるための運動とみなされているのだから。したがって、それ相応に包摂的な**女性**概念を考え出さなくてはいけない──つまり、ここで「包摂問題」と呼ぶ問題を防止できる概念だ。

　そのような概念を考え出そうという試みは多いのだが、ここではそのなかの

一つに集中したい[1]。*Resisting Reality*（『実在への抵抗』）にまとめられた一連の論文のなかで、サリー・ハスランガーが展開した特殊な形式の概念分析があるのだが、ハスランガーの主張では、それを**女性**概念に適用すれば、独特なやり方で包摂問題を回避できるのだ[2]。この分析方法は「改良的探究」と名づけられている。ハスランガーに従えば、概念 F の改良的探究とは、以下のような概念を手に入れよう、というプロジェクトである。すなわち、ある特定の集団が共有している一連の目標に照らしたときに、その集団が人々に用いてもらうことを目指すべき概念 F とはこれだ、と言えるような概念だ[3]。したがって改良的探究では、規範的な情報を活用することになる。改良的探究が生み出す F であるという概念は、F の**目標概念**（target concept）である。改良的探究においては、私たちの日常的な概念の理解や概念の使用に必ず従わないといけないわけではない。分析のよしあしの規準となっている目的が促進できるようなら、概念の改訂を目標とすることもある。

　女性という概念の改良的探究のもとでフェミニストたちに求められるのは、ジェンダー不平等と戦う際にいちばん有用なのはどういう**女性**概念なのか、と考えることだ。こう考えると、除外や周縁化を避けることに適した、改訂的な分析をする道が開ける。このように、改良的探究は包摂問題に立ち向かうのに適した有望なアプローチに思える。このフェミニズムの改良的探究に着手するにあたってハスランガーが提案したのは、**女性**という目標概念を、（大まかに言えば）「女のセックスをもつと推測されることに基づいて社会的な従属に服している人、と定義すべきだ」ということだ[4]。同様に、**男性**という目標概念は、「男のセックスをもつと推測されることに基づいて社会的に特権を得ている人」と定義される。ハスランガーが論じるには、この概念によって

1　この論争は広範囲にわたるものだがその概観として、Mari Mikkola, "Feminist Perspectives on Sex and Gender," *The Stanford Encyclopedia of Philosophy*, ed. Edward N. Zalta (Stanford, CA: Stanford University, 2011) を参照。

2　Sally Haslanger, *Resisting Reality* (Oxford: Oxford University Press, 2012).

3　したがって、異なるねらいをもつ別々の集団なら、同じ概念の改訂的探究が、異なる結論となることはありうる。

4　Sally Haslanger, "Gender and Race: (What) Are They? (What) Do We Want Them to Be?" *Resisting Reality*, 221–47.〔本書第 1 章参照〕

明　白　な 女性のすべてを包摂しているわけではないにしても、明白な女性の
<ruby>明白<rt>プリマ・ファキエー</rt></ruby>
うち抑圧を被っている人々であればすべて包摂しているから、包摂問題を防止
することができる、ということになる。そしてハスランガーが論じるには、フ
ェミニズムはこういう女性のことをこそ考慮するべきなのだから、この概念は
フェミニズムの考え方で包摂すべき人すべてに及んでいる、というわけだ。

　この論考で私が考えたいのは、ハスランガーが提案した目標概念が、トラン
スの人々にとってもたらす含意である[5]。「トランスの人々」ということで私は、
出生時に割り当てられたジェンダーとは異なるジェンダーをアイデンティティ
としてもつ人すべてを意味していて、このなかにはトランス女性（出生時に男
に分類されたが後に女性としてのアイデンティティをもつようになった人）、トラン
ス男性（出生時に女に分類されたが後に男性としてのアイデンティティをもつよう
になった人）、ノンバイナリーなトランスの人々（単純に男性のアイデンティティ
か女性のアイデンティティかのどちらかをもつというわけではない人）が含まれる。
ここでは「トランスセクシュアル」のアイデンティティと「トランスジェンダ
ー」のアイデンティティとを区別していない。また、「シス」という語を、ト
ランスではない人を記述するために用いるものとする。これは私の議論に関わ
ってくることだが、トランスの人々は一般にひどい不利益を被っていて、社会
のなかで周縁化された集団であるし、複数の側面で、抑圧や不公正に苦しんで
いる。例えば、雇用や医療や住宅供給などの財の提供を差別的に拒絶されてし
まう。またメディアにおいてはずっと否定的な描写をされてきた。さらに、暴
力にさらされるリスクが特に高い。この抑圧は、人種や社会的経済的な地位や
〔トランスといってもトランス男性なのかトランス女性なのかなどの〕ジェンダー
といった、抑圧の他の軸によっても異なるものになる。トランスのジェンダ
ー・アイデンティティは完全に正当である――トランス女性は女性であり、ト
ランス男性は男性である――という命題は、私の議論の根本的な前提となって
いるので、これ以降では論じない。トランスの人々のジェンダー・アイデンテ
ィティを軽んじるのは深刻な危害であり、様々な形のトランスフォビックな抑

5　本論文で私は、トランスの周縁化という問題に焦点を絞っている。ハスランガーが提案した
　　目標概念が直面するいくつかの問題についてのもっと幅広い議論としては、Mari Mikkola,
　　"Gender Concepts and Intuitions," *Canadian Journal of Philosophy* 39(2009): 559–84 を参照。

圧や、暴力にさえ概念的に結びついている[6]。したがって、こうしたアイデンティティを尊重するために、トランスの人々をジェンダーのカテゴリーに包摂するにあたっては、人々がアイデンティティをもっているほうのカテゴリーに包摂し、もっていないほうには包摂しないようにすることが、ジェンダーについての概念をフェミニズム的に分析するときの重要な要求の一つとなる。

　この論考では最初に、ハスランガーの提案する目標ジェンダー概念では、トランスの人々をその人々自身がアイデンティティをもつジェンダーへと包摂できていないので、包摂問題を解決してはいないと論じる。ここではトランス女性に話を絞って、ハスランガーの**女性**の定義によると、トランス女性のなかに女性とされない人が出てしまうことを示す。目標概念とはフェミストがこのように女性概念を用いるべきだという規範的提案なのだから、これは受け入れがたい帰結だ。というのも、そんな概念を採用したら、フェミニズムの論議のなかで、トランス女性が（不適切にも）周縁化されている現状を悪化させてしまうだろうからだ。だが、ハスランガー自身の提案した**女性**の目標概念は受け入れがたいものの、改良的なプロジェクトという枠組みは、包摂問題を防げる**女性**概念を求めるフェミニストにとって有用な道具となることも主張する。よってこの論文の第二の部分では、トランスの人々すべてのジェンダー・アイデンティティを尊重することを明示的な目的として、改良的探究を行なう。ここで必要になるのは、単一の目標概念ではなく複数のそれぞれ同等に重要な目標概念に到達することを許容できるような、改良的探究の再定義である。私は、トランスの人々を包摂するという要求に配慮した改訂的探究は、ジェンダーについて二つの目標概念をもたらすと論じる。一つめの目標概念は、ハスランガーが提案した概念に対応するものであり、押しつけられた社会的階級としてのジェンダーの意味を捉えたものだ。二つめの目標概念は自らが経験するアイデンティティとしてのジェンダーの意味を捉えたもので、（別のところで）ハスランガーが人種的アイデンティティを説明したものを利用している。この二つの概念は、フェミニズムの目的にとって同等に重要だと論じる──そして二つの概

6　Talia Mae Bettcher, "Evil Deceivers and Make-Believers: On Transphobic Violence and the Politics of Illusion," *Hypatia* 22 (2007): 43–65.〔本書第 3 章参照〕

念が合わさって、包摂問題を防止することに成功した説明を形作るのだ。最後に、ジェンダーについての語を日常の文脈でどのように使用すべきなのかという問いに、二つの目標概念という私の結論が与える含意をおおまかに検討する。

2　ハスランガーが提案した目標概念の精査

A　ハスランガーの説

　ハスランガーが提案した目標概念をつぶさに見るところからはじめよう。ハスランガーにおいては、男性であるとジェンダーづけられることや女性であるとジェンダーづけられることは、その人の解剖学的なセックスがこうだと推測されることに基づく、ヒエラルキー的な社会的役割を占めることで成り立っている。ハスランガーが目指すのは、「ジェンダーの第一義的な意味を一つの社会階級として定義する、焦点的（focal）分析を提示する」ことであって、ここで焦点的な分析というのは、「互いに関連する様々な現象を、理論のなかで中心・中核に置かれた現象との関係によって説明する」分析のことだ[7]。つまり、ジェンダーについての語彙が複数の仕方で用いられていることは認めたうえで、推定されたセックスに基づく社会的階級という考えを使えば、ジェンダーの意味のなかでも、ジェンダーを批判するフェミニズム的分析にとって最も重要なものを捉えられる、というのがハスランガーの考えなのだ。

　目下の目的においては、ハスランガーが提案した社会的階級としてのジェンダーという目標概念は、「女性として機能する」というハスランガーが与えた定義を通じて説明するのが最適だろう。つまり、〔以下「A iff$_{df}$ B」は、「A を B で定義する」ということを意味する。〕

　　S が文脈 C において、**女性として機能する** iff$_{df}$
　⑴ S は文脈 C において、特定の身体的特徴をもつと観察または推測されており、その身体的特徴は生物学的に女の生殖的役割を担う証拠と考えられている。

7　Haslanger, "Gender and Race," 228.〔本書第 1 章 14–15 頁参照〕

　⑵　Ｓがこれらの身体的特徴をもつことは、Ｃの背景的イデオロギーのも
　　とで、ある種の社会的地位——実態としては従属的であるような地位
　　——を占めるべき人としてＳを印づけている（またそれによって、Ｓがそ
　　の立場を占めることを動機づけ、正当化している）。

　⑶　Ｓが⑴と⑵を満たすという事実によって、Ｓはｃにおいて体系的に従
　　属的地位に置かれることになっている。すなわち、ある一定の側面にお
　　いてＳの社会的地位は抑圧的なものであるのだが、Ｓが⑴と⑵を満たす
　　ことが、その側面における従属化の要因となっている[8]。

つまりこの説明では、Ｓが女性であるとは、Ｓが「規則的かつたいていの場合
に」女性として機能しているとき、そしてそのときにかぎる、と主張している
わけだ[9]。対応する定義として、男性であるとは、生物学的に男の生殖的役割
を担う証拠と考えられている身体的特徴をもっていると、観察または推測され
ていることに基づいて、特権を得ている個人、とされる。

　包摂問題についてはどうなるだろうか？　ハスランガーが提案した女性の目
標概念は、女性が占めている被支配的な社会的地位とはどんなものかを留保し
たものなので、なにか特定の文化や人種や階級での女性の経験を中心に据えて
いるわけではない。したがって、文化や人種や階級についてどんなアイデンティ
ティをもっている女性でも、そのせいでこの目標概念のもとで周縁化されて
しまうことにはならない。ただしハスランガーは、女性だとしばしば考えられ
ている人々が、この説だと周縁化されてしまうことを認めている。というのも
この説では、女であると推定されることに基づいて被支配下に置かれているわ
けではないが明らかに女性だとされている人が、（現実の人であれ可能的な人で
あれ）女性と分類されなくなってしまうからだ。ハスランガーが論じるには、
この周縁化は問題ないのであり、なぜならそれはフェミニズムの目標と対立し

8　Ibid., 235.〔本書第 1 章 25 頁〕

9　Ibid., 234.〔本書第 1 章 23 頁〕ハスランガー自身は、女性であるとはどういうことかをまず説
　　明し、その次に女性として機能しているとはどういうことかを説明している。ここでは解説の
　　順序を入れ替えたが、それは簡潔にするためだけでなく、後述する理由から、女性として機能
　　しているということの説明をもっと詳細に検討するからでもある。

ないからだ、となる。「批判的フェミニズムの探究の目的にとっては、抑圧こそが、私たちの理論的カテゴリーを体系化する際に中心に置かれるべき重要な事実である。抑圧されていない女たちは私の理論において周縁化されるかもしれない。だが、それは（私たちのプロジェクトを導いているフェミニズム的かつ反人種主義的な価値観に即した）目下の大きな目的に照らしたとき、彼女たちが重要な存在ではないからである」[10]。だからハスランガーは、抑圧されていないが 明 白 な 女性だとされている人を、自説では周縁化してしまうことをはっきりと明示している。だが私が論じるのは、この説だと他に、ハスランガーが気づいていない、もっと問題含みの周縁化が起きてしまっている、ということだ[11]。

B　トランス女性に対しての含意

　この項と次の項では、ハスランガーが提案した目標概念としての**女性**概念が、すべてのトランス女性を包摂してはいないこと、そのせいでトランス女性のジェンダー・アイデンティティを尊重しそこねていることを示す。これから提出する議論は、トランス女性だけでなく、トランスの人々が様々なジェンダー・カテゴリーから不当にも排除されている場合でも、同じように適用できる。これと同様の議論は、当人がアイデンティティをもっていないジェンダー・カテゴリーに不当にも包摂されてしまうことについても展開できるだろうし、こちらも、トランス女性に悪影響を及ぼす場合にも、それ以外のトランスの人々に悪影響を及ぼす場合にも、同様に適用できる[12]。とはいえここでは、女性カテゴリーからトランス女性が不当にも排除されてしまうことに焦点を合わせよう。

　トランス女性であるというのが何を意味するかについては複数の理解があるので、トランス女性のジェンダー・アイデンティティを尊重して**女性**概念の分

10　Ibid., 240.〔本書第 1 章 32 頁〕
11　抑圧されていない女たちを周縁化してしまうことの是非はここでは保留する。ただし、私が改訂した分析ではトランスの包摂を確立することを狙っているが、それは同時に、抑圧されていない女たちを女性として包摂することも帰結する。この論点について詳しくは、Mikkola, "Gender Concepts and Intuitions" を参照。
12　不当な包摂という論点への注目は、タリア・ベッチャーに負っている。

析をするにあたっては、トランスが自分の経験を特徴づけし解釈するやり方が〔人によって〕多様であることを認められないといけない。こういう多様性のなかでも、私の議論にとって特に関係するものは 2 点ある。一つは、トランス女性のなかにはホルモン投与や外科手術といった医学的処置によって身体を変容させるという手段を講じる人がいる一方で、そのような手段を用いない人もいるという点だ。もう一つは、トランス女性のなかには自身のジェンダー・アイデンティティを公にしようと、女性代名詞〔自分を「she」と呼んでもらうこと〕や女性的な名前や外見のありようを使う人がいる一方で、自身のジェンダー・アイデンティティを伏せておく人もいる、という点だ。強調しておきたいが、フェミニズム的な**女性**の分析はこのように様々なアイデンティティを「説明」しなくてはならない、という考えをここで述べているわけではない。というのも、トランス女性のアイデンティティとは何か特別な「説明」が要るようなものではないからだ。そうではなく単に、人は非常に様々なアイデンティティのもとで生きているということを考慮に入れた分析をすべきだ、ということだ。

　このことは、ハスランガーが提案した**女性**の目標概念に何をもたらすだろうか？　ハスランガーは注のなかで、ハスランガーの定義から帰結することとして「社会的に男性として機能している女や、社会的に女性として機能している男」も、それぞれ女性・男性のメンバーであると述べている[13]。だが、ハスランガーの定義では、どんな状況ならばトランス女性が「女性として機能している」とみなされることになるだろうか？　ハスランガーの説は複雑であり、この問いにどう答えることになるかは、それほど明らかなことではない。だから、この説がトランス女性にもたらす含意を明らかにするために、ここでトランス女性が置かれるかもしれない四つの可能なシナリオを考えて、ハスランガーの説がその女性の社会的機能をどう分類することになるかをそれぞれ確認しよう。なお、これらのシナリオはトランス女性が人生の一場面として陥るかもしれな

13　Haslanger, "Gender and Race," 237.〔本書第 1 章 17 頁〕この引用箇所で強調されているとおり、ハスランガーはセックスとジェンダーとの区別を用いており、それぞれ女性・女という用語に対応させている。ハスランガーについて論じる際にはこの言葉づかいの一部を受け継ぐが、これはトランスのアイデンティティを論じる文脈では問題のある区別だということが知られており、私も問題含みだと思うので、以下で自説の提示をする際には、この区別は使わない。

い状況の素描として考えたもので、必ずしもずっと同じ状況にあると考えてほ
しいわけではない。またさらに、トランス女性が陥る状況がこの四つに限られ
ているわけでもない。

　シナリオ1　このトランス女性は公には女性であると表明しておらず、周
囲からは男性と受け止められている。ハスランガーの定義では、この状況
のトランス女性は、何かしら従属的な地位にあるかないかにかかわらず、
女性として機能していない、ということにならざるをえないと考えられる。
　シナリオ2　このトランス女性は公に女性であると表明しているが、この
表明は尊重されていない。周囲からは、男性が女性の「ふりをしている」
のだとみなされている。ここでも、ハスランガーの定義ではこの状況のト
ランス女性は女性として機能していないことになる。たとえ彼女が従属を
経験していたとしても同じことになるが、これはこの従属が、〈生物学的
生殖における女性の役割に関連した身体的特徴を備えていると理解され
る〉ことに基づいたものではないからである（なぜなら、この女性はそのよ
うに理解されてはいないので）[14]。
　シナリオ3　このトランス女性は公に女性であると表明しており、彼女の
ジェンダー表明は周囲から尊重されている（彼女に対して正しく代名詞を使
うなどするし、彼女のことを女性だと考えている）。だが特筆すべきことに、
このように尊重されているのは、身体的特徴として、生殖における女性の
役割に関連したものを備えているとみなされているからなのだ（例えば乳
房を備えているとみなされているとか、子宮があると推定されているとか）。こ
うなってしまうケースは二通りありうる。一つは、この女性はシス女性で
あると解釈されている場合だ[15]。もう一つは、トランスだと解釈されてい
るが、生殖における女の役割に関連した身体的特徴を備えているから女性
だとみなされている場合だ。こうなるためにはまず、彼女が何らかの医学

14　例えば、このシナリオに登場する女性が女性性を表しているせいで従属させられているとし
　　ても、彼女がハスランガーの定義を満たすことにはならない。Julia Serano, *Whipping Girl: A
　　Transsexual Woman on Sexism and the Scapegoating of Femininity* (Emeryville, CA: Seal, 2007) を参照。
15　ここでは、トランス女性ではないと解釈されているということ。

的介入によって身体的特徴の一部を変化させてきたのだと理解されていることが必要だろうし、さらにその身体的特徴は、シス女性が備えている身体的特徴と同種になっていると解釈されることも必要だろう[16]。ハスランガーの定義だと、こういう状況のトランス女性は、このように彼女がみなされていることに基づいた何らかの形態の従属を彼女が経験しているならば、女性として機能していることが導かれる。

シナリオ4　このトランス女性は公に女性であると表明しており、彼女のジェンダー表明は周囲から尊重されているが、シナリオ3と異なり、これは身体的特徴として、生殖における女の役割に関連したものを備えているとみなされているからではない。彼女がそのような身体的特徴を備えているとみなされるかどうかに関係なく、彼女のジェンダー表明は無条件に尊重され、彼女が社会的にどう扱われたいかを表すものとして受け止められている。これは、身体的特徴をジェンダーの根拠として受け止めがちな主流の文脈ではそうそう当てはまらないだろうが、限られた文脈、例えばトランス・コミュニティといった、〔主流の〕ジェンダー理解への抵抗が有効となっている文脈では、まったくふつうの状況だ[17]。この女性は社会的に女性として機能していると言っても直観的に正しく思える。ここで、女性であるとみなされることに基づいて、彼女が何らかの従属を経験しているという仮定も加えよう。ところがこの場合でも、ハスランガーの定義では、彼女が女性として機能していることにはならない。なぜなら、生殖における女の役割に関連した身体的特徴を備えているとみなされていることが、他人からどうみなされるか、どう扱われるかについて、ここでは何の役割も果たしておらず、彼女が経験する従属の根拠になることはありえないからだ。

16　この条件が 交 差 性（インターセクショナリティ）の点で問題含みであるのがなぜかについては、注18で説明する。

17　Talia Mae Bettcher, "Trans Identities and First-Person Authority," *"You've Changed": Sex Reassignment and Personal Identity*, ed. Laurie J. Shrage (New York: Oxford University Press, 2009), 98–120 や、"Trans Women and 'Interpretative Intimacy': Some Initial Reflections," *The Essential Handbook of Women's Sexuality*, ed. D. Castañeda (Santa Barbara, CA: Praeger, 2013), 51–68.

ハスランガーにとっては、女性であるためには、その人が「規則的かつたいていの場合に」女性として機能していなくてはならないことを思い出してもらいたい。するとハスランガーの説で女性として分類されるトランス女性は、シナリオ3の状況にたいてい置かれているだけとなる。トランス女性のなかにはシナリオ3の状況にまったく身を置けない人もいるし、たまにしか身を置けない人も多い[18]。したがって、多くのトランス女性はハスランガーの定義では女性に分類されない。

　トランス女性を周縁化してしまうのは、抑圧されていないシス女性（一　応こう書く）を周縁化するのとはわけが違う。これは一つには、トランス女性というのは厳しい抑圧にさらされている集団だからでもあるが、この抑圧というのがトランス女性のジェンダーの真正性を拒否することと密接に結びついたものだからでもある。だからこそトランス女性のジェンダー・アイデンティティの尊重は、特に重要な急務なのである。さらに、前述のどのシナリオでもトランス女性は抑圧を経験しがちであり、特にシナリオ4では、それは彼女が女性であることに基づいた抑圧になりそうである[19]。これらの要素を考えると、抑圧されていない女性を除外する際にハスランガーが与えた正当化では、トランス女性を除外することはできないわけだ。トランス女性はフェミニズムの目的にとってほぼ間違いなく重大であり、そうでないという提案は直接的な、また深刻な短所となる[20]。したがって、ハスランガーの目標概念として

18　例えば、どの社交上のやりとりにおいてもシナリオ4の状況にいるトランス女性でも、医療的処置を受診するという文脈ではシナリオ4の状況にいる、ということはある。シナリオ3の状況で他人から適切に受け止めてもらうという能力は、経済的地位を含めいろいろな社会的要素にも依存しているが、これはホルモン投与や外科的処置、ある種の衣類といった、こうした受け止めを促しやすいものにアクセスするには、金銭的コストがかかるからだ。Emi Koyama, "The Transfeminist Manifesto," *Catching a Wave: Reclaiming Feminism for the 21st Century*, ed. Rory Dicker and Alison Piepmeier (Boston: Northeastern University Press, 2003), 244–59 や、Rachel McKinnon, "Stereotype Threat and Attributional Ambiguity for Trans Women," *Hypatia* 29 (2014): 857–72 を参照。つまり、ハスランガーの**女性**の定義から排除されるトランス女性がいるというのは、階級その他の交差的な論点からも、特に問題含みなのである。

19　本論文でこのあと提示するジェンダー・アイデンティティと抑圧とについての説では、シナリオ1やシナリオ2において、トランス女性が女性であることによる抑圧を経験していることが含意される。注45も参照。

の**女性**から排除されるトランス女性がいるという事実は、この説を包摂問題に直面させてしまうのである。

C　ありうる応答

　ハスランガーの定義では多くのトランス女性が排除されてしまうという指摘に対して、ありうる反応は三通りある。一つめに、ハスランガーの説を今の形のままで擁護しようとして、冒頭で示した点を踏まえてなお、これはトランス女性を軽視した説ではないのだと示そうという道だ。二つめに、このままではこの説は問題含みであることを認め、修正版を擁護する道がある。三つめに、社会的に従属するよう強いられていることに基づいて**女性**概念に改良的定義を与える試み全体が失敗したものと結論して、目論見自体をすっかりあきらめてしまう道もありうる。この節では、これらの反応を順に検討する。

　この説を今の形で擁護しようとしたとき、いちばん見込みがあるのは、ハスランガーがジェンダーを社会的階級という抑圧的システムとして理論づけようとしていることに注目するという手だろう。こういう分析は不可避的に批判的なものになる——私たちの実社会でたまたま機能している一連のカテゴリーを記述するが、それを是認するわけではないのだ。ジェンダーを、観察されたか想定されたセックスに基づいた抑圧的な社会階級のシステムとして論じるとき、この分析は単に、このシステムにおいてはすべてのトランス女性が女性として位置づけられているわけではない、と主張しているにすぎない。この主張それ自体は〔ジェンダー実践を〕批判するためのものなので、トランス女性のジェンダー・アイデンティティ実践を尊重していないということにはならない。抑圧的なシステムを記述することは、それを是認することとは違うのだ。したがってハスランガーとしては、今存在しているジェンダー階級システムの抑圧的なところの一部は、まさにすべてのトランス女性を女性として分類しないことにこそあるのだ、と言う余地がある。そして実際、現行の支配的なジェンダー秩序は、性差別的・家父長的であるのと同様に、シス中心的・トランスフォビ

20　これは、一応のシス女性のなかに女性でないことになってしまう人が生じうるという問題が重大でないということではない。注11も参照。

ックでもある、という主張は、トランスジェンダー研究の基本的な前提でもある[21]。

　この線で考えてしまうなら、包摂問題が重大だというのは誇張にすぎないと示唆することになるだろう。**女性**概念を従属的な社会カテゴリーとして定義するならば、そのカテゴリーから排除されるのは別にまずいことではない、となるだろうからだ。この擁護方針の当座の難点は、第1節で概説したような、トランス女性のジェンダー・アイデンティティ実践を尊重することの内在的な重要さを見過ごしてしまう恐れがあることだ。トランス女性のジェンダー・アイデンティティ実践を尊重するためには、今のアプローチをとるジェンダー概念の分析が同時に、少なくとも何らかの意味でトランス女性が女性であることが真であるというトランス女性の主張を認めるものでなくてはならない。そしてこれはもしかしたら、すべてのトランス女性を女性とみなすような別のジェンダーの概念の余地があれば、ジェンダーという抑圧的社会階級を支配する主流のイデオロギーで女性に分類されることなしでも、達成されるかもしれない。

　ハスランガーが、「ジェンダー」という語にはたくさんの異なる解釈があると認めていたこと、そしてハスランガーの目標概念はそのうちの一つを把握しようと意図しているだけであったことを思い出そう。これ以外のジェンダーの意味としてハスランガーが言及しているのは「ジェンダー・アイデンティティ」であり、これは「世界に対する広範な心理的指向」[22] を指す。もしジェンダー・アイデンティティがトランス包摂的な概念として理解されるならば（いったん議論のためにそう仮定しよう）、すべてのトランス女性はジェンダー・アイデンティティについては女性であり、したがってハスランガーが提案した目標概念は、すべてのトランス女性を女性であるとみなす意味でのジェンダーを許容しているのだから、トランス女性の主体性をきちんと尊重できているのだ、と論じることができるかもしれない[23]。

21　Sandy Stone, "The *Empire* Strikes Back," *The Transgender Studies Reader*, ed. Susan Stryker and Stephen Whittle (New York: Routledge, 2006), 221–35; Serano, *Whipping Girl*; Koyama, "The Transfeminist Manifesto"; C. Jacob Hale, "Tracing a Ghostly Memory in My Throat: Reflections on Ftm Voice and Agency," in Shrage, *You've Changed*, 43–65; Bettcher, "Trans Identities and First-Person Authority."

22　Haslanger, "Gender and Race," 228.〔本書第1章14頁〕

　だがこの擁護はうまくいかない。ハスランガーの提案した目標概念には、ジェンダーにまつわる他の関連概念よりも、理論のなかで優先する地位が与えられていたことを思い出そう。その関連概念には、私たちの目的にとって重要となる、ジェンダー・アイデンティティも含まれている[24]。ハスランガーによるジェンダーの焦点分析には他のジェンダー概念を許容する余地はあるが、それには二次的・周辺的地位しか割り当てられていないのだ。つまり、このフェミニズム理論では、多くのトランス女性が二次的・周辺的な意味でしか女性とみなされないことになってしまう——これは周縁化の典型例である[25]。というわけで、この分析はトランス女性を女性のカテゴリーに十分に包摂することができておらず、トランス女性のジェンダー・アイデンティティ実践を尊重できていない。さらに、この包摂不足は、政治運動としてのフェミニズムにとって深刻な実践的帰結ももたらす。おそらく、ハスランガーの目標概念は、ジェンダー不公正への抵抗を組織する焦点として有意義になるように意図されている。この目標概念をこの文脈で用いると、フェミニズムの実践からトランス女性が排除され、周縁化されることになってしまう。トランス女性は、女性として直面する抑圧に抵抗するためにまとまることに利害関心をもっているし、フェミニズムにとって重要な多くの貢献をしてきてもいるのだから、この排除はトランス女性に対して不公正であるとともに、フェミニズム自体にとって大きな痛手ともなる。

　ここからわかるのは、ハスランガーの提案した目標概念が否定的もしくは批判的なものであるからといって、もしくはジェンダー・アイデンティティを二次的な概念として許容するからといって、すべてのトランス女性を**女性**概念に包摂しなくていいことにはならないということだ。ハスランガーの説では、**女**

23　ここでは議論のために、ジェンダー・アイデンティティとはトランス包摂的な概念だという前提を置いているが、第3節で論じるように、ハスランガーの定義のもとでの女性ジェンダー・アイデンティティは実際には、トランス・シス問わず多くの女性を除外してしまう。ここでは、仮にジェンダー・アイデンティティを包摂的に定義できたとしても、この説には依然として難点があることを示そうとしている。

24　第1節を参照。

25　Naomi Scheman, "Queering the Center by Centering the Queer: Reflections on Transsexuals and Secular Jews," *Feminists Rethink the Self*, ed. Diana Tietjens Meyers (Boulder, CO: Westview, 1997), 124–62 を参照。

性の概念は、(a)多くのトランス女性を含まないような社会階級として定義され、(b)その概念がフェミニズムの分析において、ジェンダー・アイデンティティなどジェンダーの他の意味よりも主要な地位を占めている。この二つの特徴をまとめると、この概念は多くのトランス女性を、よくて二次的な、あるいは周辺的な意味でのみ女性であると帰結するのに複合十分となってしまう（つまり片方だけでは十分ではないということ）。

　前節の結論に対してありうる第二の反応は、ハスランガーの説そのものではなくその修正版を擁護しようというものだ。第一の反応を検討するなかで明らかになったように、ハスランガーによる**女性**の定義の排除的性格と、その定義が焦点的分析として与えている身分とが合わさって、トランス女性の周縁化が生じているのだから、その片方を取り除けば、この説をしかるべく包摂的なものにできる。言い換えれば、第二の反応をとる場合に取り組むべき問いはこうだ。ハスランガーの説明の問題点は、その定義の細部にあるのか、それとも定義を組み込んだ焦点的分析という枠組みのほうにあるのか？　この説をしかるべく包摂的なものにするには、どちらの側面の変更を目指すべきだろう？

　難点がこの説の細部にあるとするならば、従属関係において役割を担うものとして、〔ハスランガーが選んだのとは〕異なる一連の特性を書き出して、すべてのトランス女性を包摂できるようにすればいいのではと思いつくだろう。だが、これはうまくいかないだろう。一例として、**女性として機能する**という説に変更を加えて、条件(1)を「S が女性ジェンダー・アイデンティティ（female gender identity）を備えているところを観察されるか、そのように推測される」とき、と読み替えたとしよう。全体を書き下すと、この説で S が女性として機能するのは、S が（そう推定されたところの）女性ジェンダー・アイデンティティに基づいて被支配関係にあるとき、となる。これで一見すると、社会的に被支配関係を課されていることによって**女性**を定義しようという試み一般を保ったままで、私たちが提案したい包摂的な特徴をもてたように思える。ところが、シナリオ 1 でのトランス女性は、この定義を満たさない、というのも、彼女のまわりのだれもが、彼女に女性ジェンダー・アイデンティティがあると観察したりそう推測したりしてはいないからだ。このことが示すのは、**女性**を定義するのに、社会的に課された従属関係を支えるように機能する特性を参照して、

すべてのトランス女性を包摂するのは無理だということだ。つまりどういう特性を選ぼうとも、排除されてしまうトランス女性が必ず出てくるのだ。〔他方で、〕従属関係を参照して**女性**を定義するという考えをまるっきり捨ててしまうというのは、そのままこの説全体をあきらめることになる（また同時にそれ以上のことにもつながる）。擁護できるようにハスランガーの説を修正したいのなら、もう一つの選択肢をとるべきだ。すなわち、抑圧的社会階級としてのジェンダーの意味が、ジェンダー・アイデンティティと比べて特権的ではないと認めるのだ。そしてこの選択肢が、私が本論文でこれから追っていく線になる。

　だが先に、前節の結論に対してありうる第三の反応について少し述べておこう。ハスランガーの改良的な分析をまるきりあきらめておしまいにしてはいけないのだろうか？　私たちがねらいをつけた社会的な抑圧に基づいてジェンダーを改訂的に説明するという戦略は、包摂問題にとって見込みのある対応であるかと思われたけれども、結局トランス女性にとってより深刻な問題を引き起こしてしまうことを見てきたわけだ。それなら、改良的な枠組みそれ自体に欠陥があるのではと考えても無理からぬところだろう。

　そして実際、ハスランガーの提案した目標概念としての女性が、トランス女性のジェンダー・アイデンティティを尊重するという要求を満たしていないとしたら、それはある意味ではむしろ驚くべきことだ。この要求は、ハスランガー自身がジェンダー概念をフェミニズム的に改良的探究を行なうにあたって立てた目的と、軌を一にしているからだ。そうした目的の一つが、「女性……の主体性を真摯に扱う……説明の必要性［があり］……その説明は、批判的な社会的主体を力づけるフェミニズム……の奮闘に役立つような、主体性の理解を与え」[26] ることだ。トランス女性のジェンダー・アイデンティティを尊重するための配慮は、このもっと一般的なねらいの一部としてたやすく理解できる。つまり、必要なことはただ、「女性」をトランス女性も包摂するように解釈することであって、だれかの主体性を真剣に受け止めようと考えるならば、きわめて自然に、その人のジェンダー・アイデンティティを尊重することもそこに含まれるわけ。しかしながら、ハスランガーが目的をこのように捉えていた

26　Haslanger, "Gender and Race," 227.〔本書第 1 章 13 頁〕

として、ハスランガーの探究そのものは、提案した目標概念にたどりつけていなかったことになるだろう。

　この問題は改良的なアプローチそのものの問題なのだろうか？　私はそうではないと考える。改良的探究の正確な定義をよく見てみよう。改良的探究が目指すのは、「「私たち」の正当な目的を解明し、F性という概念として（ふさわしいものがあるとしたら）どういうものであればうまくその役割を果たすかを（つまり、目標概念を）解明すること」であった[27]。この引用があらわれるくだりの脚注で、ハスランガーは以下のように説明している。「ここで「私たち」と強調引用符をつけたのは、ここには文脈に応じてかなりの変動がありうること、少なくとも論争の余地があるだろうことを指摘しておくためである」。言い換えれば、異なる文脈に置かれた異なる集団の社会的行為者たちは、それぞれ異なる目的を抱いて改良的プロジェクトに取り組むのであって、このことが意味するのは、それぞれの集団はこうした様々な文脈ごとに異なった目標概念に行き着くだろう、ということなのだ。ここでの「私たち」が正確にはだれなのかを固定してからでないと改良的探究が始められないということはないにせよ、「私たち」が行なう探究の結果は、「私たち」の妥当な目的に応じて、つまり「私たち」がそのとき目的をどう考えたかに応じて変わる、ということを認識しておく必要がある。改良的探究をハスランガーが記述するときの「私たち」で指示される対象を、「改良的探究の主体」と呼んでおくことにしよう。

　すると当然、改良的探究のよしあしは、探究を牽引する目標いかんによって変わるものということになるし、さらに、そういう目標がどう形成されるかは、改良的探究の主体をどんなものと理解するかによって大いに変わってくる、ということになる。すなわち、私がある概念についてフェミニズム的な改良的探究をやりとげようと思ったら、その探究を牽引する目標をどう理解したらいいかは、フェミニストがその概念に望むことは何だと私が考えるかに応じて変わるのだ。だからもし、白人で中流階級でシスジェンダーのフェミニストが望むことだけを私が考えてしまったら、この狭い特権階級に属さないフェミニスト

27　Sally Haslanger, "What Are We Talking About? The Semantics and Politics of Social Kinds," *Resisting Reality*, 365–80, at 376.

にとって重要なものを除外した目標を立ててしまう恐れがある。暗黙の前提として、理不尽に狭い改良的探究の主体の理解を採用してしまったら、探究が適切に進行する以前に、重要な要求を無視することになってしまうのだ。だから当然、改良的探究に手をつけるときには、改良的探究の主体をどのように概念化するか、よく反省すべきである。

　女性についてのフェミニズム的な改良的探究の場合には、この改良的探究を牽引する目標の主体となる「私たち」は、トランス女性のフェミニストを明確に包摂する形で概念化されねばならない。もしこれがうまくいけば、トランス女性のジェンダー・アイデンティティを尊重するという要求が、女性の主体性を尊重するというさらに広い目標の一部として、探究の目標に包摂されることになるだろう。このように理解すれば、ジェンダーの概念を改良的に探究する枠組みは、探究の主体のアイデンティティを包摂できるような理解をもとうと十分注意するかぎりは、トランス女性について生じる包摂問題に応答するのに実際には適しているわけだ。このことが示すのは、改良的探究それ自体に難点があるわけではなく、むしろハスランガーの説を修正してうまくいく可能性をもっと検討してもよさそうだ、ということだ。これから私が行なうのは、そういう探究なのである。

3　ジェンダーの二つの意味

　前節での結論から促されるとおり、ハスランガーが提案した目標概念としての**女性**を擁護可能な形に育てるには、その説の焦点的な性格を受け入れてはいけない、つまり、〔ジェンダーの意味のうち、〕ジェンダー・アイデンティティには二次的・周縁的な地位しか割り当てないという含意を受け入れてはいけない。これから論じるのは、焦点的な分析を捨てれば、トランス包摂的なフェミニズムに沿った〔女性の〕改良的探究を行なえるし、ジェンダーを社会のヒエラルキー的な体系と捉えるハスランガーの洞察のほとんども、それで維持できる、ということだ。私がこれから示すように、ハスランガーが提案する目標概念は、ジェンダーという現象の一面を捉えている。それを「階級としてのジェンダー」と呼ぼう。だがもう一つの側面、「アイデンティティとしてのジェンダー」

もあり、これがハスランガーの目標概念では捉えられていない。私の主張は、フェミニズムにはどちらの意味のジェンダーも必要なのであり、**女性**という概念について真に包摂的な改良的探究を行なうには、階級としてのジェンダーとアイデンティティとしてのジェンダーとに、同等の配慮を与えなくてはならない、ということだ。本節では、まず階級としてのジェンダーとアイデンティティとしてのジェンダーとの違いを特定し、各々を順に定義する。第4節で、明確にトランス包摂的な改良的探究において、ジェンダーがもつ両方の意味をどのように扱えるかを示しつつ、そのことが**女性**という語の私たちの用法にもたらす含意を検討する。

A　ギャップを特定する

第1節で説明したとおり、ハスランガーはジェンダーを、推定上のセックスに基づく社会階級の体系とみなして、このなかで概して男性は特権を備えており女性は従属させられていると考えた。だが、この体系のなかで個人が受ける扱いには議論の余地があり、したがって個人の経験を全面的に決定できるものではない。ハスランガーも書いているとおり、「ミクロな次元での人々の社会的活動——その具体的な形は多様で複雑であるにせよ——に偏向をもたらす支配的なイデオロギーおよび社会構造が存在し、その結果、たいていの場面において男たちが特権をもち、女たちが不利益を被っているのである」[28]。この立場では、**男性**というジェンダーと**女性**というジェンダーとがヒエラルキー的に定義されており、それらは社会的なできごとの産物であることになる。つまり、セックスと結びつけられた身体についての特定の解釈に基づいて、人は実践、規範、組織、物理的構造、理論的解釈などといった、社会の複雑な鋳型のなかに位置づけられる。そしてこのことが、人を女性あるいは男性としているのだ。ハスランガーはその一方で、この鋳型を形成している支配的なイデオロギーがジェンダーに関わる経験を完全に決定しているわけではないことも強調している。それはいろいろなやり方で異論を挟まれたり、抵抗されたり、一時的に無視されたりするものなのだ[29]。

28　Haslanger, "Gender and Race," 233.〔本書第1章23頁〕

　ハスランガーが他の箇所でやっているように、私たちも系譜学から言い回しを借りて、この鋳型から生じる「**主体地位**（subject position）」がジェンダーなのだと考えてみよう[30]。ジェンダーについての主体地位は、ジェンダー実践その他の鋳型のなかでしか生じないものではあるが、局所的には、その鋳型において支配的なイデオロギーとは、様々な点で違ったものとして理解されることもある[31]。さてそうだとすると、支配的イデオロギーによって定められる主体地位と、個々人が生きている主体地位との間には、ギャップがあることになる。「女性」のような主体地位は、支配的イデオロギーに左右される実践の文脈のなかで生じるものだが、いったん生じた後は、それを生んだシステムの論理から逸脱した形、さらにはそれに対抗する形で、生きられるということがありうるのだ。したがって私たちは、ジェンダーを構成する実践の基盤の二つの側面に言及できなくてはならない。「階級としてのジェンダー」を、支配的イデオロギーが定めるほうのジェンダーについての主体地位を指して使うことにし、「アイデンティティとしてのジェンダー」を、個々人が従事するほうのジェンダーについての主体地位を指して使うことにしよう[32]。

B　階級としてのジェンダー

　階級としてのジェンダーの今回の定義は、ハスランガーが提案した目標概念としての**女性・男性**に基づいたものになる。つまり、女性という階級にあることは、次のように定義される。

29　Ibid., 注 14.〔本書第 1 章 23 頁〕ハスランガーは「支配的なイデオロギー」を、「後に定まる」もっと詳細な説明のための仮置きとして使っているが、私もその戦略にしたがう。イデオロギーについての好みの立場、例えば「背景」「ヘゲモニー」「ハビトゥス」などを使ったものを代入して読まれたい。

30　Haslanger, "What Are We Talking About?"

31　さらにここには「ループ効果」も働いており、主体地位を新しい形で理解すると主体にも新しい行動が促され、他方でそれによってこの鋳型がはじめの主体地位を生み出す、という形になっている。Sally Haslanger, "Ideology, Generics and Common Ground," *Resisting Reality*, 446–77, at 465–67; Ian Hacking, *The Social Construction of What?* (Cambridge, MA: Harvard University Press, 1999)〔イアン・ハッキング『何が社会的に構成されるのか』出口康夫・久米暁訳、岩波書店、2006 年〕を参照。

　　Sが文脈Cにおいて女性という階級にある　iff_df　SはCにおいて、生物学的に女の生殖的役割を担う証拠と考えられている身体的特徴を実際にもつか、もつと推測されることに基づいて、従属化の対象として印づけられている。

対照的に、

　　Sが文脈Cにおいて男性という階級にある　iff_df　SはCにおいて、生物学的に男の生殖的役割を担う証拠と考えられている身体的特徴を実際にもつか、もつと推測されることに基づいて、特権を受ける対象として印づけられている

これらの定義は、ハスランガーが提案した目標概念としてのジェンダーの定義を圧縮したものだ。それと同様に、この定義は女性あるいは男性という階級にあるとはどのようなことであるかを、現在支配的なジェンダー・イデオロギーによって捉えることを意図したものになっているが、それは、フェミニズムの努力が現状行なわれている文脈がそこであるからだ。他の（現実のものでも可能なものでも）ヒエラルキー的でないジェンダー実践には、また別の概念が必要になる。だから、この後の議論で「女性という階級にある」と言うときに私が意味するのは、「現在の支配的イデオロギーという文脈において女性という階級にある」ということなのだ。

32　これこれのジェンダーという「階級にある」という概念は、Suzanne J. Kessler and Wendy McKenna, *Gender: An Ethnomethodological Approach* (New York: Wiley, 1978) が検討した「ジェンダー割り当て」の概念と関連している。しかし、この二つは区別できる。「ジェンダー割り当て」とは単に、男／男性か女／女性かのいずれかとして他人から分類されることを指す。他方で、これこれのジェンダーという「階級にある」という観念は、男／男性か女／女性かのいずれかとして他人から分類されているという事実に加えて、特定の文脈においてそう分類されることでもたらされる社会的な含意をも指す。このように、「階級としてのジェンダー」という観念には批判的な態度が含まれているのに対し、「ジェンダー割り当て」は主に記述的な概念である（批判的な意味で使われることもあるかもしれないが）。

C　アイデンティティとしてのジェンダー

　階級としてのジェンダーとアイデンティティとしてのジェンダーとの区別を明示したところで、次に課題になるのは、アイデンティティとしてのジェンダーを定義することだ。ハスランガーの説は階級としてのジェンダーのよい定義を与えてくれたが、アイデンティティとしてのジェンダーについてはそれほど見込みのある定義を与えてくれない。この話題についてハスランガーは短く述べていて、それによると「アイデンティティとしてのジェンダー」を備えるとは、（少なくとも部分的には）適切な女性らしいふるまいとはこれだという規範を内面化しているかどうかの問題だとされる[33]。しかし、ジェンダー・アイデンティティをこう理解してしまうと、自分のことを（シスでもトランスでもいいが）女性だと考えているが、女性らしいふるまいの規範には従っていなかったり、従うのに抵抗を覚える人々を包摂できなくなったりしてしまう。だが、自己の感覚としては「女性」の主体地位を占めると感じながらも、女性らしいふるまいの規範を内面化していない、ということはまったくありそうに思える。ジェンダー・アイデンティティのこの理解は、ここで考えたい現象を記述するのには不向きなのだ。

　別の論文で、ハスランガーは人種的アイデンティティについて、この短い言及とはかなり異なる、そしてもっとずっと広範囲な説明を与えている[34]。この節の残りで、このたいへん興味深い人種的アイデンティティの分析から導かれる、アイデンティティとしてのジェンダーの定義を展開したうえで、その定義の利点を示そう。

　ハスランガーは人種的アイデンティティを、単純な知的産物としてではなく、具体化された現象として捉えることにコミットしている。「人種的アイデンティティの重要な構成要素として……それは身体的で、多くは習慣に基づいてい

33　Haslanger, "Gender and Race," 228.〔本書第 1 章 15 頁注 9〕「女性性（femininity）」をハスランガーが用いるときに意図されているのは、セックスではなくジェンダーを指しているのを印象づけることだ。私の説では代わりに「女性ジェンダー・アイデンティティ」という句を用いて「女性」というジェンダー・アイデンティティを指すが、これは「女性性」という語の言外の意味は、私が提案する定義とそぐわないからで、このことは後で明らかにする。

34　Sally Haslanger, "You Mixed? Racial Identity without Racial Biology," *Resisting Reality*, 273–97.

て、たいていは無意識に行なわれるが、しばしば儀式化されてもいる、という
ものがある」[35]。この着想を理解するために、ハスランガーはウィリアム・E・
クロスを引きながら、地図のイメージを使っている。「一般的な意味として、
人のアイデンティティは迷路か地図のようなもので、その人の社会的・物質的
現実とやりとりするための指針や指図として、いろいろな仕方で機能するもの
なのだ」[36]。つまり、白人という人種的アイデンティティをもつというのは、
この種の「地図」（「ときには暗黙的で無意識のものだが、もっとあからさまで意識
にのぼることもある」ものだろう）をもっていて、その地図は「白人として印づ
けられた人が、集団としての白人に（この文脈で）特有の社会的・物質的現実
を切り抜けられるように導く」ものだ、となる[37]。このとき、この人が実際に
白人として印づけられているとは限らない。実際、ハスランガーがこの説を展
開するねらいの一つは、黒人の子どもたちを（養子として迎え）母として育て
るなかで、自身の人種的アイデンティティに変化が生じたことを理解するため
でもある。ハスランガーは黒人として社会的に印づけられているわけではない
し、自分が黒人であると言いたいわけでもないが、子どもたちと親密に関わる
なかで人種的アイデンティティが影響され、もはや端的な白人ではないとも感
じたのだ。

　このモデルをジェンダーに適用した場合、ジェンダー・アイデンティティ一
般の定義は以下のようになる。

　　SはXというジェンダー・アイデンティティを備える　iff$_{df}$　Sの内的な
　　「地図」が、階級としてのジェンダーXに属する人向けに、この文脈にお
　　いて階級としてのXに特有の社会的・物質的現実を切り抜ける際の指針
　　となる形で形成されたものである[38]。

つまり、女性ジェンダー・アイデンティティを備えることは以下のようになる[39]。

35　Ibid., 284–85.

36　William E. Cross Jr., *Shades of Black: Diversity in African-American Identity* (Philadelphia: Temple University Press, 1991). Haslanger, "You Mixed?" 290 で引用されている。

37　Haslanger, "You Mixed?" 291.

　　Sは女性ジェンダー・アイデンティティを備える　iff$_{df}$　Sの内的な「地図」が、階級としての女性に属する人向けに、この文脈において階級としての女性特有の社会的・物質的現実を切り抜ける際の指針となる形で形成されたものである。

　このようにジェンダー・アイデンティティは、Sがいる文脈において、階級としてのジェンダーがどう作用するかと結びついている。現状の支配的なイデオロギーという文脈では、女性ジェンダー・アイデンティティを備えることが意味するのは、現実にでもそう推測されるというだけでもよいが、生物学的生殖において女の役割を果たす証拠とみなされる身体的特徴を備えていることに基づいて従属させられている人が、そういう人に特有の社会的・物質的現実を切り抜けていく指針となるように、内的な「地図」が形成されている、ということなのだ。「女性」という階級が別の形で定まっている他の文脈では、女性ジェンダー・アイデンティティを備えることの内実も、それに応じて異なるだ

38　「指針となる形で形成された」という句から早とちりして、ここで言う地図とはそうなる目的を果たすために意図してしつらえられたものだ、と理解しないでほしい。ここで念頭に置いているのは、もしそうやって目的を果たすように〔つまり、目的を念頭に置いた意図のもとで〕形成されたのだとしたら実際にこの人の指針となっただろうような何かを通じてその人の指針となる形で形成されている地図なのだ。〔目的をもって意図的に形成されたものだけでなく、事実としてそういう目的を果たす形で形成されているものも含めて考えている、ということ。〕

39　ここでは「一人の女性として自分をアイデンティファイする」ではなく「女性ジェンダー・アイデンティティを備える」という言い方をしたが、これはここに意識的または能動的なプロセスが不可欠であるという含意を避けるためだ。またこうすることで、「一人の女性として自分をアイデンティファイする」を、女性ジェンダー・アイデンティティを備えるという事実に付加される行為として、例えば「意識的あるいは能動的に自分の女性ジェンダー・アイデンティティを確言する」のように言及することもできる。例えば、最近になって自分を女性であると考えるようになったトランス女性の場合、自分はずっと女性**ジェンダー・アイデンティティを備えていた**が、最近になって一人の女性として自分を**アイデンティファイする**ようになったのだ、と言いたくなることだろう。こういう主張ができるように、私はここで使ったような用語法をとる。またこの使い方は、「女性」（ジェンダーの語彙）と「女」（セックスの語彙）とを区別せよというのは、トランスやインターセックスの人々には望ましくない、というマッキノン〔原文ママ。現在は公的にヴェロニカ・アイヴィーに改名〕の示唆にも沿ったものだ（McKinnon, "Stereotype Threat and Attributional Ambiguity for Trans Women"）。

ろう。したがって、この説はジェンダー・アイデンティティの意味をどこでも
いつの時代でも固定したものとして扱うものではない[40]。私たちのジェンダー
経験が全体としてどういうものになるかは、支配的な意味の体系と私たち自身
の主観的経験との相互作用から生じるものだから、私たちがふだん使っている
ジェンダーは、階級としてのジェンダーとアイデンティティとしてのジェンダ
ーとによって決まるのだ。

　このジェンダー・アイデンティティの定義は、「女性的なジェンダー・アイ
デンティティ（feminine gender identity）」を女性性の内在的規範を備えるかどう
かの問題と捉えるハスランガーの説とは、重要な点で異なっている。私の定義
では、女性ジェンダー・アイデンティティを備えるからといって、女性性の規
範を内面化している、つまり何らかの水準でその規範を受け入れているという
含みはない。むしろ重要なのは、その規範が自分自身と関連していると捉えて
いることだ。その規範に実際に従うほうにいくらか心が傾くかどうかは、別の

40　アイデンティティとしてのジェンダーについての私の定義は、ある人のジェンダー・アイデン
　　ティティがミックスドだったりフルードだったりノンバイナリーだったりすることも扱える。
　　おおまかに言うと、ミックスド・アイデンティティは次のように特徴づけられる。「S がミック
　　スド・ジェンダー・アイデンティティを備える　iff_df　S の内的な「地図」が部分的には、女性
　　に属する人向けに、階級としての女性についてこの文脈において特有の社会的・物質的現実を
　　切り抜ける際の指針となる形で形成されたものであり、また別の部分では、男性に属する人向
　　けに、階級としての男性についてこの文脈において特有の社会的・物質的現実を切り抜ける際
　　の指針となる形で形成されたものである」。フルード・ジェンダー・アイデンティティは次の
　　ように特徴づけられる。「S がフルード・ジェンダー・アイデンティティを備える　iff_df　S の内
　　的な「地図」はときには、女性に属する人向けに、階級としての女性についてこの文脈におい
　　て特有の社会的・物質的現実を切り抜ける際の指針となる形で形成されたものであり、また別
　　のときには、男性に属する人向けに、階級としての男性についてこの文脈において特有の社会
　　的・物質的現実を切り抜ける際の指針となる形で形成されたものである」。ノンバイナリー・
　　ジェンダー・アイデンティティは次のように特徴づけられる。「S がノンバイナリー・ジェンダ
　　ー・アイデンティティを備える　iff_df　S の内的な「地図」は、女性に属する人向けに、階級と
　　しての女性についてこの文脈において特有の社会的・物質的現実を切り抜ける際の指針となる
　　形で形成されたものではないし、さらに、男性に属する人向けに、階級としての男性について
　　この文脈において特有の社会的・物質的現実を切り抜ける際の指針となる形で形成されたもの
　　でもない」。もちろんこれらの場合のいずれも、ここで挙げた以上のさらなる修正や探究が必
　　要になる。ハスランガーはノンバイナリーやミックスド・アイデンティティを、人種的アイデ
　　ンティティと関係づけてある程度論じている。Haslanger, "You Mixed?"

問題になる。これはハスランガーによる人種的アイデンティティの理解と合っており、ハスランガーも以下のように書いている。「私の子どもたちの見ためやふるまいには、地元の黒人コミュニティの規範が関わっている。無批判に受け入れているというわけではない（地元の規範との関係といえば、だれだって複雑で折り合いを必要とするものではないだろうか？）が、それでも私は日々、そうした規範を気にかけ対応するのだ」[41]。

　この定義が女性ジェンダー・アイデンティティをどう扱うか示すために、体毛を例にとってみよう。足に生えたすね毛が目立つのは見苦しく、恥ずかしく、許されないと感じる女性を考えてもらいたい。理屈抜きに、濃いすね毛は自分にとって不適切だと感じられる。この感じ——自分の身体がどうで「あるべき」かについての本能的な感覚——は、この女性のジェンダー・アイデンティティの一部になっている。この感じは女性的な見た目についての支配的な規範に沿っており、したがってこの女性にとっては、階級としての女性であるような人にとっての社会的・物質的現実での舵取りをして、この規範を破ったかでの社会的なとがめを受けずに済むようにしてくれるものなのだ。これを別の、自分のすね毛を除毛しようとしない女性の経験と比べてみよう。この女性の身体意識には、女性的な見た目についての支配的な規範に、濃いすね毛を生やしていることで違反してしまっているという意識が含まれている——支配的なイデオロギーによれば、何らかの水準において、自分のような人はやるべきことをやっていないのだと、この女性はわかっている。この女性が社会的・物質的現実を経験するとき、そこには女性たるものすべすべしたすねを備えるべし、という規範とうまく付き合うことが含まれているが、これはこの女性がその規範に従っていないとしても同じことなのだ。

　身体的な意味ではほとんどの男性と同じように過ごしている、すね毛の濃い女性というのを思い浮かべてもらいたい——ほとんどの男性と同様、彼女もすねに毛があってそれを除毛しないわけだ。だが、この女性にとっての濃いすね毛の経験は、彼女がアイデンティティとして男性である場合と同じというわけではない。もしこの女性がアイデンティティとして男性であれば、女性らしい

41　Ibid., 289.

見た目の規範は自分には関係ないとみなすだろうから、この規範を破ったかどうかを気にしないだろう。つまり、すね毛があることは、身体と結びついていて大部分は無意識な形で意味をもっており、それがこの女性の女性ジェンダー・アイデンティティの一部となっているのだ。

　ジェンダー・アイデンティティには、私の理解するかぎり、主観的要素も客観的要素もあるということには、おそらく注目しておくべきだろう。主観的な要素としては、どの規範が自分に関連づいていると感じるかという各自の感覚が重要なのであって、他の人々から適用されがちな規範が重要なのではない、という点がある。他方で客観的な要素としては、その人が自分に関連づいているとみなす規範は、完全な対応関係とまではいかなくても少なくとも何らかの文脈においては、その関連するジェンダー階級と結びついたものでなくてはならない。いくぶん不自然な境界例として、自分を女性だと考えており、「女性的であること」を非常に尊重しているが、女性性の規範の理解がまるっきり風変わりであるような人物を想像してもらいたい。この人物は、それぞれの社会で女性と分類される人に結びついているどんな規範のことも知らないし、順応しているわけでもない（代名詞として「彼女」を使うべきだという規範、あるいは諸言語でのこの規範に相当するような規範も含めて）。それでも、彼女は自分が「女性的」だと考える特有のふるまいをとることを重視している——例えば、常に緑色の靴下をはくのを忘れないようにするなど。私の説では、この人物は女性ジェンダー・アイデンティティを備えているとは言えない（彼女の自覚はもちろん尊重に値するとしても）。あるアイデンティティがジェンダー・アイデンティティであるというのは、私の説においては、階級としてのジェンダーの体系のいずれかにおいて人々に実際に適用されている規範と、少なくとも若干の接点があるアイデンティティである、という事実を必要条件とする。

　この説にある客観的な側面から浮き彫りになっているとおり、私はジェンダー・アイデンティティを、階級としてのジェンダーを構成する社会的地位に関連づいた社会規範にどう反応するか、というものとして理解している。ここから帰結するのは、社会的地位の本性がアイデンティティとしてのジェンダーに影響するということだ。したがってこの説では、「女性」という社会的地位の抑圧的な本性が、女性ジェンダー・アイデンティティを形作る役割を果たして

しまうことを受け入れる。とはいえ、この説で用いている「女性として特徴づけられた人が社会的・物質的現実を切り抜けるための指針を形作る」地図、という着想は広いものであるから、女性ジェンダー・アイデンティティが内在的に抑圧であることまで含意するわけではない。場合によっては、この地図が女性という階級の人を社会的・物質的現実を切り抜けられるように導くにあたって、支配的なイデオロギーにおいて「女性的」であると定められているようなふるまいへと導く、ということがありうる。こういう場合は、女性的なふるまいの規範の多くは、女性の従属を暗黙に織り込んだり表現したりするものだから、この地図は内在化された抑圧の一形態となってしまう[42]。だが同じくらいありそうなこととして、この地図で女性という階級の人が社会的・物質的現実を切り抜けるとき、女性的なふるまいとして無難とされる規範に抵抗するように導かれることもある。こういう場合には、この地図は従属的なありように抵抗する道具になるかもしれないし、結果として解放のための取り組みに組み込まれることさえあるかもしれない。例えば、先述したようなすね毛の濃い女性が、女性的な見た目についての支配的規範を破ったとき、それをフェミニストとしての自己感覚に貢献する肯定的なものとして経験するとしたら、ジェンダー・アイデンティティのこの側面は、この人にとって解放的に働いている。だから私の説では、女性ジェンダー・アイデンティティは内在的に抑圧的というわけでもないし、内在的に解放的というわけでもなく（内在的に中立的でもなく）、女性という階級の人が社会的・物質的現実をどう切り抜けるように導くかによって変わる余地があるのだ。

　このジェンダー・アイデンティティの定義なら、どんなトランス女性も女性ジェンダー・アイデンティティを備えているのだと帰結できる。これはここでの目的にとってとても重要だ。この定義では、女性であるというアイデンティティが、人によって異なることを意味することを認めている（さらには同じ人でも、ときが違えば異なることを意味するのだということも）。これは「社会的・物質的現実」という言い回しの適用範囲が、その人の身体化された実存の幅広い側面にわたっているせいだ。その結果、女性として特徴づけられた人を導く

42　Sandra Bartky, *Femininity and Domination: Studies in the Phenomenology of Oppression* (New York: Routledge, 1990).

ように形作られた内的な地図をもっていると一口に言っても、実存のどんな側面を取り上げた地図なのかによって、その意味が変わってくるのだ。このとき実存の側面としては、自分の身体の見た目や、自分がその身体をどう感じるか、また他の人々がどのように自分に関わるかも含まれる。だからこの定義は、トランス・アイデンティティの様々な理解と矛盾のない形で、すべてのトランスの人々のジェンダー・アイデンティティを尊重できている。例えば、あるトランス女性にとっては、女性ジェンダー・アイデンティティを備えるということは、女性代名詞を使って言及してもらったり特定の名前で呼んでもらったりといった、他人からの扱われ方がこうあるべきだという感覚のことを第一に指す。また別のトランス女性にとっては、女性ジェンダー・アイデンティティを備えるということは、例えば陰茎や精巣ではなく外陰部を備えるべきだという感覚のことになる[43]。どちらの場合も、女性という階級の人に特有の社会的／物質的現実の側面が関係しているから、女性ジェンダー・アイデンティティの定義を満たしている。したがってこの定義からは、トランス女性はみな女性ジェンダー・アイデンティティを備えていることが導かれる一方で、そのときすべてのトランス女性が同じような女性ジェンダー・アイデンティティを経験しているという誤った前提を置かずに済んでいる。さらに、この定義では当人が自分のジェンダー・アイデンティティに気づいていることも必要ではない。自分の女性としてのアイデンティティを意識する以前から女性ジェンダー・アイデンティティを備えていたというトランス女性も、この定義から漏れてはいない[44]。

4 包摂的な改良的探究

　ここまで、ジェンダーの二つの意味を定義してきた。すなわち一つめは、ハスランガーが提案した目標概念としてのジェンダーに基づいた、階級としてのジェンダーという意味で、もう一つは、ハスランガーが人種的アイデンティテ

43　もちろん、この例はかなり簡略化したものだ。現実には、だれのジェンダー・アイデンティティであれ非常に複雑で、その人の身体に関わる要素も、社交上のやりとりに関わる要素も含んでいる、というのが本当のところだろう。
44　注 39 を参照。

ィにとった立場から導いた、アイデンティティとしてのジェンダーの意味である。この節では、**女性**という概念の改良的探究を成功させるには、ジェンダーの二つの意味は両方とも必要であり、目標概念が「対をなす」ようにすべきだと論じよう。

A　階級、アイデンティティ、抑圧

　ジェンダー概念をフェミニズム的に改良的探究する際の目標は、第1節からの繰り返しになるが、ジェンダーに基づく不正義に対抗するのに最も使いやすい概念を特定することにあった。この観点に立てば、階級としてのジェンダーをアイデンティティとしてのジェンダーと比べて特別扱いする理由はない。なぜなら、階級としてのジェンダーもアイデンティティとしてのジェンダーも、女性の抑圧を理解するのに関係するからである。まず一方で、支配のシステムが働いて特定の人々が抑圧されていることを理解するには、支配的なイデオロギーのもとで主体地位がどう決まっているかに気づかなくてはならない。また他方で、個々人が経験する抑圧を理解するには、そうした主体地位のもとで生きる人々が、その主体地位をどのように受け取っているかに気をつけなくてはならない。するとジェンダーの場合には、性差別的な抑圧のうちあるものは、女性という階級の人々に、そのアイデンティティとは関係なく影響するけれども、別の抑圧は、女性ジェンダー・アイデンティティの人々に、その階級とは関係なく影響するということになる[45]。

　雇用を例にとってみよう。雇用面での抑圧の一つの形は、単に女性だからという理由で、女性の採用候補に職を与えないとか、低い給与を提示するとかいった、あからさまな差別の形をとる。この形の抑圧は、人が周りからどのように見られるかということに関連しているので、該当する文脈では、女性という階級の人々に影響を与えるだろう。もう一つの形の抑圧は、女性の能力についての否定的なステレオタイプの内面化であり、例えば、給与が低くステレオタイプ的に「女性的」とされる職のほうを、給与が高くステレオタイプ的に「男性的」とされる職よりも優先して選んでしまったり、現在の職で先導的な役割

45　第2節Bで論じたシナリオ1や2における女性は、たとえ階級を狙った女性抑圧を経験していなくても、アイデンティティを狙った女性抑圧を経験しているとするのがもっともらしい。

に志願しなかったりするように働く。この形の抑圧は、自分自身をどう捉えるかに関連しているので、女性ジェンダー・アイデンティティをもつ人々に影響を与える可能性がある[46]。

　これはつまり、フェミニストが階級としてのジェンダーを軽視してしまうと、ジェンダーに基づく抑圧のうち一部の形式が、ある人々を狙い撃ちにするが、別の人々には働かないことを説明できなくなってしまうだろう、ということだ。また、ジェンダーに基づく抑圧がいまあるような形をとっている理由も、理解しづらくなってしまうだろう——例えば、特定の年代の女性は、妊婦になってしまうことがあるからきつい仕事に就けるべきではない、という性差別的な信念がそうだ〔女性を妊孕可能性という生殖の観点でまとめた一つの階級として扱っており、それに基づいた差別なので〕。逆にアイデンティティとしてのジェンダーを軽視してしまうと、外的な強制がなくても働いている自己抑制的な行動を通じた抑圧のことが説明できなくなるだろう。また、ジェンダーに基づいた抑圧のなかには、階級としては女性ではない人々であっても経験するものがあるのだ、ということも説明しづらくなるだろう。だから、階級としてのジェンダー概念とアイデンティティとしてのジェンダー概念との両方が、フェミニズムの目的を果たすには同等に重要なのだ。それゆえ私がハスランガーに反対して強く主張したいのは、アイデンティティとしてのジェンダーの概念には、批判的なフェミニズム的ジェンダー分析において、二次的・派生的な地位を与えるのではなく、階級としてのジェンダーの概念と同等の地位を与えるべきだということである。

　もう一つここで重要なのは、階級としてのジェンダーとアイデンティティとしてのジェンダーとの二つが、はっきりそれぞれに分けられる現象だとか、別々に論じるのがよいとか考えるべきではないということである。ひょっとすると本節で論じてきたように、特定の経験を理解するために片方を前面に出したほうが便利なことも、ときにはあるかもしれないが、たいていは両方を意識

46　もちろんここで、この形式の抑圧は女性ジェンダー・アイデンティティを備えた人すべてに同様に影響を与える傾向にある、と言いたいわけではない。ステレオタイプ脅威がトランス女性に与える影響を論じている、密接に関連した優れた論文として、McKinnon, "Stereotype Threat and Attributional Ambiguity for Trans Women" を参照。

しておく必要があるのだ。これは別に緊張関係にあるというわけではなく、体系のうちの片方の側面だけを論じつつ、それでもそれは一つの体系をなしていることを意識しておくことはまったく可能だ。

　フェミニズムはジェンダーの二つの意味に等しい理論的地位を与えるものでなくてはならないという主張は、本論文の最初に概説した改良的探究という理解とうまくそぐわないように思える。人が女性であるときの「あり方」に二つの同等に重要な意味が、つまり階級としての女性であるという意味と女性ジェンダー・アイデンティティを備えるという意味とがあるのだとすると、**女性**なる目標概念は、ほんとうのところ何なのだろうか？　依然として二つの概念をもてあましていることになってしまい、改良的探究は未完のままということになるのだろうか？　こうした問いに答えるために、改良的探究の基本的な考えは維持したままで、それをもっと多元的にすることを提案したい。つまり、定義を改訂して、改良的探究を、次のような問い、すなわち「私たちの正当な目的に照らしたとき、Ｆ性という概念あるいは概念の組み合わせとして（ふさわしいものがあるとしたら）どういうものであればうまくその役割を果たすだろうか？」という問いとして理解するのだ。この改訂した定義なら、正当な目的すべてを満たすのに一つの概念では足りない、ということが明らかになる可能性も取り扱える。改訂的探究は、この理解のもとでは、二つ（もしくは三つ以上）の別々だが同等に重要な概念にたどりつくこともありうる。こうした探究は「枝分かれ」路線、つまり、一揃いの目的から出発するが複数の目標概念にたどりつく探究だとも考えうる。フェミニズムはジェンダーの両方の意味を必要とするのだと主張することで私が言いたいのは、改訂的探究の結果、**女性という階級に属する**ことと**女性ジェンダー・アイデンティティを備える**ということとの、二つの対になっている目標概念をうまく取り出せるような枝分かれをさせることではじめて、両方が同等の地位にあるようなフェミニズムの理論になる、ということなのだ。

　すると、トランス女性のジェンダー・アイデンティティの尊重についてはどうなるだろうか？　ここまで論じたとおり、本論文のジェンダー・アイデンティティの定義では、トランス女性すべてが女性ジェンダー・アイデンティティを備えていることになる。しかし一方で、階級としてのジェンダーの定義のほ

うはハスランガーの女性なる目標概念に基づいているので、すべてのトランス女性を女性に分類するわけではない。トランス女性が階級として女性に分類されるのは、生物学的生殖において女の役割を担えることの証明になると推定されている身体的特徴を備えているとみなされており、それに基づいた従属のもとにあるというときだけだ。そして第2節のAで論じたとおり、これは一部のトランス女性にしか適用されない[47]。だが、第2節のBで論じたとおり、ハスランガーの目標概念としてのジェンダーではトランス女性を二つの理由で周縁化してしまう。つまり(1)この目標概念では女性として分類されないトランス女性が生じてしまうし、(2)フェミニズムに関わる社会的性差の主要な・中心的な単一の意味を捉えようとしてしまっている。枝分かれ版の改良的探究では、**女性という階級にあること**と**女性ジェンダー・アイデンティティを備えること**との二つの概念を、両方ともフェミニズムにとって中核的・中心的と捉える。つまり、本論文の説では、トランス女性は女性という語の中核的な意味のもとで女性と分類されるのであって、二次的・派生的にそうなるだけというわけではないのだ[48]。つまり、包摂問題に対してハスランガーがもともと出していた応答（つまり、フェミニズムの目的において包摂されるべきであるような人すべて

47　シナリオ4のトランス女性はこの説にとって興味深い例となっている。最初にこの例を論じたとき書いたとおり、この女性が女性として機能していないと言うのは反直観的に見えるが、それは彼女が周りのだれからも女性として受け止められているからだ。一見すると、私の説でもこの女性は、女性ジェンダー・アイデンティティを備えていないから女性という階級にいないと帰結されるように思えるかもしれない――これではやはり反直観的だ。これは形式的には正しい。だが思い出してほしいのは、階級としてのジェンダーについて私の説では、ジェンダーの支配的イデオロギーのみを説明しようとしているということだ。シナリオ4のような共同体のメンバーは、支配的なものとは違うジェンダー理解を備えている。こちらのシナリオでのトランス女性は、限られた文脈ではジェンダーのイデオロギーの働きによって女性という階級になるが、ジェンダーの支配的なイデオロギーにおいては女性という階級にはなく、したがって私の定義において、女性という階級にあることになっていないのだ。

48　女性ジェンダー・アイデンティティを備えるために、実際に従属させられている必要はないのに注意。つまり、まったく従属させられておらずそのために階級としては女性に入らないような女性であっても、ジェンダー・アイデンティティの意味では女性となりうるのだ。だからトランスにせよシスにせよ、明白な女性であるがまったく従属させられておらずそのせいで階級としての女性ではない人であっても、この説ではジェンダー・アイデンティティを尊重できるのである。

を包摂できている）が、これで筋の通った形で採用できるものになったのである。

B　目的達成のための語彙

　枝分かれ版の改良的探究を行なうならば、語彙に対して複数ある概念のうちどれが当てはまるのかという当てはまり方についての議論がなくてはならない。つまり、**女性**なる目標概念が二つあるとして、それが言語上の語彙とどう照応するのかという問いが残っているわけだ。この問いが非常に重大なのは、「女性」や「男性」という語彙が多くの人にとって相当の重要性をもつからである。片方しか選べないとしたら、ジェンダーの意味のうちどちらが、「女性」という語彙と結びつけるのに最も適しているだろうか？　逆に、「女性」を両方の意味で使うのがよいのだとしたら、〔その使い分けを〕明確にしないといけないのではないだろうか？

　ハスランガーによると、改良的探究において語彙と概念との対応づけをする方法を問うことには、意味論的側面・語用論的側面・政治的側面がある。政治的側面においては、ハスランガーは「そうした語の流用に関する政治学は、次のような事柄に依存するからである。すなわち、語の流用によって達成される目標の受け入れ可能性、〔意味の〕変化によって生じる影響（意図的なものであれそうでないものであれ）、その語が使われる文脈の政治学、そして根底にある価値観が正当化されるものであるかどうかといった事柄である」[49]と主張する。様々な選択肢の意味論的含意、語用論的含意、政治的含意を完全に分析し、「女性」という語彙をフェミニストが使うとき最も生産的な選択肢は何なのか決めるのは、本論文の手に余る。しかしながら、この語彙を階級として女性である人々を指すのでなく女性ジェンダー・アイデンティティを備えた人々を指して使うべきであるとするほうを選ぶべき、二つのとても顕著な政治的考慮事由があると、私は考える。第一に、「女性」という語彙を階級としての女性を指して使うことの意図せざる影響（たとえ同時にアイデンティティとしてのジェンダーを指すことにも使ったとしても生じる影響）として、フェミニズムにおい

49　Haslanger, "Gender and Race," 225.〔本書第 1 章 11 頁〕

てトランス女性がいま周縁化されている状況を、固定化・永続化してしまうと思われる[50]。第二に、発話の文脈での政治的力学において、フェミニズムの言論空間での権力をトランス女性よりもシス女性のほうに多く割り当ててしまうと思われるが、語彙の使い方がそのようなさらなる周縁化をもたらすことを努めて避けなくてはならない。どちらの考慮事由も、「女性」を**女性ジェンダー・アイデンティティを備える**という概念に限って用いるべきだということを支持する。

　また、ハスランガーは「女性」という語彙を、支配的なイデオロギーのもとで女性という階級に分類される人々を指して使うべきだという理由を提示しているが、それも私には説得的ではない。ハスランガーは自分の定義が、「男性優位を批判する、〔本来そうあるべきでないという〕否定的な理想」[51]を表すものだと述べている。「女性」という語彙をこのように使うなら、人々はジェンダー化された主体地位への愛着を捨てるようになるだろう。だが、「女性」という語彙に自分を重ねるのをやめるようになるというのは、このラベルを押しつけられているシス女性と、それを獲得しようと苦労しているトランス女性とで、異なる意味をもつ。「女性」という語彙に自分を重ねる権利が、せいぜい不完全な、むらのある形でしか承認されない人にとっては、自分を女性だと考えるという愛着をあきらめろというのは、大きな違和感のあることかもしれない。だから、たとえ「女性」という語彙に自分を重ねなくすることが建設的な選択肢となる女性がいるとしても、少なくともトランス女性の一部を含む他の多くの人にとっては、その選択肢は望ましくなかったり実行不可能だったりする、というのはとてもありそうなことだ。したがって、ジェンダーの地位のヒエラルキー構造に対抗しようという提案を「女性」という語彙に自分を重ねすぎないようにしようという提案と混ぜこぜにしてしまうと、実際には分断を作り出し、フェミニズムのねらいを妨げてしまう。すべての女性には前者〔ヒエラルキー構造への対抗〕をする理由があるが、一部の女性は後者〔「女性」という語彙の放棄〕を行なえる地位にいないだろう。さらに、ハスランガーが促そ

50　ここで「意図せざる」影響と書いたが、意図されたかどうかにかかわらず起こるものを考えている。残念なことに、意図してこういう影響をもたらす例もまたあるだろう。

51　Haslanger, "Gender and Race," 240.〔本書第 1 章 33 頁〕

うとしている語彙廃棄は、ジェンダー・アイデンティティが意味の支配的な体系によって決まるのではなく、反対する解釈の余地があるのなら、必要なくなる。「女性」という語彙に自分を重ねなくすること以外にも、意味の支配的な体系によって女性という地位に置かれることに抵抗する方法はあるのだ。「女性」というジェンダー・アイデンティティを、抵抗となるやり方で引き受け直すというのも、選択肢の一つである。こちらの選択肢には、女性というアイデンティティを捨てることに伴っていた排除の含意はないし、「女性」という語彙で女性ジェンダー・アイデンティティを備えた人々を指すことによって推進できるものでもあろう。

　ここでハスランガーと私との対立点をことさらに強調したいわけではない。なぜなら、ハスランガーも語彙の使い方は柔軟でよいと明示的に認めているからだ。「「ジェンダー」や、「男性」と「女性」、「人種」という語を、私が定義した概念のために使う修辞的利点はあると思う。けれども、もしこれらの語を譲らないと決めている人がいるとしたら、私は別の語を使うだろう」[52]。ここで言いたいのは、私たちフェミニストは前述の理由から、「男性」や「女性」という語彙をジェンダー・アイデンティティの概念に使おうと腹を据えるべきであり、階級としてのジェンダーの概念には使わないようにすべきだ、ということなのだ。では階級としてのジェンダーについて語るにはどんな語彙を使ったらいいのか、本論文で明確な提案があるわけではない。おそらく「女性という階級にある」という語句でいいのかもしれないし、もっと明確にして「女であるとみなされることに基づいて従属させられている人」と定義できるかもしれない。別の文脈では別の言い回しが最適かもしれないし、さらなる明文化も必要になるだろう。私が考えるに、この論点はアプリオリにけりをつけられるようなものではなく、包摂的なフェミニズム運動に従事することで探究するしかないだろう。

　「女性」という語彙をジェンダー・アイデンティティに割り当てるというのは、第一印象では、ここまで唱えてきた対概念モデルから遠ざかっているように聞こえるかもしれない。そうではないことを理解するには、語彙をどう割り

52　Ibid., 246.〔本書第 1 章 42 頁〕

当てるかを動機づける考慮事由は、とても重大ではあるが、完全に偶然的なものでしかないことを認識する必要がある。近年のフェミニズムの歴史においては残念ながら、トランス女性の重大な排除、さらに敵意さえもが含まれている[53]。さらに、社会一般が、至るところでトランスフォビアとシス中心主義とを示している。こういう状況では、「女性」を女性という階級の人々を指して使うことで、トランス女性に犠牲を出さないとは考えられない。だがもし〔フェミニズム・社会一般の〕双方の要素がこうでなければ、「女性」という語彙をそのように使うこともできるようになるだろう。トランスの人々のアイデンティティが尊重され、常に個人は階級としてのジェンダーではなくアイデンティティとしてのジェンダーによって知り合う（したがって例えば、常に適切な人称代名詞が使われる）べき、とされるような文脈を考えてみよう。この背景のもとでは、階級としてのジェンダーに焦点を当てた分析に限っては、「女性」という語彙が女性という階級の人々を指して安全に使えるようになるだろう。つまり、「女性」を独占的にアイデンティティとしてのジェンダーだけを指して使うという提案は、現在の状況および私たちがたどってきた歴史を考えると、そのような背景文脈がまだ存在していないという事実に基づいたものなのだ。これは言葉や権力の力学や発話の文脈の観察の結果であり、どんな概念が望ましいか〔つまり改良的探究が担うもの〕ではない。概念が問題になっているかぎりでは、フェミニストに必要なのはアイデンティティとしてのジェンダー概念と階級としてのジェンダー概念との両方であり、どちらもが同様にとても必要なのだ。したがって、対概念説を唱えることは、語彙を非対称に割り当てよという処方箋とは矛盾しない。

C 実践のなかでの包摂的な改良

　本論文が提唱するアプローチ全体をもっと明確化し、それが実践的にはどう働くのか見るために、私自身の経験からとった例を最後に出したいと思う。私は3年前、「夜を取り戻せ」デモの設立に参加した。「夜を取り戻せ」とは、

53　最もはなはだしい例が、Janice Raymond, *The Transsexual Empire: The Making of the She-Male* (Boston: Beacon, 1979) である。

「女性に対する暴力」への抵抗運動である。このデモが訴えるのは、そうした暴力や暴力をふるうぞという脅迫、特に性暴力が、女性の従属のなかでも最も重大だということだ。女性は夜間に出歩く際には男性に付き添ってもらうべきだ、という社会規範にはっきりとそむくことで象徴的な価値を出すために、組織委員会では、このデモを女性限定にしようと取り決めた。この規範は女性の自由を実質的に制限するし、被害者を非難する文脈で持ち出されることが多いのだ。だが、この場合に女性とみなされるのはどんな人だろうか？　言い換えると、「女性限定」のデモとしたいと言うとき、私たちがほんとうに意味しているのはどういうことだったのだろう？　これは多くの議論の的となった。私たちが念頭に置く「女性」の意味は、すべてのトランス女性を含むものだということで満場一致した。「女性の自認がある（self-defining）人」という語彙を使って、そのことを明示しようと決めた。だが、これで私たちがやりたかったことすべてを捉えられているわけではない。ひょっとすると女性であるというアイデンティティを抱かなくても、まったくまがいものでない形で、私たちが抵抗したいこの種の暴力やその脅迫の矛先となっている人がいるかもしれないと、私たちもわかっていた。この抵抗運動にそうした人々も正当に含められるのだし、そうした人々がいることで、この抵抗運動は力を増すのだ、とも感じていた。ここで念頭に置いた人々は、出生時に女という性別を割り当てられたノンバイナリーの人々や、女性であるとジェンダーを誤解されることが多いと感じているトランス男性であり、この人々はそのせいで女性に向けた暴力にさらされている。自分たちが言いたいことを捉えられるもっと広い概念を探したが、十分に特定するには至らなかった。例えば、「女性への暴力に心を痛めると自らをみなす人々」歓迎、という案が出たが、多くのシス男性も、自分が気にかけている女性が暴力にさらされれば、自分はそれに心を痛めると考える（そしてそれは正しい）し、もっと一般的に言うと、自分が属する社会のなかのゆゆしき不正については心を痛めるものであるから、これは没となった。そのような人々が目指すものも〔私たちのデモにとって〕好意的かもしれないが、こうした人々がデモに参加するとなると、私たちがとても重要であると合意したアクションの象徴的な力を、弱めることになってしまうだろう。

　結局私たちは次のような言葉づかいで宣伝することにした。「このデモは女

性の自認がある人すべてを歓迎します。もしあなたが、ご自身を女性であるとは考えなくても、女であるとみなされるせいで差別を経験しているのなら、どうぞご参加ください」。ここで「女性の自認がある人」という語句はアイデンティティとしてのジェンダーを捉えており、残りの部分の言葉づかいで階級としてのジェンダーを捉えている[54]。どちらか片方のジェンダー概念だけでは、デモを「女性限定」にしたいと私たちが考えたときの意味をうまく表現できないし、もっと広い概念でも単一の概念ではうまくいかない。選言の形の記述に頼る必要があったのだ。本論文が提案した分析で私たちの考えを言い直すと、「女性に対する暴力」とは、アイデンティティとしてのジェンダーと階級としてのジェンダーとを通して、女性という階級にある人や女性ジェンダー・アイデンティティを抱く人に影響する形態の抑圧である、ということになる。したがって私たちは、デモの参加を呼びかける説明において、アイデンティティとしてのジェンダーと階級としてのジェンダーとの両方を選言的に言及する必要があったのだ。さらに言えば、この記述は提案が（私自身ではない人から）あってすぐに、普遍的な合意を集めた。この議論に参加した経験は、本論文で提示した議論を形作るのに役立った。

5　結論

本論文ではハスランガーが提案する目標概念としての**女性**に反対し、それではトランス女性のジェンダー・アイデンティティを尊重できていないこと、また本論文が提案した対の目標概念であれば、その難点はないことを述べた。社会的アイデンティティの分類についてのハスランガーの説を貴重な出発点としたものの、ここで提案した**女性**の分析は、ハスランガーのものとは違い、改良的探究をもっと多元主義的に理解した焦点分析となっている。このモデルでは、改良的探究は複数の目標概念を導く枝分かれした筋をもつことができ、しかもいずれの目標概念も理論的に平等な地位をもてる。**女性**の場合では、ジェンダ

54　厳密に言うと、「女性の自認がある人」よりも「女性ジェンダー・アイデンティティを備える人」のほうが望ましいだろう（注 39 を参照）。

一の意味のうちどれが「中心的」でどれが「派生的」となるかは、改良的探究それ自体の一部となり、最初から固定されているものではないということになる。

　このモデルのもとで、本論文ではジェンダーの二つの意味、すなわち階級としてのジェンダーとアイデンティティとしてのジェンダーとを特定し、対の目標概念を導いた。この対の概念の一つは、**女性という階級にある**という概念、すなわち「生物学的に女の生殖的役割を担う証拠と考えられている身体的特徴を実際にもつか、もつと推測されることに基づいて、従属化の対象とされる」と定義される概念である。もう一つは**女性ジェンダー・アイデンティティを備える**という概念であり、「階級としての女性に特有の社会的・物質的現実を、階級としての女性が切り抜ける際の指針となるように形成された、内的な地図をもつ」と定義される概念である。実践的な理由から、「女性」という語彙は**女性ジェンダー・アイデンティティを備える**という概念を表すのに使うほうがよく、**女性という階級にある**という概念を表すのには使わないほうがよいと提唱した。

　ジェンダーについてのこの説は、フェミニズムの目的にとって包摂すべきすべての人を**女性**のカテゴリーのうちに包摂している。**女性**概念のこの分析により、フェミニズムは階級としてのジェンダーという社会的現実に批判を加えながらも、同時にトランス女性をはじめとしたトランスの人々の主体性を真摯に受け止めて、ジェンダー・アイデンティティを尊重することができるのだ。

Part II

性的モノ化

3

邪悪な詐欺師、それでいてものまね遊び

トランスフォビックな暴力、そして誤解の政治について

タリア・メイ・ベッチャー
渡辺一暁訳

　グウェン[1]・アラウホは2002年10月3日、カリフォルニア州ニューアークで、暴行のうえ殺害され、シエラ郡の荒野を150マイル運ばれて埋められた。彼女の遺体を埋めた4人の男性は、その後マクドナルドに立ち寄って、どうやら一息入れたようだ。この殺人は個人宅でのパーティーの場で起きており、多くの参加者たちの目の前で暴力行為が発生したとされる。だが、この事件は2週間が過ぎるまで明るみに出なかった。この夜起きたことについての報告にはある程度の食い違いが見られるが、ある時点でアラウホは、トイレで性器をさらすように強いられ、「こちら本当は男性でございます」と言いふらされたようだ（Reiterman, Garrison, and Hanley 2002）。実際、それが決定的なきっかけとなって、その後の暴行および殺人につながったようだ。

　アラウホはその3年前、母親（シルヴィア・ゲレーロ）にカミングアウトし、

<hr />

1　「グウェン」はアラウホの法的な名前ではなく、パーティーでは彼女は「リダ」とも名乗っていた。ここで「グウェン」という名前を使うのは、それが母親へのカミングアウトの際に彼女が使っていた名前だからだ。また、アラウホのことは「彼女」と書き表すが、それは彼女が自身を「男性の体に囚われた女性」とみなしていたからである。アラウホの母親、シルヴィア・ゲレーロは、アラウホの埋葬にあたって女の子らしく着飾らせてやり、墓標には「グウェン」と刻んだ。2004年6月23日、シルヴィア・ゲレーロによる死後の名称変更が受理された。

自分のことをグウェンと呼ぶように頼むとともに（これはノー・ダウトというバンドのグウェン・ステファニーからとったものだ）、「性転換手術（sex-change surgery）」を受けるつもりだと言った。シルヴィア・ゲレーロによると、彼女自身も我が子のアイデンティティを受け入れるのには苦労したそうだが、「あの子は、男性の体に囚われた少女のように感じていた」のだという。アラウホは学校ではずっといやがらせを受けていたし、見かけが少女のものなのにそれが応募書類にある法的な名前とそぐわないせいで、職を見つけるのも難しかった（Reiterman, Garrison, and Hanley 2002）。彼女は差別を受けつづけてきた末に、17歳でむごたらしく殺されてしまったのである。

　この殺人には、アラウホが悪事を働いていた（つまり「性を欺いていた」というものだ）、という指摘が相次いだ。例えば、ジョーズ・メレル（この殺人の容疑をかけられたが潔白を主張した）は次のように言ったとされる。「そのとき私たちが怒っていたのはたしかだ。明らかに向こうがだましたのだ。あいつが男性だとはだれも知らなかったが、ただ、だから痛めつけられてもしかたないと言いたいわけではない。不当なことをしてやり返されたにすぎない、などと考えているわけではない」（Fernandez and Kuruvila 2002）[1]。向こうが悪事を働いたのだという訴えは、殺人の口実にしたり、非難の矛先を変えたりするためのレトリックとしても用いられた。例えば、ホセ・メレルの母のワンダ・メレルは次のように言ったとされる。「いっしょにいる美女が本当は男性だとわかったら、どんな男性だって怒り狂うでしょう」（Reiterman, Garrison, and Hanley 2002）。また、このとき起きたことが明らかになっている性的暴行はアラウホ自身が性器を無理やりにさらされたことだけなのだが、ザック・キャレフ（アイオワ・ステイト・デイリーの記者）はそれにもかかわらず、アラウホは殺人者たちの一部と性交したとされるが、それはレイプなのだからアラウホ殺しはヘイトクライムではない、と論じた。キャレフによると、「この男性たちが殺人に及んだのは、アラウホに汚されたからです。彼は嘘をついて欺き、性交に持ち込んだ

〔訳注1〕この2002年10月24日の新聞社インタビューにおいて、メレルは自分の暴力を認めてその正当性を主張しているのではなく、何の心当たりもないと潔白を主張していた。たしかに自分たちの怒りを買ってはいたが、殺されて仕方ない相手だと思っているわけでもない、とはいえだれが殺害したのかは知らない、という発言である。

のです。彼は正直でなかったし、もし正直にしていれば、こんな殺人など起きなかったでしょう。ヘイトクライムかどうかなど考えるまでもない。彼は異性装者だから殺されたわけではないのです。男性たちは汚されました。レイプされたのです」（Calef 2002）。

　欺きだというこの手の言いがかりは、グウェン・アラウホの第一級殺人のかどでの公判でも取りざたされた。ジェイソン・カザレス、マイケル・マジドソン、ジョーズ・メレルの3人が被告であった[2]。メレルの弁護人のジャック・ヌーナン、およびマジドソンの弁護人のマーク・ソーマンは、被告らの罪状は〔計画殺人などを意味する第一級殺人ではなく〕故殺にとどまる、と、「トランス・パニック抗弁」（ゲイ・パニック抗弁の変種）として知られる抗弁に基づいて主張した[3]。弁護によればこの殺害は、アラウホの「生物学的セックス」が発覚したことで「カッとなって」行なわれたものだとされた（Locke 2004b）。

　メレルもマジドソンも、以前にアラウホと性交渉をもっていたらしいし、アラウホのアイデンティティについて殺害の数日前に話し合ってもいたらしい。だがソーマンはアラウホのアイデンティティの開示に際し「極度の衝撃、驚嘆と当惑」があったと表現したうえで、弁護の中心的な戦術として、「性的な欺き」の申し立てを用いた（Kuruvila 2003）。特に、「エディー[2]の真のセックス」がわかったことで、ソーマン言うところの性的違反に対する「根深く、ほとんど原始的な」暴力的な反応が引き起こされたのだ、というわけだ（Locke 2004a）。「セクシュアリティ、性的な選択は、私たちにとってとても重要です」とソーマンは最終弁論で主張した。「この事件で、被害者による欺きが実質的には挑発として働いてしまったわけはそこにあります——これは性的な欺瞞、詐欺、裏切りとなっていたのです」（St. John 2004）。対照的に起訴側は、これは単なる故殺どころではなく計画された殺人であり、第一級殺人を構成すると主張した。シルヴィア・ゲレーロの代理人のグロリア・アレッドは、この殺害を「『ザ・

2　ジャロン・ネイバーズも、もともとは殺人で起訴されたが、他の三人について証言することで司法取引を行ない、過失致死での罪状のみ認める形で決着した。
3　カザレスの弁護人トニー・セラは、カザレスは遺体を埋めるのを手伝っただけで、殺害には関わっていないと主張した。
〔訳注2〕「エディー」はグウェンの出生時の名前。

ソプラノズ』に出てくるのと同じ殺人だ」と形容している（Lagos 2004)[3]。

　陪審は 3 人のいずれについても、グウェン・アラウホの第一級殺人罪の評決を出すに至らなかった。メレルとカザレスとについては 10 対 2 で行き詰まり、マジドソンについては 7 対 5 から動かなかったと報じられた。ハリー・シェパード判事は審理無効を宣言せざるをえなかった。クリス・ラミエロ検事が非公式に賛否を問うたところ、トランス・パニック論法を認めた陪審は 1 人もいなかったが、3 人の被告が第一級殺人を犯したのか、「無思慮なとつぜんの衝動」（Wronge 2004）にかられた殺人、つまり第二級殺人[4]にすぎないのかで意見が分かれた。しかし、これと矛盾するように思えるのだが、ソーマンは対抗主張において、陪審の一部は性的挑発が殺人につながったと認めたのだと述べた（Locke 2004b）。そしてソーマンは、「何度審理をしようと、検察側の訴えは行き詰まるだろう」と主張した。再審を経て、マジドソンとメレルは第二級殺人の判決を受け、またカザレスについては評決に至らなかったものの、故意故殺については不抗争の答弁をした。ただし陪審は、マジドソンについてもメレルについても、ヘイトクライムによる刑期の加算を認めなかった。

はじめに

　私はこの小論を、アングロサクソン系白人の、トランスセクシュアルの女性として書いている。本論文はロサンゼルスで私が携わった、トランスフォビックな暴力への草の根的な対応を反映したものでもあるし、あるいはもっと一般的には、トランスジェンダーのいくつかの共同体を転々とするなかで、そして性差別的、人種差別的、そしてトランスフォビックな社会で、人種や階級やジェンダーの　交　差をいろいろと経験してきたことを反映したものでもある。

〔訳注 3〕『ザ・ソプラノズ　哀愁のマフィア』（HBO 製作、1999–2007）は、トニー・ソプラノをボスとするマフィアの内情を描く、ニュージャージー州のニューアークを舞台にしたドラマシリーズ。つまり、アラウホ殺害は、マフィアによる殺人と同じく計画殺人なのだ、という告発である。

〔訳注 4〕第二級殺人は、計画的ではないがはずみで死なせたわけでもなく、死なせる意図をもって行なったものを指す。

私の観点は文化的に限られたものであるから、そのことで得られる知見もあるが、気づけなかったこともあろう。本論文は、トランスフォビアの暴力の意味、そしてそれが他の抑圧の体系（システム）のなかにどう埋め込まれているのかを考え抜こうという、個人的な試みである。

　本論文の中心的な目的は、グウェン・アラウホや彼女と同じような人々が受けた、詐欺や、裏切りや、レイプを働いたというそしりに応答することである。そうすることで、「トランスフォビア」とここで呼ぶものの本性について、より深い理解を得られると私は考える。また関連した副次的な目的として、性的な欺きという観念は本質的に、女性に向けた性暴力や人種に基づく抑圧に根ざしているものだと論じよう。私のねらいは、トランスフォビアに現時点では無関心な人々が犯すトランスフォビアの暴力を終わらせる助力を請うことであり、また同時に、現時点ではジェンダーや人種に基づく抑圧へと論点を真剣に広げて考えようとは思っていないトランスの人々に向けて、そう考えるよう促すことにある[4]。

4　本論文での私の関心事も、ここで概説している具体的な力学も、米国を念頭に置いて理解してほしい。これは、米国の国境の内側で起きることにしか関心がないという意味ではない。まったく逆で、米国のイデオロギーの影響は明らかに世界中に及んでいる。私は、私が述べることが米国以外の場所でのトランスフォビアを理解するのにまったく役立たないとは思っていない。とはいえ、そこにどんな関連があるか、どんなつながりがあるのかを、最初から決めてかかるわけにはいかない。例えば、人種そしてレイシズムに対する私の懸念は特に、非常に独特な形で米国特有のものになっている。さらに、トランスジェンダーの女性という語は主に英米のものであり、ファアファフィネ（サモア語だが、文字どおりには「女性のような」という意味になる）のような語と安易に互換させることはできないかもしれない（Roen 2001）。また、セックスとジェンダーとについての支配的な理解もそれぞれの文化固有のものであり、トランスフォビアの説明は文脈を特定して行なわなければならない。ここで言いたいのは、トランスジェンダーが植民地化の作用をもつ談話になってしまいかねないという懸念である。また、トランスジェンダーをめぐる政治、クィアをめぐる政治、そして医学におけるトランスセクシュアルについての談話が、人種や階級や文化や国家とどのような相互作用をしているか、その複雑さを検証することの重要さを指摘しておく。このような論点についての優れた予備的考察として、Namaste 2000 (62–64); Roen 2001 を参照。

「トランス」という用語法

　「トランスジェンダー」は、伝統的なジェンダー規範に合致しないように見える人々を指すのに使われることがある。出生時に割り当てられたジェンダーとは異なるジェンダーで生き、それを表明する人々を含むこともあれば、そもそもこのような伝統的な捉え方では明快に理解しえないようなジェンダーで生き、それを表明する人々を含むこともある。また、「トランスセクシュアル」を含めて使うときもあれば、含めないときもある。トランスジェンダーには政治的な含意もある。これは、主に米国・カナダにおいてだが、医学的な病理化には概して抵抗するのだという、政治的なスタンスの表明でもあるのだ。この観念は、トランスセクシュアルの観念とは、さしあたり対立するものである（少なくとも、「トランスセクシュアル」の伝統的な意味のもとでは）。

　「トランスセクシュアル」は、ホルモン的施術や外科的施術を用いることで、出生時のセックスの割り当てとは違う形に理解してもらえるように身体を変容させようとする個人を指すのに使われることもあるし、セックスに結びつけられた身体（sexed body）についての伝統的な理解によってはそもそも明快に理解しえないような形に身体を変容させようとする個人を指すこともある。伝統的には、この語は精神医学の観念であるジェンダー違和や、「間違った身体に囚われた」という比喩と結びつけられてきた。だが「トランスセクシュアル」は、もっと最近の語である「トランスジェンダー」と一致するか、あるいはその下位分類となる形で、再利用されてもいる。概してどちらの語も、様々な（そして頻繁に論争を呼ぶ）形で使われているのが現状だ。ここでは、これらの語を無定義語としておく――この語によって自己のアイデンティティを説明する個人ごとの解釈ややりとり次第にしておくのだ。

　「MTF」については、出生時に男（male）というセックスを割り当てられたが、「明確に」女（female）というセックスと解釈されうるジェンダー表現を行なう人を指して使うことにする。「FTM」については、出生時に女というセックスを割り当てられたが、「明確に」男というセックスと解釈されうるジェンダー表現を行なう人を指して使うことにする。「トランスの人々」をFTMの

人々・MTF の人々をまとめて指す語として用いるが、さらに、ひとつに決まらない形でジェンダー表現をしたり、男女両方にまたがる形でジェンダー表現をしたりする人々も含めることにする。ただしこうした呼び方によって、〔当人たちの〕アイデンティティを決めつけるつもりはない[5]。

トランスフォビア

　本論文が「トランスフォビア」という語で指したいのは、トランスの人々を恐れることに限らず、ジェンダーについての私たちの決めごとを根拠にしてトランスの人々に抱く、否定的態度すべてである（憎悪、嫌悪、怒り、さらには義憤まで）[6]。こうした態度がトランスの人々への暴力のほとんどの基礎にあるのは間違いない。2003 年には、米国で 14 件のトランス殺害が報告されており、全世界では 38 件である。大半は MTF であり、また有色の人々が大半を占める[7]。近年の研究が示すところでは、トランスフォビックな言語的侮辱〔を受けたトランスの人々〕は全体の 80％以上にものぼり、トランスフォビックな肉体的暴行も 30％から 50％にのぼる（Lombardi et al. 2001; Clements 1999; Reback et al.

5　米国でのトランスの自己認識はきわめて多様であり（男性、女性、FTM、MTF、MTM、第三の性など）、どのラベルがどれくらい重要かも変化していくものだ。また、トランスの人々は複数のアイデンティティを（ときとして矛盾するように見える形で）使い分けることもあるし、不確定だったり境界的だったりするアイデンティティを主張することもある。それは由緒正しいアイデンティティのどれとも相容れないということだし、それらに言い換えられてしまうことも拒んでいるのだ。人種もまた不可視なアイデンティティではないことを考慮に入れると、そのような自己認識は、人種・ジェンダー・セクシュアルアイデンティティが複雑に絡みあったものになることもある。

6　「ジェンダー表現」ということで考えたいのは、ジェンダーと結びつけられた服装だけでなく、ジェスチャー、姿勢、話し方（音程、トーン、パターン、音域）、社交における対話スタイルなども含む。「セックスに結びつけられた身体」ということで言いたいのは、性器、乳房組織の有無、ひげや体毛、脂肪の分布、身長、骨の太さなどの身体的特徴だ。この二つの区分けに多少の境界事例があることはありうる。

7　Gwendolyn Ann Smith, "Remembering Our Dead" を参照。https://www.rememberingour-7.dead.org　スミスは「トランスジェンダー追悼の日」の提唱者である。〔11 月 20 日を指す。なお、全世界でヘイトや偏見から殺害されたトランスジェンダーたちを銘記することを目指すこの Web サイトだが、2021 年 4 月現在の運用は別サイトに移行している。https://tdor.info/ および https://tdor.translivesmatter.info/〕

2001; Lombardi unpublished）。ここでも、有色のトランスの人々は、侮辱を経験した比率がより高くなっている[8]。

　本論文では、トランスフォビックな暴力のなかでも特に、欺きだという申し開きによって非難の矛先を被害者へとすりかえようという動きがあったものや、「暴露」「開示」「見かけ」「実情（reality）」といった関連しあう概念によって理解しうる暴力がどのようなものかを検討する。一見すると、グウェン・アラウホ殺害を突き動かしたトランスフォビアは、わかりやすいホモフォビアの事例に見える。というのも、加害者自身の性的欲求が彼女に向いてしまったという含みと関係あることが明らかな暴行だからである。

　だが、トランスフォビアとホモフォビアとの関係は、見かけよりもずっと複雑であるようにも思われる。この殺人をホモフォビアに基づくものと説明してしまうと、アラウホを「本当は男子である」という形で、つまり彼女自身のアイデンティティに反する形で理解するか、少なくともこの説明を与えることで、加害者たちのとった態度にお墨付きを与えることになってしまう。この明らかな問題を措いておくとしても、この種の立場はアラウホを殺した人々の態度しか説明できず、悪しき「性的詐欺」だというトランスフォビックな非難が不当であることを説明できていないし、さらにはアラウホ自身のアイデンティティを否定するというトランスフォビアを構成してしまっている。だからこの立場では説明にならないのだ[9]。

　繰り返すが、本論文は欺きというレトリックに着目する。「欺かれた」という怒りが、トランスフォビックな敵意において役割を果たすことがある。もち

8　GenderPAC の調査（2001）でもロサンゼルス・トランスジェンダー・ヘルス・スタディ（2001）でも、トランスフォビックな侮辱および暴力の発生報告率が人種や民族とどう相関するかをうまく論じられてはいない。しかし、Lombardi(unpublished) によれば、過去1年間に受けた差別を見ると、トランスの人々のなかでもアフリカ系アメリカ人は最も深刻で、白人の場合は最も軽度だという。

9　トランスフォビックな暴力とその「ゲイ・バッシング」との関係については、Namaste 2000 (135–56) を参照のこと。Namaste の中心的な関心事の一つは、性的指向とジェンダー表現とを区別することで、そこにどのような相互作用があるのかを考えることである。彼女の指摘によればジェンダー表現は、〔ゲイ・バッシングを含む〕クィア・バッシングをそそのかす視覚的な合図となっている。Bettcher 2006 では、現状のトランスジェンダーの理論や政治では、この種のトランスフォビアをうまく捉えないと論じた。

ろんそこには、ホモフォビックな態度も、おそらく性差別的な態度も織り交ぜられている。もう少し一般化すると、トランスの人々を詐欺師だというステレオタイプのもとで捉えつづけること、そして欺きとレイプとを等置することが、どういうことなのかを説明したいのだ。このステレオタイプは、トランスフォビックな敵意の一因となるほかにも、トランスの人々への暴力を正当化したり申し開きしたりするための、「矛先のすりかえ」言説においても、重大な役割を果たしている。

　この欺きというレトリックは、トランスのその人自身のアイデンティティづけに反したジェンダー帰属を行なうこと（これをア・イ・デ・ン・テ・ィ・テ・ィ・強制と呼ぼう）と、深く結びついている。例えば、アラウホは「女性のように着飾った男の子」と記事に書かれたわけだが、彼女は自分を女の子だと考えており、そのように自己表現していた。こうしたジェンダー帰属は言うまでもなく、見かけ、実情、発覚といった概念と関連しあうことが多い。例えば、アラウホ殺しをとりまくレトリックのなかには、彼女がその外見にもかかわらず「現実には男の子だった」ことが「発覚した」、という考えを伴うものがあった。

　セックスがどうであるかを証明するために性器を露出させられるというのも、ある種のトランスフォビックな暴行に関連がある。例えば、これはどちらも非常に有名な殺人事件だが、グウェン・アラウホ殺害でもブランドン・ティーナ殺害でも、性器露出の強制（セックスの証明）が、欺きだの裏切りだのという言いがかりとともにトイレで行なわれ、その後激しい暴行があり、そしてついには殺害に至った[10]。アイデンティティ強制自体に暴行が伴うこともある。例えばブランドン・ティーナ殺害の1週間前、彼はレイプされている。そして、詐欺師として表象すること（またそれと関連してアイデンティティを強制すること）それ自体が、道徳的品位を貶め真正性を拒否するという、トランスの人々に対する感情面での憂慮すべき暴行であると言っても過言ではないだろう。

　欺きというレトリックは、「不調和な」「男女両方にまたがる」「理解できない」と解釈されるような表現をするトランスの人々に対してではなく、「明確に」男らしいとか女らしいとかと解釈されるようなジェンダー表現をしているトランスの人々に対して、よく使われるように思われる。ここで「明確に」と言うとき念頭にあるのは、セックスと結びつけられた身体とは「ずれのある」

ジェンダー表現として解釈するのが難しくない表現のことだ（その表現がぶじ
受け入れられるかはともかく）。私の説は、あまり明確さがない人のケースに適
用するよりもむしろ、こういうケースに適用すべきものとして理解してほしい[11]。

詐欺師あるいはものまね遊び

　トランスの人々を詐欺師として表象するのはトランスフォビックなことだが、
その基盤とは、ジェンダー表現をセックスと結びついた身体とを対立させ、見
かけに対する実情という形で理解することだ。例えば、セックスと結びついた
身体とずれたジェンダー表現をしていると受け取られた MTF は、外見とは関
係なく「本当は男子」とみなされる。ここでは欺きという疑いをかけ、暴露し、

10　1993 年 12 月 31 日、ジョン・ロッターとマービン・トーマス・ニッセンは、ネブラスカ州
　　ハンボルトでブランドン・ティーナを殺害した。その 1 週間前、ロッターとニッセンはティー
　　ナを誘拐し、強制的に女性器を露出させてからレイプしていた。1990 年代に勃興したトランス
　　ジェンダー運動は、ブランドン・ティーナという名のもとに団結していった。ブランドン（こ
　　の人物が殺される前に最もよく使っていた名前だ）が名字としてティーナを実際に使っていた
　　という明確な証拠はない。結局のところ、どの名前で呼ぶとしても難点がある。ここでの論点
　　についての徹底的かつ気配りのある議論については、Hale 1998a (311–348) を参照。Hale が指摘
　　するように、ブランドンに「トランスジェンダー」または「トランスセクシュアル」という単
　　一のアイデンティティを見出し、「境界地帯に生きた人、すなわち、いろいろな形で重なり合
　　うアイデンティティ分類の余白によって構成された、別世界に存在する個人」であるように見
　　てしまうのはおかしい。しかし、ブランドン自身の公の場での自己表象に反して、Hale は何の
　　説明もなくブランドンに男性指標詞「彼」を適用しないことにしており、それは Hale の立場
　　を誇張しすぎている恐れもある。ここで重要なのは、ブランドンが個人的に自分をどう捉えて
　　いたかではなく、公の場ではどうだと見られたかったのか、だからだ。
11　Lombardi(unpublished) は、「一貫して」男性的または女性的な性別を示すトランスジェンダー
　　の人々（FTM、MTF）であるか、「一貫しない」あるいは両性のどちらとも言えないジェンダ
　　ー表現をするトランスジェンダーの人々（FTO、MTO：「O」は「その他」を意味する）であ
　　るかによって、人生におけるトランスフォビックなできごとへの評価が異なることから、この
　　違いがどれほど重要かがわかると論じている。彼女の研究によると、MTF や FTO の人たちは、
　　MTO や FTM の人たちに比べて、生涯および過去 1 年間に差別を受けたと報告することが多か
　　った。ここでの差は統計的には有意ではないが、サンプルサイズを大きくできないために決定
　　的な測定とならなかっただけで、何らかの傾向を示すものかもしれない。いずれにしても、本
　　論文で行なったトランスフォビアの説明には FTO へのトランスフォビックな差別まで含める
　　ことはできておらず、限定的なものにとどまる。

摘発するという文脈で、アイデンティティ強制が行なわれているわけだ。この手の枠組みでは、ジェンダー表現（特に服装）はジェンダーと結びついた（gendered）見かけを構成する一方で、身体はセックスと結びつけられて、隠された、セックスの実情を構成する、ということになる。この区別が、「女性のように着飾った男性」「女性として生きる男性」「生物学的には男である女性」のような言い回しによって、実質的に踏襲され強化されている。

　しばしばこの見かけと実情との対比は、外性器こそセックスの本質的な決定要素であるという立場と結びついている。こういう同一視は、ハロルド・ガーフィンケルが「ジェンダーについての自然な態度」と呼んだものだ（Garfinkel 1957, 122–33; Kessler and McKenna 1978, 113–14 や、Bornstein 1994, 45–51 も参照）[12]。ガーフィンケルによれば、個人（ガーフィンケルが言うには「常人」）はジェンダーやセックスについて、ある種の前理論的な常識（「自然な態度」）を構成する、基礎的な信念を維持している。そうした立場は明らかに素朴ではあるが[13]、セックスの状態を決めるには外性器が本質なのだという考え方は、米国ではジェンダーの捉え方において、支配的な主流文化に浸透しきったものとして根強く確立している（Kessler and McKenna 2000）。私に言わせれば、こういう立場がジェンダーは見かけでセックスこそ実情だという区別につながっているのは明らかであり、ここでは外性器が人のセックスについての「隠された真理」の役割を果たしている。「本当は男子」「男であるとわかった」といった言い回しが、これほどにも外性器の状態と結びつけられるという状況を認識しさえすれば、このことは直観的に理解できるだろう。

　たしかに、外性器再建手術を経ていてもなお、トランスの人々が詐欺師と表

12　この態度は、（性器こそ根本的であるというのに加えて）次の命題から構成されている。①男と女という二つの相互に排他的かつ網羅的な分類がある。②この区別は自然なものである。③人は特定の性別に自然に属するものであり、別の性別に属するように変わることはない。④前三つの主張に対する例外は異常にすぎず、無視してよい。

13　「女性」のような概念がどれほど複雑かということについてのよい議論として、Hale 1996 (94–121) を見よ。Hale は、「私たちの文化」が「女性」という概念を適用するときの必要条件や十分条件を限定することはできないと論じている。この概念はむしろ、重要さが異なる定義的特徴を13個含むものなのだ。この立場では、「女性」という概念をウィトゲンシュタインの家族的類似性説を用いて理解することになる。

現されてしまうことはある[14]。しかしながら、そうだとしても、外性器は人の
セックスの「隠された真理・実情」であるから重大なのだ、という考え方が崩
れ去ってくれるとは思えない。外性器再建手術を経たトランスの人々は、そう
いう手術を経ていないトランスの人々よりもはっきりと、自然な態度が奉じる
考え方の一部を揺るがす存在ということになる。自然な態度のなかには、外性
器がセックスの本質なのだという考え方に加えて、セックスは不変だ、という
ものもある。したがって外性器再建手術は、外性器こそ本質的であるという考
え方か、セックスは不変であるという考え方か、少なくともどちらかを捨てる
ように迫ることになるはずだ。ところが、「常人」がこうしたケースをどう処
理するかというと、込み入っており気まぐれなふるまいになりがちだ。手術後
のトランスの状態が、議論に付されうる不安定なものとされてしまうのは間違
いない。とはいえ「常人」でも、手術によってセックスの移行が適切に行なわ

14　Lavin (1987) は、外性器形成手術を経たトランスセクシュアルが詐欺をはたらいているとい
う非難は失当であると論じている。Lavin が論じるには、ある人のセックスは何かという事実
があり、この真のセックスは遺伝子型を検討することで決まるものだが、日常生活においてふ
つう、この真の性別を知ることはないのだから、真の性別は重要ではないのだという。そう明
示されているわけではないが、Lavin はおそらく、日常生活において外性器は重要なのだから、
外性器再建手術を経ていないトランスは詐欺をはたらいているとみなすことになってしまうだ
ろう。しかし、私はトランスの人々を詐欺の非難から守ることに関心があるわけではない。ト
ランスの人々は道徳的にまともな暮らしを営んでいるというのは、むしろ私の研究の前提であ
る。トランスの人々が自分のジェンダー・アイデンティティに対してある種の権威を備えてい
ることは当然のことであり、この権威を尊重することは、トランス解放のための理論に必要な
出発点であると考えているのだ。また、「真のセックス」は遺伝子型によって決まると明確に
言うことは非常に難しいという点でも、Lavin には異論がある。どのような特徴（染色体、ア
イデンティティ、生殖器など）を用いてセックスを決定すべきかは、議論しなくてはならない
ことのように思われるのだ。それらの特徴がそれぞれ別のセックスを示唆する場合に、日常会
話に出てくる概念としてどの特徴がより重要となるかは簡単には決まらない。例えば、「性転
換手術 (sex change surgery)」が真正にセックスを変更しているのかどうかは、セックスを生殖器
で解釈するか染色体で解釈するかによって大きく異なる。「真のセックス」という概念は、日
常会話のなかでは（自然な態度が支配的なので）、この人のジェンダーと結びつけられた服装
に隠されている外性器はどのようなものか、ということに関係しているのであって、遺伝子型の
検討とはあまり関係ないのはたしかだ。そして、目下の私の説は、この重要な、日常的用法と
しての「真のセックス」に対応するように作ってある。もちろん、この論点のなかには、日常
的で非専門的な文脈における語の意味を決定できるような専門家にあたるのはどういう役割の
人なのか、ということも含まれる。だが、これは本論文の範囲を越えている。

れたと考えるようになった（そしてセックスは不変だという立場を捨てた）り、ジェンダーの自己理解がセックスの決定要因として本質的だと考えるようになった（そして外性器こそ本質的だという立場を捨てた）りしたときには、術後のトランスを詐欺師とみなすことはなくなるであろうことは、覚えておいてよい[15]。

　自然な態度の基礎には、反例を「例外」や「異常」として無視しようとする傾向がある。実際、セックスは不変だとか外性器が本質的だとかいう考えは、手術で再建した外性器は「人工的だ」とか、セックスを決める外性器は出生時のものに限るとかいったその場しのぎの規定を追加することで、そのまま維持されてしまいかねない。そうした考えによって、外性器再建を経たトランスの人々もやはり詐欺師なのだという信念が支えられているかぎり、セックスの決定において外性器の果たす役割がそっくりそのまま残ることになってしまう（手術で再建した外性器は無効、というその場しのぎの条項を追加することにはなるが）。

　もちろん、セックスを決定するやり方はほかにもいろいろある、というのは正しい。例えば、染色体を根拠に、トランスの人々を「本当は男性（または女性）」と主張する人もいるかもしれない。セックスとセックス決定とが現実にどう絡みあっているかについては、医療、法、精神医学に特化した議論でもっと洗練された扱いがなされている。しかしながら、自然な態度を奉じる人々は、セックスの観念をもっと理論的に洗練させようという取り組みをうさんくさいものと考えてしまう傾向にある（Hale 1996 を参照）。自然な態度というのが、セックスについての前理論的な常識のようなものから構成されているとすれば、誤りであるという明らかな証拠があったとしても、この態度は維持されてしまいがちなのだ。

　さらには、専門に特化した議論ですら、自然な態度の影響を受けていることにも気をつけておこう。専門的な議論を行なう専門家といえども、職場を離れ

15　たとえこのような状況であっても、トランスが望めるのはせいぜい、望んだセックスを割り当てられる「資格を得る」ことにすぎないだろう。ところがそのような場合でも、「真実」を開示しなかった責任を問われてしまうことはありうる。社会的に認知された権威者（医学の権威や精神医学の権威）が、自然な態度には修正が必要だということを真剣に受け止めないかぎりは、こうして望んだセックスを割り当てられても、簡単に崩されてしまうだろう。

ることはあり、その間は、自然な態度が優勢である世界に浸かっているのだ。加えて、専門家は自然な態度にまったく影響されないわけでもなく、専門的な能力のうえではたしかに否定できている人でも、ある種の本能的なレベルでは自然な態度を維持していることがある。実際、自然な態度やセックスについての常識をなるべくそのまま残せるように組み立てられた専門的な議論というのも多く見られるのだ（Hale 1996）。だから、外性器再建手術を性別再割当手術として認めない根拠として染色体に訴えるというのは、セックスは変更不能であり外科的に再建した外性器は模造品もしくは無効である、という（「自然な」）立場を、深層のところでは認めているか、少なくとも擁護するために展開している議論であるように私には思える。こうした理由から、外性器再建手術を受けたトランスの人々に「詐欺師」という語を適用しようとするのは、根本的には、ジェンダー表現（見かけ）と外性器の状態（実情）との対比のうえに成り立っていると、私は考えている[16]。

ダブルバインド

　ジェンダー表現はただの見かけ、セックスと結びついた身体こそ実情、という図式を認めてしまうと、見た目でそれとわかるトランスである人もそうでない人も苦しめる、危険なダブルバインドが生じる。ダブルバインドということで私は、社会的障壁や力を固定化する複雑なネットワークとして抑圧を特徴づけた、マリリン・フライの研究（Frye 1983, 2–4）に直接依拠している[17]。このダブルバインドを理解するには、グウェン・アラウホ殺害を指して多用された、

16　ジェンダーと結びつけられた外科的な身体整形によって、ジェンダー表現と、セックスと結びつけられた身体との区別があいまいになることがありうる。身体が文化的な様式のもとにあるならば、身体そのものもジェンダー表現となるわけだ。すると、豊胸手術による乳房や再建された外性器などは、衣服同様に「人工的」で「単なる見かけ」とみなされてしまう。このポストモダンの時代には、見かけと実情との境界そのものが揺らいでいるというのに。

17　ここで私は、ヘイルの「フライの洞察や、それがトランスセクシュアルにも適用できることを無視しないかぎり、トランスセクシュアルはまぬけなのか、それとも二枚舌なのか、その両方なのか、という、近年言われる問いは成り立たない」（Hale 1998b, 106）という示唆をなぞっている。

欺きや暴露といったレトリックを考えてみればいい。彼女は自分の「真の状態」を開示していなかったことで詐欺師とみなされたわけだが、自分はトランスであると率直に告げたらどういう反応を受けたかは想像にかたくない。というのも、カミングアウトしたとしても、彼女は間違いなく、「本当は男の子なのに、女の子のように着飾っている」と解釈されたにちがいないのだ。したがってそこにあった選択肢は、「自分は何者なのか」を開示してものまねや仮装遊びをしている者としてカミングアウトするか、それとも開示をせずに詐欺師となり、それを強制的に暴露され、嘘つきだとさらし者にされることになるリスクを引き受けるか、二つに一つだったわけだ。

　はっきりさせておきたいが、この、欺きとものまね遊びとの間でのダブルバインドが反映しているのは、単なる「ステレオタイプ」あるいは「無知による誤解」とはまったく違う。トランスの人々が自身の望みとは無関係に文字どおり「構築される」ときの、その構築のされ方を反映しているのだ。つまり、このダブルバインドに何らかの形で「ステレオタイプ」が見出されるのだとしても、それは私たちが無意識のうちに作動させてしまう「ステレオタイプ」なのである。特に、多くの人に支持されていて、人々のふるまいや発言や交流に影響を与えるようなものの見方は、一部の人の心のなかにだけ存在する否定的態度というだけでは済まない。むしろ、当人にはどうすることもできない状況において、「自分は何者なのか」を構成的に構築してしまうことすらあるものなのだ。

　これを踏まえて、問題のダブルバインドの二つの側面を、さらに詳しく特徴づけることができる。まず一方の側面として、〔トランスであることを〕見えるようにしてしまうと、その人がやっていることが、ものまね遊びだとか、ふりをしているとか、仮装して着飾っているとかという形で表現されやすくなってしまう。こちらの側面に伴う一般的な困難というのは、次のようになる。①人生が虚偽のものであると構成されてしまうのを避けられない。そのため、②自分のアイデンティティを真剣に捉えるのが難しくなり、③はなはだしく見下され、④暴行や、ともすれば殺害の被害者となってしまう。また他方の側面として、〔トランスであることを〕見せないことを選べば、自分の人生を仮装という領域から現実へともってくることはできる。だがこのようにダブルバインドの

うち欺くことを選んだ場合でも、見てそれとわかるかどうかの対比からは逃れられないことが、話を複雑にする。というのも、〔欺くことを選んだうえで、どこかの時点でそれをやめて〕見せていないものを見えるようにするというのは、隠された真実の発覚、開示、あるいは暴露という形になってしまうからだ。したがって、ありうる帰結は次のいずれかになる。①暴露やひどい暴行、そして死の恐怖に常に怯えながら生きる、②詐欺師や嘘つきとして摘発される（外性器の強制露出によるかもしれない）、③暴行や、ともすれば殺人の被害者となる、④その暴行の責任をとらされる。

　まとめると、このダブルバインドがもたらす帰結は、以下のように特徴づけられる。トランスの人々が「本当は男性／女性だ」という構築にさらされつづけるかぎり、（外見がどうであるかは無視され）私たちトランスは、自分自身のアイデンティティに反する形で表現されるほかない。この構築は、外性器の状態を「セックスの隠された実情ないし真相」と同一視することで、外性器こそセックスの本質的な決定要因であると考える立場を、そのまま踏襲して強化したものになっている。こういう構成を通じて、私たちトランスはいつも、詐欺師である、さもなければものまね遊びであると表現されてきたのだ。こうして私たちトランスの声は、空想上の存在による発言だとか、道徳的に疑わしい者の発言だとかという形に構成され、二重の意味で、適切な地位を与えられないのである。したがって、アイデンティティ強制のもとでは、私たちトランスは何を言っても無駄になってしまうのだ。欺かれていたのだからという理屈で、トランスフォビックな暴力に口実を与えたり正当化したりする枠組みができあがってしまっている。とりうる裁量の余地といえば、自分の見た目が無害なごっこ遊びに見えるか、それとも邪悪な欺きに見えるか、その程度を決めることぐらいしかないかのようだ。

扱いは不規則に変化する

　このダブルバインドのどちらの側を選ぶかというのは、ある程度は区別できる選択肢だが、ある重要な点では、片方を選んでももう片方を選ばなかったことにはならないようなあいまいさがある。第一に、「詐欺師であると暴露され」

たとしても、それによって当人の人生はまねごとや仮装のたぐいではないのだ、とみなしてもらえるわけではない。明らかに、「女の子として生きてきた男の子」のような記述からは、まったく反対のことが読み取れる。やり玉にあげられた人の「欺き行為」は非常に深刻なものと受け止められることがあるが、他方でその人の人生が真剣なものだとみなしてもらえることはめったにないのだ。第二に、その人がトランスであることをカミングアウトしたとしても、欺きの可能性はなくなっていないではないかという非難を必ず免れられるとは限らない。実際、「ヘテロセクシュアルの男」が女性専用スペース（トイレなど）に侵入し、レイプの意図さえもっているかもしれない、という非難が、カミングアウトした MTF に向けられることがあるのだ。

　さらに、〔トランスであることが〕見えるのか見えないのかというのは、いつでも自分で制御できるものではないし、一方から他方へと不規則に揺れ動くこともある。例えば、非トランスとしてパスできるかどうかは、いつも全か無かの二値的なできごとであるとは限らず、〔周りの人が〕物理的にどれほど近くにいるかによっても変わるし、社交におけるやりとりの程度、性質、文脈によっても変わる。ある MTF が（それなりの距離から見ると）女性としてパスしているが、もっと接近され詳しく調べられたら「本当は男性だ」と暴露されかねない、ということもある。したがって、見えない状態から見える状態への変動を（そしてそれが「開示」や「暴露」にもつながってしまうことを）日頃から感じているトランスの人々も一定数いるだろう。実際、この「暴露」という結果や、それによって「詐欺師であることがばれた」と表現されることを避けようと思ったら、一貫してパスしつづけるか、一貫してパスしないようにしつづけるか、明示的に（そして何度も何度も）トランスであるとカミングアウトするかして、この変動を免れるほかない。

　見える・見えないは、人種の特権や階級の特権とも不規則に 交 差（インターセクト）する。例えば、見えることで何がもたらされるかは階級によって違うように思われる（そして階級というのはそれ自体が人種と 交 差（インターセクト）する）。トランスフォビアはもともと暴力が多発している地域で激しくなるとか、低賃金の労働環境ではトランスフォビックな差別が起きる尤度（ゆうど）〔またその深刻さ〕が大きくなるとかいう仮説はもっともらしいものだ。また加えて、見えないようにしておけるかどうか

というのも、階級の特権によって違うものだ。全体的な見かけや体型によって
パスできるかどうかが変わることはつとに知られているが、階級の特権がどう
いう影響をもっているかはまだまだ知られていない。少なくとも私自身の経験
では、男と見てとられがちな身体的特徴をもつ MTF でも、パスするための技
法や技術（よいかつらや、衣服、ホルモン剤、足のサイズ矯正など）が手に入れば
うまくパスできるが、貧困層やホームレス状態の MTF はそうした手段にアク
セスできず、すぐに〔「男性だ」と〕「読み取られて」しまい、〔トランスでなけ
ればハラスメントなど受けづらいであろう身体だとしても〕身体的な考慮事由に関
係なく、深刻なハラスメントや暴力にさらされてしまうこともしばしばである。
これが正しいとすれば、階級上の地位が低くなればなるほど、〔トランスである
ことが〕見えてしまうことでさらにまずい結果が起きるようになっていくし、
それにもかかわらず、見えなくしておくという選択肢はとりづらくなっていく
だろう。

　これに関連して知っておいてほしいのは、多くのトランスはダブルバインド
においてものまね遊びのほうとみられたとき、性的に強調化された存在として
扱われてしまいがちだということだ。ここで「ものまね」は「性的幻想」にす
り替えられがちなのだ。つまり、多くのカミングアウトした MTF は、淫売で
あるかのように表現される——性的な誘いを受け入れやすく、いつでも行きず
りのセックスの相手になれるというふうに。この扱いは、経済的な困難から、
危険な環境下で目立つ状態でいることを強いられるという、多くの MTF が置
かれた状況と重要な仕方で組み合わさっており、MTF がセックスワークに実
際に従事せざるをえないような状況を構成してしまっている。ものまね遊びと
して構築された MTF がこのように「淫売扱い」されることは、FTM にまつわ
る性的なイメージが相対的には（少なくとも、非トランスの、ヘテロセクシュア
ルの主流文化や、ゲイ男性のサブカルチャーにおいては）ずっと少ないことと、は
っきり対比できる。この点が重要なのは、FTM には〔例えば「ボーイッシュな
女性」のようにしか扱われないなど〕存在を無視されたり、存在しないことに
されたりするといった反応が関連づけられがちなのに、MTF には性的な存在と
して可視化されることが関連づけられるのはなぜなのか、その理由の一端の説
明になるからだ。ここまでの素描は簡単なものにすぎないが、MTF と FTM と

では可視化・不可視化という境界においてある程度隔たりがあること、そして
その結果として、詐欺師なのかものまね遊びなのかというダブルバインドがど
のように働くかは、MTFとFTMとで話が変わってくる、というのは正しいと
思われる。

性的な欺きをレイプ扱いすること

ジェンダー表現を外性器の表象として捉えること

　見かけか実情か、という対比の基盤、そしてそれと関連した、詐欺師かもの
まね遊びかというダブルバインドの基盤となっているのは、セックスと結びつ
けられた身体（それこそ、外性器）とジェンダー表現との間に成り立ってしま
っている、表象関係である。ジェンダー表現は一般的にはセックスと結びつけ
られた身体がどうであるかのサイン、あるいはセックスと結びつけられた身体
を意味するもの、セックスと結びつけられた身体を伝えるものとして受け止め
られる。セックスと結びつけられた身体とジェンダー表現とが「ずれた」トラ
ンスの人々が、詐欺師あるいはものまね遊びをしているのだと理解されてしま
う理由は、まさにこのことなのだ。実際、トランスの人々が詐欺師であると見
なされるという事実そのものが、この表象関係や伝達関係が、表現と身体との
間に措定されているということを示している。セックスと結びつけられた身体
からのジェンダー表現の「ずれ」が、嘘や不当表示と同等に扱われるとすれば、
「ぴったりと一致した」事例のほうは、真実を述べていて的確な表象だとされ
るに違いないからだ。

　これが正しいとすると、一般に人々は、ジェンダー表現において日常的に外
性器の状態を開示しているのだということになってしまう。もちろんこれは皮
肉で言っているわけで、服をまとうことの主要な目的の一つは、身体の性的な
領域を覆い隠すことにあるはずなのだ。だが、ジェンダーと結びついた装いも
ジェンダー表象も一般に外性器の状態を表示するのだ、と考えるかぎり、外性
器を体系的に記号化して開示できることを担保しているのは、セックスと結び
つけられた身体を隠すために作られたまさにその道具のおかげである、という
ことになってしまう。したがって、ジェンダー表現がセックスと結びつけられ

た身体と一致しない人々が、外性器の暴露やセックスの検証に頻繁にさらされてしまうのも、そのことで詐欺師呼ばわりされるのも、ふしぎではないわけだ。

　この〔トランスにもたらされるダブルバインドは、ジェンダー表現とセックスと結びつけられた身体との間に表象関係が措定されてしまっているという事実を背景として生じているのだという〕説はどこが重要なのだろうか。それは、性的欺きという口実に対してトランスジェンダーを代弁する立場から行なわれるよくある反論が、それだけでは十分ではないこと、そして十分でなくなってしまう理由をも明らかにしてくれる点にある。例えば、こうしたよくある批判として、そこにはとにかく欺きなどまったくない、というものがある。この批判によると、グウェン・アラウホのような人々はただ「自分自身でいる」だけにすぎない、ということになるわけだ。また、似た批判として、アラウホのような人が自分を「トランスジェンダー」であると公表しないといけないのは（あるいは、自分の外性器の状態を宣言しないといけないのは）なぜなのか、と問い返すものもある。結局のところ、アラウホを殺した者たちのほうは自分自身の外性器の状態を開示しないといけない状況にはなかった。アラウホのほうにだけそれが求められるいわれがあるだろうか？　どちらの考えも、サンフランシスコ・トランスジェンダー法センターの共同創設者であるディラン・ヴェイドが Vade（2004）でうまく表している。

　　なぜ世の中には、トランスの人々は自分の過去や外性器を開示しなくてはならず、非トランスの人々はそんなことをしなくてもよいと思う人がいるのだろう？　だれかと初めて会うとき互いに服を着ていれば、お互い自分が正確にはどんな見た目なのかを知らずに終わるだろう。初対面で過去の人生遍歴すべてを知ることだってない。なぜ、一部の人は――ほかの人はそんなことをしなくてもいいのに――細かく自己紹介しないといけないのか？　それを同じように非開示にしているだけなのに、積極的に隠していると見なされる人々と、単に気にも留められない人々とがいるのはなぜだろう？　もし積極的な行為ということなら、グウェン・アラウホは率直に、誠実に、自分自身でいたのだ。たしかに彼女は、額に印をつけて「私はトランスジェンダーです、私の外性器はこんな形です」と伝えていたわけで

はなかった。だが彼女を殺した者たちだって、「私たちはいかしたハイスクール男子に見えるだろうけど、実はトランスフォビアで、おまえを殺そうとしております」などと額の印で伝えていたわけではなかったのだ。そう開示してくれていればありがたいのだが。トランスの人々は何も欺いてなどいない。自分のままでいるだけなのだ。

　私も、アラウホが自分の状態を初対面のときに公言しなかったことを問題にするのはそもそもおかしいということには同意するが、一方で、この批判にはいくつか欠点もある。最も大きな欠点は、外性器の状態を開示しても（あるいはトランスであると開示しても）、トランスである主体を詐欺師、さもなければものまね遊びと再記述するだけに終わる、ということをうまく理解できない点だ。実際この批判は、アラウホが「自分のことをカミングアウト」することが実質的に不可能であったのはなぜかを、うまく論じられていない。もし彼女が自分がトランスだと公に明言したとしたら、間違いなく、彼女は「女子として生きている男子」とか「女子のふりをした男子」として構築されてしまうだけに終わるだろう。彼女はやはり詐欺師かものまね遊びとして構築されてしまう危険から逃れられなかったに違いない。
　というのも私たちは、自分の身体が周りからどう理解されるかについて、いつでも権威を備えているというわけではないからだ。これと同じように、自分の発言が何を意味するかについても、いつでも権威を備えているというわけではない。このことは現在の「トランス・パニック論法」への批判において十分に咀嚼されているというわけではないから、強調しておくべきだろう。何といっても、「トランスジェンダーの女性」としてカミングアウトするか、「本当は男性だが女性のふりをしている」としてカミングアウトするかは、まったく別のことだ。しかしトランスフォビックな暴力の多くは後者のほうが生じたのだとして行なわれるものであり、そういう暴力を正当化したり擁護したり、被害者のほうを非難するときも同じことが言われるのである。実際、トランスの人々はしばしば自分のアイデンティティを真剣に受け止めてもらえないという事実そのものが、トランスフォビックな敵意や暴力と深く結びついている。自分たちの認識がどうであれ、多くの人にとって「トランスジェンダーの女性」

という語は「女性のふりをした男性」ということしか意味しないのだ、という
事実を、私たちが無視することなどできるだろうか？　ところが対照的に、も
しアラウホを殺した者たちが自己開示した場合でも、こうはならない。自分た
ちが何をするつもりか白状したとしても、彼らの言い分が無効にされたり蔑
まれたりするとは限らない。自分のアイデンティティに反する表現をされるこ
とはないし、存在するというだけのことに、言ったことの意味を歪めて解釈さ
れて敵意を向けられることもないだろう。

　さらに、もとの批判のままでは、大半の人々が事実上、日常的に自分の外性
器の状態を公言しているという事実も咀嚼できていない。人々は、体を覆うた
めにデザインされた、ジェンダーに沿った装いをまとっているが、逆にそれを
通じて、自分の外性器の状態を公言できているのだ。というのもこうした装い
は、自分の外性器の状態を表現していることになるからだ。対照的にトランス
の人々は、少なくともこの〔衣装という〕意味の体系のなかでは、そうした外
性器の表現が「ずれた」ものとされるせいで、多くの人々が行なう、こうした
日々のありふれた自己開示から締め出されてしまっている。これこそ、私たち
がはじめから詐欺師扱いされてしまう理由なのだ。そして、私たちのセックス、
ひいては外性器の状態が、（概して侮辱的な）詮索にさらされるのも、これが理
由である。言い換えれば、トランスの人々にだけ自分の外性器の状態を開示す
ることが求められ、非トランスの人々には求められないのは不公平だ、という
指摘は、ジェンダー表現が〔現状では〕外性器表現の体系としてあまねく広ま
っており、トランスの人々が非トランスの人々と同じようにはジェンダー表現
できないようになっている以上、まったくの誤りなのだ。

　最後の指摘として、もとの批判では詐欺師という表現の深刻さをうまく知ら
しめることもできていない、と私は考えている。というのもここまで論じてき
たことが正しければ、詐欺師かものまね遊びかというダブルバインドは、数あ
る不適当なステレオタイプのひとつとしてトランスの人々を苦しめている、と
いうだけのものではないからだ。むしろ、それは表現と身体との間に成り立っ
てきた、根本的な伝達関係から生じている。この関係には、非トランスの人々
でさえも巻き込まれている。ジェンダー表現が意味するのはセックスに結びつ
けられた身体だということなら、私たちトランスは「間違った表現」に従事す

ることになる。言い換えれば、トランスの人々が、好むと好まざるとにかかわ
らず根本的には詐欺師あるいはものまね遊びとして構築されてしまうのは——
その結果として嘘つきやペテン師として構築されてしまうのは——この伝達関
係のせいである。ここでとれる唯一の「選択」が、見せないことで欺くか、見
せることでものまね遊びと扱われるか、のいずれかでしかないとすると、ここ
での表象の体系には、トランスの人々の居場所がまったくないように思える
だ（もちろん、いかさま師やペテン師をのぞく）。

　たしかに、トランスによる「真正さ」の主張は、詐欺師あるいはものまね遊
びという構築に直接対立するものとして理解できる。したがって例えば、「本
当は女性だが男性の体に囚われている」というような比喩は、欺きとか裏切り
とかいう非難を逆手にとって、身体そのものが当てにならないのだと表現して
いる。同様に、トランスの人々はそれぞれのジェンダーを表現することで「自
分のままでいるだけ」だという主張も、真正さというテーマに取り組んでおり、
それなりの形で、欺瞞という言いがかりに異議を唱えている。だがこうした異
議を額面どおりに捉えて、ジェンダーと外性器とを結びつける表象体系の枠の
なかでの「真正さ」を主張しているのだと受け取ってはならない。ジェンダー
表現を通じて本当の自己であることができるとか、ままならない身体に封じ込
められた女性だとかいう言い方をするとき、自分の外性器を、深層に隠された
実情すなわちセックスと同一視したいわけではないのである。

　私が強調したいことをまとめると、「詐欺師」のようなレッテルはトランス
の人々に対する不可解で奇妙なステレオタイプにすぎないと考えたり、トラン
スの人々はただ自分のままでいるだけだと主張したりすると、かえってトラン
スの人々が直面している最も重要な問題の一部を見過ごしてしまうのだ、とな
る。ジェンダー表現とセックスと結びつけられた身体とを一致させようという
表象の体系のもとでは、トランスの人々は根本的に詐欺師あるいはものまね遊
びとして構築されてしまい、そもそも自分のままでいることが許されていない
のである。この伝達関係を根絶しないことには、支配的な潮流のなかでトラン
スの人々が真正性を備えた人々としては存在できないという、深層の社会機構
を変えることはできない。

レイプや性的誘惑と人種

「詐欺師であると暴露された」トランスの人々が、ある種の懲罰として性的に暴行されることは珍しくない。そして、強制的に外性器を確認されること自体も、もちろん性的暴行であり侮辱である。だが、「セックスを欺く」ことのほうもまた、一種のレイプとみなされていることも、倒錯してはいるが事実である。何と言っても、アラウホについてのキャレフやソーマンによる言い草は、別に特別なものというわけではないのだ。例えば、ジャニス・レイモンドは『トランスセクシュアルの帝国──シー・メールの創造』において、すべてのMTF のトランスセクシュアルは、女性の身体を「自分自身に適用するものとして盗用する（appropriating）」ことでレイプしていると糾弾しているが、ある種の欺きについて糾弾するときには、混乱が起きることをレイプと同列に扱ってもいる。

> トランスセクシュアルたちは皆、ほんものの女の姿形を人工物へと貶め、女性の身体を自分自身に適用するものとして盗用することで、女性の身体をレイプしているのだ。それだけでなく、トランスセクシュアルという形でレズビアンフェミニストであることにされた者は、女性のセクシュアリティや尊厳（spirit）をも、同様に侵害している。レイプは、もちろん通常は力ずくで行なわれるものだが、欺きによってなされることもある。これは重要なことだが、トランスセクシュアルという形でレズビアンフェミニストであることにされた者の場合、彼[5]はしばしば、女性専用スペースに入ることができるし、その場にいた女性たちにトランスセクシュアルであることを知られていてもそのことをうっかり自分で明言しさえしなければ、そこで優位な地位をとることができるのである。（Raymond 1979, 104）

〔トランスがやっていることを〕詐欺あるいはものまね遊びとして構築し、そ

〔訳注5〕レイモンドはトランス女性を「彼」と記述する。

れをさらに性的暴行と結びつけることの説明は、全体として途方もない大仕事になるだろうが、それはそれとして、こうやって両者を結びつけて説明したいというなら、次のような事実を認めたことになるように思える。すなわち、ジェンダー表象とセックスと結びつけられた身体との間に表象的な関係をつけることが、実のところは女性に対する性的暴力を助長し正当化するコミュニケーションの体系の一部となっており、人種的抑圧を助長し正当化するものでもある、という事実を認めているのでなければ、そんな説明はできないように思えるのだ。そしてこれが正しければ、詐欺師あるいはものまね遊びのダブルバインドは、もっと大きな抑圧の体系の一部ということになる。

　外性器の状態を「伝える」際にジェンダー表現が果たす役割は、性的な関心を「伝える」際に女性のジェンダー表現が果たす役割と、かなり似た形で働くということに注目してほしい。女性の服装はあまりにも頻繁に、「挑発的な」誘惑として解釈されてしまうし、一杯おごられるのを承諾する程度のことが、性行為を無言のうちに了解したものとして、男性に受け取られてしまう。ジェンダー表現や行動のこの「伝える」機能は明らかに、誘いをかけるときの手練手管をとりやすくするだけではなく、デートレイプにおいて「彼女がそう望んだのだ」という弁明や、被害者を非難する手口に根拠をもたらすという役割を果たしている。どちらの場合でも、意図を押しつけることで「伝える側」が現実にどう考えていたのかが無視され、表現が何を伝えると解釈されるかが押しつけられるという点を考えると、この類似性は特に鮮烈なものに見えてくる。

　だが、より詳細に見るならば、類似性だけでなく、これらの両方のタイプの「伝える」ことが性的暴行の体系の一部になっているという事実に、もっと注目すべきだろう。ペニスをヴァギナに挿入するというモデルを中心に据えた、ヘテロセクシュアルの枠組みが、外性器でもって男女を分けることに間違いなく影響を与えている。そして、なぜ（非言語的に）外性器の状態を伝えるかという主要な理由の一つは、ヘテロセクシュアルな関心に基づいた交渉を担保したいからなのだ。あけすけに言えば、支配的なヘテロセクシュアルの文脈においては、男性は直接にそう尋ねることなくセックスしたいかどうかを知る必要があり、それと同じ理由から、相手にはヴァギナがあるのかを知る必要があるのだ[18]。別の言い方をすれば、外性器が（セックスの判定という形で）セックス

に基づくヘテロセクシュアルの枠組みのもとで分類されているかぎり、そして、この枠組みが追う者と追われる者とからなるモデル——拒否することが承諾を意味するとみなされてしまうことも伴う——にこれほど依存しているかぎり、服装には外性器の状態を伝えるという機能が備わっているということは、端的に言って、性交渉とは女性を狡猾にもてあそぶことだとするヘテロセクシュアリティの一翼を担っていると言うしかない。

　だが、こうしたことを真剣に考慮していくと、性的な欺きという非難が、なぜレイプと同一視され、トランスの人々が（アイデンティティ強制としての）レイプにさらされなくてはならないのか、がわかってくる。例えば、MTF は女性専用スペースに侵入してくるとか、獲物と同じ服装にまぎれて女性を食いものにしているとかいった非難は、レイプする者をペニスと同一視し、女の服装はペニスがないことを伝えているということを前提にしている[19]。また FTM をレイプすることは明らかに、「女性を本来の地位に戻す」ための手口である。キャレフが行なった、欺きであるという言いがかりは、ヘテロセクシュアルのセクシュアリティの日々の営みや、それを担保するはずの非言語的なコミュニケーションの体系が「悪用されている」ことを訴えるものだった。「欺き」と「レイプ」とをまぜこぜにしてしまうレトリックは、たまたま採用されている

18　異性愛以外の性愛の文脈で服装がどのようなコミュニケーション上の役割を果たすのかについては、本論文の範囲を越えるため論じない。また、異性愛の文脈においてはいま概説した枠組みが唯一だ、と考えているわけでもない。ただ、この枠組みは特に、ジェンダーに関する自然な態度が当然とされている場合には、かなり重要な意味をもつと思われる。

19　明らかに、これらの論点はあっさりと論じきれるものではない。例えば、フェミニストが MTF を批判するときよくやるのは、「アイデンティティ」には個人史や社会的な生い立ちが影響するのだと訴える〔そして、MTF は女性なら当然あるような個人史や生い立ちがないので、女性というアイデンティティを備えるはずがないという〕ことだ。私はこのような懸念が無関係だと言いたいわけではない。しかしおかしいのは、このような違いがあるのだとしても、MTF が「変装したレイプ魔」であることにはならないということである。MTF と非トランス女性との間には違いがあるかもしれないということにすぎないのだ。（この主張されている「違い」それ自体も単純化されすぎている。しかし、ここではその問題点については触れないことにする）。「欺瞞」や「レイプ」といった概念をトランスフォビックに繰り広げるのは、フェミニズムの文脈以外でふりかざされる同様のトランスフォビックな修辞の繰り返しになっているということだ。こんなことでは、トランスの人々がどのような構成のもとにあるかを知ることなどできないし、トランスの人々の実際のアイデンティティを把握することもできない。

というものではありえないのだ。

　そして、トランスフォビアが根本のところでは、ヘテロセクシュアルにまつわる暴力の様々な体系の一部、およびレイプについての風説の一部になっているという事実を認めるなら、私たちは同時に、トランスフォビアは人種的抑圧や人種間の性的暴力、そしてレイプについての人種差別的な風説の各体系の根本にも組み込まれていることも認めるべきだ。例えば、ジェンダーの表現には人種特有のところがあるわけだが、そのかぎりにおいて、ジェンダーを見かけとしセックスを実情とする（伝達においての）関連づけを理解するには、身体、外性器、セクシュアリティ、性的意図を、人種に基づいて理解しなくてはならない。また、白人の女性ジェンダー表現が、女性の魅力の規準の主流において特別な地位を占めてきたことも意識しておくべきだ（hooks 1992; Collins 2000）。

　そしてそれだけではなく、レイプ、レイプについての言説、そして人種的抑圧は、歴史的にも深い結びつきがあることも意識しよう。例えばアンジェラ・デイヴィス（Davies 1981）が論じるように、黒人はレイプをしがちだという風説が、黒人男性をリンチし投獄するのを正当化する方便として用いられてきたわけだが、これは人種的抑圧の最たる例だ。デイヴィスは他にも、この風説が、権力のある白人男性こそ黒人女性を常々レイプしてきた（これ自体が人種差別的な支配の手立てとなっている）という歴史を隠蔽する役割を果たしているとも主張する。同様に黒人女性のほうは、人種に基づいた性暴力にさらされており、黒人の「売春婦」とか「ふしだらな女」という形で、獣のように扱われ、性的な扱いを受けてきた[20]。つまり、トランスフォビックな暴力を性暴力の体系に埋め込まれたものとして扱うだけでは、米国における性暴力もしくは性暴力への非難に伴っている、明らかに人種的な側面を理解しそこねてしまうのだ。実際、トランスフォビアと性暴力とのつながりを描き出そうとすれば、それは事実上、特異なリンチの歴史を抱え、また、レイプもしくはレイプへの非難が人種的抑圧の手段として用いられつづけている国〔米国〕において、トランスフォビアが人種的抑圧といかに結びついているかを描き出すことにもなるのだ。

　そうなると、中核に来るべき結論としては、外性器をめぐるジェンダー表象

────────────────

20　例として、Davis 1981 や Collins 2000 を見よ。

は、より広汎で暴力的なコミュニケーションの体系と根本のところで絡みあっているということになる。そしてこれは、トランスの政治、フェミニズムの政治、人種差別に抵抗する政治が連帯するための、重要な基盤になる。ただ、「連帯」という言い方は誤解を招くかもしれない。多くのトランスは単にトランスとして抑圧されているばかりでなく、女性としても有色の人々としても抑圧されているからだ。そういう場合、暴力は二重三重になるし、混交した形の暴力がふるわれることも避けられない。

法的な解決だけでなく

　私が考えるところでは、ここで必要となるのは、トランスの人々を詐欺師として構築する根拠となっている、ジェンダー表現とセックスに結びつけられた身体との間の表象関係そのものに抵抗できるような、具体的な作業である。そしてトランスフォビックな暴力に抵抗するには、こういう作業を、より広いフェミニズムの政治や人種差別反対の政治へと組み込まなくてはならない。このことは、女性としてパスしているMTFや、「本当は女性」とみなされているFTMが、女性への暴力に同じようにさらされていることを考えれば、当然のことと言うべきだ。また、トランスの人々のなかには、人種的抑圧にさらされている有色の人々が多いことを考えても同じだ。当然ながら、ここで示唆してきたことが正しければ、抑圧どうしのこうした交差を周縁的なものとしてしか扱わないような試みは、端的に見込みがない。トランスフォビックな暴力の基盤となっている中心的な仕組みはそもそも、こうした広汎な抑圧にも、根本のところで関わっているからだ。トランスフォビックな暴力に真に対抗したいなら、女性への暴力も人種への抑圧も、無視することはできない。
　これを踏まえて私は、トランスジェンダーを代弁する人々は、トランスフォビアやトランスフォビックな暴力に対して、法的な問題解決を重視しすぎてしまっている、と言いたい。特に指摘したいのは、刑事司法制度というのは男性女性を問わず有色の人々を虐げる武器として発展してきたという点だ。トランスフォビックな暴力を根絶するために駆け引きをするときには、刑事司法制度の援用において避けがたくつきまとう問題に、特に注意を払うべきなのだ。例

えば、トランスジェンダーを擁護しようとして「トランス・パニック」を弁護戦略として使うことを禁止するという法案を成立させようという、「シンプルな解決策」に現在取り組んでいる人々がいるが、これには注意を促したい[21]。例えば、マーキュリー・ニュースの記者スー・ハッチソンは、グウェン・アラウホがトランスであること（つまり外性器の状態）を公表していなかったことについて、次のように述べている。

> それは欺きであった。同じように、分別があって精神的に安定した男性たちが、自分がいまデートしている相手がトランスジェンダーだとわかって困惑したことがあるという話を、知人から聞いてメールで送ってくれた読者も何人かいた。そういう男性たちは、裏切られたと感じて怒り、すぐに関係を断ち切ったが、深い抑うつ状態に陥った者もいるとのことだ。これは無理もない反応だ。だが〔アラウホがされたように〕何時間にもわたって相手を殴りつけて死に至らしめるとなると……これは擁護できない。
> （Hutchison 2004）

グウェン・アラウホのような人物が何をしていようと、彼女を残忍に殺害することは許されないわけだが、トランス・パニックに訴えた弁護を非合法とするだけでは、そうしたばかばかしいほど明らかなことしか担保できないだろう。だが、これでは、彼女が事実上不正なこと（つまり、性的欺き）を行なったのだという見方が手つかずで生き残ってしまう。〔アラウホを殺害した〕メレル自身が、相手が悪事を働いたからといって自分が悪事を働いてもよいことにはならないという明らかな真理をわかっていたことを思い出してほしい。この点で私が正しければ、このタイプの法的手段では、トランスフォビックな暴力のまさに根本のところが、そっくりそのまま残ってしまうのだ。それどころか、もし私が擁護してきた立場が正しいとすると、これはトランスフォビアに対抗するために人種的抑圧の手立て〔つまり、刑事司法制度〕に訴えていることにな

21　2006年9月28日、カリフォルニア州知事アーノルド・シュワルツネッガーは、通称グウェン・アラウホ被害者公正法案（AB 1160）に署名した。

り、うまくいかないことになる。

　このため私は、トランスフォビックな暴力に対抗するための安易な解決手段
があると楽観視することはできない。なぜなら、女性の服装は何を伝達するも
のなのかを決めているのが、レイプがまかりとおる広い枠組みのなかに女性の
身体を埋め込むようなモデルなのだから、そのかぎりで、ヘテロセクシュアル
の性行為や人種に基づいた身体が根本的にはどう概念化されているのかを変え
ていくことなしには、ジェンダー表現がこの伝えるという効力を失うとは考え
にくいからだ。さらに言えば、身体を人種に基づいて理解することは簡単には
廃れそうにないし、セックスを決定するものとして外性器は主要なものとされ
ているし、また主流文化において女性を性的モノ化することがもてはやされて
いる以上は、トランスの人々は今後もずっと、詐欺師あるいはものまね遊びと
されつづけてしまうようにも思われる。

　しかしそんななかでも、私たちトランスの多くはこの世界のなかで、抵抗し、
生きながらえているのだから、それは正確にはどのようになされているのか、
もっとよく理解することは大切だ。私たちトランスはどこへ行っても自分自身
のアイデンティティに逆らう形で構築されてしまっており、根本的なところで
非現実的なもの——つまり、邪悪な詐欺師か、あるいはニセモノであることが
明らかな者——とみなされているわけだが、そうなると、道徳的な引け目など
ないという地位や現実味を、どうやって取り戻したらよいのだろうか？　ここ
で「現実味」を要求するとき、私たちが言いたいのはどういうことだろうか。
具体的に言えば、「自分に正直であること」のような抵抗のための主張は、ど
のような意味での真正さを要求しているのだろうか。そもそも、〔ガーフィンケ
ルが言った〕自然な態度に抗して、「男性」や「女性」といったジェンダーの
カテゴリーを要求することは、何を意味するだろうか。こうした抵抗の主張を
自分にも他人にも意味ある形で行なうには、どうしたらよいのだろうか。

　こうした論点は非常に厄介だ。そこでここでは、トランスに特化したコミュ
ニティにおいてよく見られるジェンダー表現について簡単に述べることにした
い。そこでは、ジェンダー表現は外性器の状態を表象するものではなく、トラ
ンスの人物がどのように周りに接してほしいかを、目に見える形で示すものに
なっている。このような集団のなかでは、自分のアイデンティティを決定する

際には一般的に、その当人が認めることから出発するものとされるし、ジェンダー表現の重要性、あるいはジェンダー・アイデンティティのカテゴリーの重要性がどの程度であるかも、その主体それぞれが自分を「理解できるようにする」ための物語がどんなものになるか次第なのだ。このように、ジェンダー表現、まわりからどんなジェンダーだと扱われるか、自分が自分をどう扱うのかといったことが、トランスに友好的でない文脈とはだいぶ違う規則に基づくことになる。こういう文脈では、ジェンダー表現の意味も使われ方も、重要な点で変更されていると言えるし、ジェンダー・アイデンティティのカテゴリーについても同様だ。このように、トランスに固有のコミュニティは、外性器の表象ではない形のジェンダーの体系が可能であることを教えてくれると言えるかもしれない。

　ここで私たちは、トランスの人々がなぜそもそも「ジェンダーを欺く」ことについて弁解しないとまずいと感じるべきなのか問えるかもしれない。詐欺師あるいはものまね遊びとして私たちトランスが構築される世界、いちいち私たちの真正さが否定され、私たちの存在そのものがなかったことにされる世界において、「ジェンダーを欺く」のは、とてつもなく暴力的で勝ち目のない状況で生き延びようとするための戦術の一つであり、高く評価すべきものだ。「正直なのがいちばん」というのを採用することは、つまるところ、抑圧のための道徳観を追認してしまうだけなのではないだろうか？　この点では、見かけと隠された実情との対比をそのまま受け取るのではなく、主流文化とトランス中心の文化とで、トランスの人々がどう構築されるかが断絶していることを表すものとして捉え直してやるほうが有用かもしれない。つまり支配的な構築においては、私たちトランスは常に「変装している」ことになるが、その裏には、様々な抵抗を行なうことで私たちトランスを支えているコミュニティの文脈があり、「隠された実情」とはむしろそのコミュニティのことなのだ、と言ってもおかしくないのだ。

　また、私たちは自分たちトランスが、言い分が無効にされたり危険にさらされたりすることで、内部的に分断されていないか検証しなくてはならない。自分たちを助けるのに必要なことは何なのか？　あるいは、グウェン・アラウホのような人物のすばらしい美しさ、挑戦心、強さ、勇気を十分に理解するため

に必要なことは何か？　私たちは、彼女の殺害において前面化した、アイデンティティに基づく二重、三重、四重の抑圧を、見て見ぬふりをして済ますことなどできるだろうか？　これは欺きだ、被害者はだれで非難されるべきなのはだれか、といった言説ばかりに惑わされず、行為者、生きている人間を理解することができているだろうか？　事件で失われた人間の命がどれほど大事だったか忘れてしまってはいないだろうか？　そして、私たちが目を背けている歪みを正すために、私たち自身が変化することはできるだろうか？　トランスが何かのまがいものではないと理解させるには、何が必要なのだろう？

マリーア・ルゴネスに感謝を表したい。彼女の著作、および彼女と交わした会話がこの記事に多くを提供してくれた。同様に C. ジェコブ・ヘイルとエミリア・ロンバルディにも感謝する。著作や多くの会話を通じて多くを学ぶことができたうえ、本論文の草稿に価値あるコメントもくれた。アン・ゲリー、レイチェル・ホレンバーグ、ジェイムズ・シンガー、カイリー・ヴァーネリスも、草稿に有益なコメントをくれた。また数回にわたる草稿執筆のあいだ編集を助けてくれたスーザン・フォレストに特に感謝したい。彼女の洞察もまた価値あるものだった。

参考文献

Bettcher, Talia Mae. (2006) "Appearance, Reality, and Gender Deception: Reflections on Transphobic Violence and the Politics of Pretence." *Violence, Victims, Justifications: Philosophical Approaches*, ed. Felix Ó. Murchadha. Oxford: Peter Lang.

Bornstein, Kate. (1994) *Gender Outlaw: On Men and Women and the Rest of Us*. New York: Routledge.〔ケイト・ボーンスタイン『隠されたジェンダー』筒井真樹子訳、新水社、2007 年〕

Calef, Zack. (2002) "Double Standard in Reactions to Rape." *Iowa State Daily*, October 24.

Clements, Kristen. (1999) *The Transgender Community Health Project: Descriptive Results*. San Francisco: San Francisco Dept. of Public Health.

Collins, Patricia Hill. (2000) *Black Feminist Thought: Knowledge, Consciousness, and the Politics of Empowerment*. 2nd ed. Routledge: New York.

Davis, Angela. (1981) "Rape, Racism, and the Myth of the Black Rapist." *Women, Race, and Class*. New York: Random House.

Fernandez, Lisa and Matthai Chakko Kuruvila. (2002) "Man Says He Didn't Kill Teen After Learning of Gender." *Mercury News*, October 24.

Frye, Marilyn. (1983) "Oppression." *The Politics of Reality: Essays in Feminist Theory*. New York: Crossing Press.

Garfinkel, Harold. (1957) *Studies in Ethnomethodology*. Oxford: Polity Press.

Hale, C. Jacob. (1996) "Are Lesbians Women?" *Hypatia* 11 (2): 94–121.

―――. (1998a) "Consuming the Living, Dis(re)membering the Dead in the Butch/FTM Borderlands." *GLQ: A Journal of Lesbian and Gay Studies* 4 (2): 311–48.

————. (1998b) "Tracing a Ghostly Memory in my Throat." *Men Doing Feminism*, ed. Tom Digby. New York: Routledge.

hooks, bell. (1992) *Is Paris Burning? In Black Looks: Race and Representation*. Boston: South End Press.

Hutchison, Sue. (2004) "Deadlocked Jury Sent a Message of Hope." *Mercury News*, June.

Kessler, Suzanne J. and Wendy McKenna. (1978) *Gender: An Ethnomethodological Approach*. New York: John Wiley and Sons.

————. (2000) "Who Put the 'Trans' in Transgender? Gender Theory and Everyday life." *International Journal of Transgenderism* 4 (3). http://www.symposion.com/ijt/index.htm.〔*International Journal of Transgenderism* 誌はサイト移転しているため、翻訳にあたっては WebArchive を参照した。http://web.archive. org/web/20070707030020/http://www.symposion.com/ijt/ijtintro.htm 2022 年 5 月 1 日最終閲覧。〕

Kuruvila, Matthai Chakko. (2003) "Testimony in "Gwen" Case." *Mercury News*, February 11.

Lagos, Marisa. (2004) "Mistrial Declared in Transgender Murder." *Los Angeles Times*, June 22.

Lavin, Michael. (1987) "Mutilation, Deception, and Sex changes." *Journal of Medical Ethics* 13: 86–91.

Locke, Michelle. (2004a) "Defense Lawyers Claim Heat of Passion in Transgender Killing Case." *Associated Press*, June 3.

————. (2004b) "Prosecutors to Retry Transgender Slay Case." *Associated Press*, June 23.

Lombardi, Emilia. Unpublished. "Understanding Genderism and Transphobia."

————, R. Wilchins, D. Preising and D. Malouf. (2001) "Gender Violence: Transgender Experiences with Violence and Discrimination." *Journal of Homosexuality* 42: 89–101.

Namaste, Viviane. (2000) *Invisible Lives: The Erasure of Transsexual and Transgender people*. Chicago: University of Chicago Press.

Raymond, Janice. (1979) *The Transsexual Empire: The Making of the She-Male*. Boston: Beacon Press.

Reback, Cathy J., P. Simon, Paul A. Simon, Cathleen C. Bemis and Bobby Gatson. (2001) The Los Angeles Health Study: Community Report. Los Angeles.

Reiterman, Tim, J. Garrison and C. Hanley. (2002) "Trying to Understand Eddie's life—and Death." *Los Angeles Times*, October 20.

Roen, Katrina. (2001) "Transgender Theory and Embodiment: The Risk of Racial Marginalisation." *Journal of Gender Studies* 10 (3): 253–63.

St. John, Kelly. (2004) "Defense in Araujo Trial Gives Final Argument." *San Francisco Chronicle*, June 3.

Vade, Dylan. (2004) "No Issue of Sexual Deception, Gwen Araujo Was Just Who She Was." *San Francisco Chronicle*, May 30.

Wronge, Yomi S. (2004) "Reaction to Mistrial in Teenager's Killing." *Mercury News*, June 23.

4

性的モノ化*

ティモ・ユッテン

木下頌子訳

　「性的モノ化〔対象化／客体化〕」は、フェミニスト的観点を含んだ社会・政治哲学および、非学術的なフェミニスト的社会批判における重要な概念である。性的モノ化を扱った学術的議論はカントにまで遡ることができるが、それがとりわけ注目を集めたのはキャサリン・マッキノンとアンドレア・ドウォーキンの著作においてであり、より最近ではマーサ・ヌスバウムの著作においてである。また非学術的文脈では、様々な文筆家や活動家たちが、女性を性的対象として構築することに関与するような数々の実践や制度を、性的モノ化だと批判している[1]。そうした広範な文脈で使用されているがゆえに、この概念が定まった意味をもたないように思われることは驚くに値しないだろう。おおまかに言って、性的モノ化についての捉え方は、競合する二つの立場に分けることが

＊　次の方々に深く感謝申し上げる。ルネ・ブムケンズ、アントニー・ブース、アンドリュー・チッティ、ポール・デイヴィス、ゴードン・フィンレイソン、ボブ・グッディン、リサ・ヘルツォグ、フィオナ・ヒュース、カイ・イン・ロウ、ウェイン・マーティン、デイヴィド・マクニール、フレッド・ノイハウザー、ヨルグ・シャウブ、ティトゥス・ストール、ダニエル・ステュアー、キャスリン・ストック、ジュディス・ヴェガ、ダン・ワッツ、ティロ・ウェシュ、ロージー・ウォースデール、そしてエセックス、サセックス、フランクフルト、フローニンゲンの聴衆の方々。また、ファビアン・フレイエンハーゲン、二名の匿名の査読者、チェシャイア・カルフーン、そして *Ethics* の他の編集員の方々には、すばらしいフィードバックをいただいたことを特に感謝する。

できる。一つは、近年マーサ・ヌスバウムが主張した「道具扱い説」であり、この説によれば、モノ化というのは本質的にある種の道具扱い（instrumentalization）または利用（use）である[2]。これは道徳的に中立な、モノ化の説明である。つまり、道具扱い──したがって、モノ化──にあたる個別の事例が道徳的に不正であるかどうかは議論に開かれた問題であり、この説にとっては、あるモノ化の事例が不正なものであるとき正確には何がそれを不正にしているのかを特定するということが課題になる。ヌスバウムによる性的モノ化の考察は非常に大きな影響力をもってきたものであり、彼女の論文は、今日の道徳哲学・政治哲学において、性的モノ化に関する大半の議論の出発点となっている[3]。他方、キャサリン・マッキノンの発想に基づく──そして、私が以下で洗練させるつもりの──「意味の押しつけ説」によれば、「性的にモノ化されるということは、自分が性的に利用されるべき人として定義されるような社会的意味を、自分の存在に対して押しつけられること」[4]である。すなわちこの説では、性的モノ化の本質は特定の社会的意味の押しつけ（imposition）にあり、この意味の押しつけは、女性を道具として見たり扱ったりするにふさわしい対象として有標化し、それによって女性の自律性と平等な社会的立場

1　本論文で扱うのは特に、ジェンダー不平等な文脈における女性の性的モノ化である。私の分析の一部の側面は、ヘテロセクシュアルな男性、ゲイ、レズビアンに対する性的モノ化にも適用できるかもしれないが、他の側面は適用できないことが明確なので、そうした人々に対する性的モノ化には別の分析が必要になる。

2　以下を参照のこと。Martha Nussbaum, "Objectification," *Philosophy and Public Affairs* 24 (1995): 249–91、"Feminism, Virtue, and Objectification," *Sex and Ethics: Essays on Sexuality, Virtue, and the Good Life,* ed. Raja Halwani (Basingstoke: Macmillan, 2007). ここで「本質的に」と述べたのは、私はこの点がヌスバウムの複雑な分析の要点だと考えているからである。この解釈については、第一節で論じる。

3　ヌスバウムの説に基づいたモノ化の議論としては例えば以下を参照のこと。Rae Langton, "Autonomy-Denial in Objectification," *Sexual Solipsism: Philosophical Essays on Pornography and Objectification* (Oxford: Oxford University Press, 2009); Lina Papadaki, "What Is Objectification?" *Journal of Moral Philosophy* 7 (2010): 16–36.

4　Catharine MacKinnon, *Toward a Feminist Theory of the State* (Cambridge, MA: Harvard University Press, 1989), 140. 次も参照のこと。MacKinnon, *Feminism Unmodified* (Cambridge, MA: Harvard University Press, 1987), 173.〔キャサリン・マッキノン『フェミニズムと表現の自由』奥田暁子・加藤春恵子・鈴木みどり・山崎美佳子訳、明石書店、1993 年〕

を傷つけるものとされる。これは道徳的含意をもった、性的モノ化の説明である。つまり、この説のもとでは、性的モノ化は常に不正である。そしてこの説にとって課題となるのは、社会的意味の押しつけが正確にどんなことであるのか、そしてそれはなぜ不正であるのかを明確化することである。

　もしかすると、以上のような道具扱い説と意味の押しつけ説の区別は単純すぎるという批判があるかもしれない。第一に、ヌスバウムの道具扱い説には、道具的利用だけでなく、〔女性を〕道具とみなすような社会的意味に触れている部分もあるということが指摘できる。たしかに、彼女が挙げる性的モノ化の事例の一つは、女性に対する社会的意味の押しつけに基づいた分析を示唆するものになっている[5]。とはいえ、性的モノ化に関するヌスバウムの議論がほとんどの場合に問題にしているのは、人間を実際にモノのように扱うこと、つまり道具的利用であり、女性をそうした道具的利用に晒されやすくするような社会的意味ではない。また彼女が挙げる事例の多くが関わっているのは、親密な個人同士の関係であり、集団としての女性に意味が押しつけられる大きな社会的プロセスではない。第二に、意味の押しつけ説が問題にするのは、女性を「利用されるべき」ものとして定義する社会的意味の押しつけであるので、この説にとっても道具扱いは明らかに中心的役割を担っているということが指摘されるかもしれない。しかしながら、後に見るように、女性に対する社会的意味の押しつけは、それが実際の道具扱いにつながらない場合でも、それ自体として害や不正である。したがって、私のおおまかな区別は、性的モノ化に対する二つのアプローチの間にある、内容と強調点の実質的な違いを捉えていると言える。では、この二つのアプローチのどちらを選ぶべきなのだろうか。

　私が思うに、それを決めるのに役立つのは、相互に深く関連する次のような二つの適切性基準である。第一に、性的モノ化の適切な説明は、フェミニスト的社会批判者たちがこの概念に典型的に帰属させている意味を捉えるものでなくてはならない[6]。第二に、私たちの目標は性的モノ化に固有の特徴を捉えることであるので、その適切な説明は、性的モノ化という現象およびその害と不

5　この事例は、『プレイボーイ』に掲載された女優ニコレット・シェリダンの写真に関するものである（Nussbaum, "Objectification," 253）。

正に固有の何かを拾い上げるものでなくてはならない。本論文で私は、道具扱い説よりも意味の押しつけ説のほうがこれらの適切性基準をよく満たすと主張する。まず、第一の基準について言えば、性的モノ化と闘う活動家のほとんどが性的モノ化ということで考えているのは、女性に対する性的対象の身分の押しつけであるように思われる。例えば、イギリスのタブロイド紙で3ページめにトップレスの女性が掲載される伝統を熱心に批判するキャンペーン・グループ、「ノーモア・ページ3」の活動家たちは、その伝統を「性的モノ化の標準化[ノーマライゼーション]」と呼んでいる[7]。また、「性的モノ化文化」への熱心な批判を行なう、ロンドンを拠点としたキャンペーン・グループ「オブジェクト」の活動家たちが抗議の的にしているのは、「男性誌やストリップダンス・クラブ、性差別的広告」である[8]。ここから示唆されるように、基本的にこれらのグループは、私たちの文化において女性が男性の性的快楽の対象として、つまり性的対象として定義づけられる仕方に目を向け、そして女性に性的対象の身分を押しつけるメディアを批判しているのである。次に第二の基準について言うと、女性に性的対象の身分を押しつけることは、道具扱いとは区別され、実際に道具扱いが起こっていないときであっても女性の自律や平等な社会的立場を害する特有の現象である。女性たちが性的対象という身分を押しつけられた結果として道徳的に許容不可能な道具扱いを受ける場合、女性たちは単なる道具としてのみ扱われるという追加の害と不正を被ることになるが、それは性的モノ化に固有の害と不正ではない。それゆえ、私が擁護する見解によれば、「性的対象」という社会的意味を押しつけることが性的モノ化の必要十分条件である。他方で、道徳的に許容不可能な道具扱いは、その必要条件でも十分条件でもなく、性的モノ化の結果として起こりうる追加の害と不正なのである[9]。

　以下ではまず、ヌスバウムによる性的モノ化の道具扱い説について簡単に論

6　この適切性基準は、道徳的含意のある説明を支持する議論に有利に働くものではない。というのも、フェミニスト的社会批判者たちは、道徳的に中立な性的モノ化の説明を用いて、当該の現象が道徳的に不正な場合のみを批判することもできるからだ。

7　以下を参照のこと。https://nomorepage3.wordpress.com.

8　このグループの目的に関する説明は、以下を参照のこと。https://www.youtube.com/channel / UC92LM9vFOX1BsYWgYR1s6Sg/about.

じた後、それが先ほど挙げた第二の適切性基準を満たしていないという私の主張を詳述する（第1節）。次に、意味の押しつけと自己提示の対比をもとに、性的モノ化の害と不正についての規範的分析を与える（第2節）。さらにこの点を踏まえて、性的対象であるとはどういうことなのか、また性的身分がどのようにして女性に押しつけられるのかを論じる（第3、4節）。最後に、性的モノ化についての私の説が直面しうる限界の可能性を簡単に論じる。すなわち、女性たちは性差別的な意味を押しつけられているばかりではなく、ときには自ら進んで受け入れているという事実についてである（第5節）。

1

　モノ化を論じたヌスバウムの論文は、現象学的〔現象記述〕レベルの目的と規範的レベルの目的の両方を追究している。現象学的レベルでは、彼女は、誰かをモノとして見ることやモノとして扱うことがどういうことであるかを探究しようとしている[10]。他方で規範的レベルでは、モノ化が道徳的に中立な概念であるということを主張しようとしている。すなわち、モノ化のうちには常に不正なものもあれば、「性生活にとって必要であり、すばらしいことでさえあるような特徴」[11] になりうるものもあるというわけだ。ヌスバウムははじめに、「モノとして扱うこと（treating-as-an-object）」に含まれうる七つの特徴を挙げている。それらの特徴とは、道具化〔相手を自分の目的を達成するための道具として扱うこと〕、自律性の否定〔相手を自律性や自己決定力を欠いたものとして扱う

9　ただし、〔女性を〕性的モノ化する意味が社会に蔓延しているかぎりにおいて、性的目的のために女性を単に利用することは、利用者がそれを意図しているかどうかにかかわらず、その女性に性的対象としての身分を押しつけることになる。したがって、単なる道具としてのみ扱うことは、私たちの性差別的社会の文脈においては、性的モノ化にとって十分だと言える。以下第1節の議論を参照のこと。

10　Nussbaum, "Objectification," 251, 254. ヌスバウムがときに、人間をモノとして「扱うこと」ではなくモノとして「見ること」や「みなすこと」について語っているという事実は、彼女がモノ化を行なう人がモノ化される人に向ける態度の重要性に気づいていたことを示唆している。しかし、彼女がモノ化に与えた概念分析において、この側面はほとんど抜け落ちている。彼女の焦点は実際の道具扱いにあったからである。

11　Ibid., 251.

こと〕、不活性化〔相手を主体性や能動性を欠くものとして扱うこと〕、交換可能化〔相手を他の対象と交換可能なものとして扱うこと〕、侵襲可能化〔相手を毀損してよいものとして扱うこと〕、所有物化〔相手を売ったり買ったりできる所有物のように扱うこと〕、主観性の否定〔相手の経験や感情を考慮しなくてよいものとして扱うこと〕である[12]。モノとして扱うこと、つまりモノ化には、こうした特徴が一つ以上含まれうるが、ある扱い方がモノ化に当たる必要十分条件を特定する正確な規則は存在しないとされる[13]。しかし、ヌスバウムは分析を進めるにつれ、規範レベルでとりわけ重要なのは道具化と、自律性の否定、そしてやや低い程度で主観性の否定であると結論し、より後の論文では単なる道具としてのみ扱うことこそが不正なモノ化を不正なものにする決定的特徴だと述べている。「モノ化はそれが相手を単なる道具としてのみ扱う程度とその仕方に応じて不正である。なぜなら人間を他人の目的のための単なる手段としてのみ扱うことは常に不正であるからだ」[14]。

　ヌスバウムの説の魅力は、明らかに現象学レベルにある。彼女は、男性が女性を道具として利用する仕方がしばしば、彼らがモノを利用するときの扱い方といかに似通っているかを示すことができている。例えば、ジェームズ・ハンキンソンのポルノ小説では、女性たちの自律性と主観性が蔑ろにされ、彼女たちの不活性化と侵襲可能化がエロティックなものとして描かれている。また雑誌『プレイボーイ』では、女性たちの交換可能化と商品化がもてはやされているというわけだ[15]。他方で、ヌスバウムの考えによれば、D. H. ロレンスの小説に描かれているような許容可能なモノ化の場合には、道具扱いがまったく含まれていないという[16]。しかしこの主張は信じがたい。あらゆる性的行為にお

12　Ibid., 256–57.

13　ラングトンが指摘したように、「クラスター概念の場合、あるものがその概念の適用対象とみなされるのは、そのものが、列挙された複数の特徴のうちのおおよそ「十分に多く」を満たすときである」("Autonomy-Denial in Objectification," 228)。

14　Nussbaum, "Feminism, Virtue, and Objectification," 51.

15　Nussbaum, "Objectification," 280, 283.

16　Ibid., 273, 275.〔ヌスバウムは、ロレンスの小説『チャタレイ夫人の恋人』の主人公であるコニーとオリバーを取り上げ、二人が互いに性的モノ化し合いつつも、すばらしい性的関係を築いているということを指摘している。〕

いて、私たちは間違いなく、相手を利用しており、したがって道具扱いしている。それゆえ、ヌスバウムが言おうとしているのは、ロレンスの例に出てくる道具扱いは〔道具扱いではあっても〕無害で道徳的に許容可能なものであるということでなければならない[17]。したがって、ヌスバウムが自律性を否定するような道具的利用について語るとき、彼女が意味しているのは、カントが単なる利用〔単なる手段としてのみ扱うこと〕と呼ぶような道具的利用のことであるはずだ[18]。すなわち、人を単なる手段としてのみ扱うことは、その人の自律性を否定することであるというわけである。このように、道徳的に許容不可能なモノ化を、単なる道具としてのみ扱うこととして捉えることによってこそ、ヌスバウムは、モノ化を道徳的に中立な概念として捉えることができるのである。というのもその場合、許容可能なモノ化は、許容可能な道具扱いとして捉えられればよいからだ。

　しかし私の考えでは、以上のようなモノ化の特徴づけは、道具扱い説を誤った方向に導くことになる。なぜなら、道徳的に許容不可能なモノ化を単なる道具としてのみ扱うこととして理解するならば、モノ化を分析することはもっぱら、道具扱いないし利用が許容可能なものになる道徳的要件を分析する作業になるからである。もちろん、そうした分析は道徳的に重要であり、哲学的な複雑さも含んでいる。というのも、ヌスバウムの説によれば、他人を利用することが許容可能であるためには〔相手の〕同意だけでは不十分であり、親密性、対称性、相互性といった背景的文脈も関係してくるからだ[19]。けれども、そうした同意の質に注目した道具扱いの分析は、性的なパートナー関係を定義づけるような個人同士の狭い文脈に集中しすぎており、より大きな社会的文脈——すなわち、女性と女性のセクシュアリティに関する男性の期待に影響を与える様々なジェンダー役割が形成されるような文脈——に対する視点を欠いている。

17　この点については次も参照のこと。Patricia Marino, "The Ethics of Sexual Objectification: Autonomy and Consent," *Inquiry* 51 (2008): 345–64, at 352.

18　Nussbaum, "Objectification," 265. 彼女は、「単なる道具としてのみの扱い」ないし「単なる〔手段としてのみの〕利用」と書くべきところでも、「道具扱い」ないし「利用」と書いているが、私は彼女が常にこの点に気づいていたと考えている。

19　ヌスバウムの複雑な立場についての議論と批判については、Marino, "The Ethics of Sexual Objectification" を参照のこと。

　この点を理解するために、リンダ・ルモンチェックによる「不幸な妻」の例を考えよう。この例において、妻は、酔って性行為を迫る夫に従うが、自分が夫にとって、夫が欲求を満たすために呼び出せる感情のないモノでしかないと感じている。夫は性行為の際、妻の要求や欲求を気にかけているように見えず、むしろ彼女の欲求などおかまいなしに、彼女が妻として自分を喜ばせるべきだと前提した態度でいるので、彼女は自分が夫に利用されていると感じるのである[20]。さて、この例を性的モノ化の事例にしているのは何だろうか。道具扱い説によれば、それはまさに、この夫が妻の快楽に関係なく自分の快楽のために彼女を利用しているという事実である。この妻が夫の性的誘いに同意しているとしても、彼女の同意は夫が道徳的非難を免れるのに十分ではない。夫が彼女を利用しているこの文脈は明らかに、親密性、対称性、相互性が成り立っているとは言えないものであるからだ[21]。

　他方で意味の押しつけ説によれば、この夫のふるまいは、既存の性的モノ化を顕在化させ、再生産している。というのも、彼のふるまいは、女性を性的対象として描く社会的意味が背景にあるなかで生じているからである。この点は、夫の態度についてのルモンチェックの記述から明らかである。すなわちこの彼は、夫の性的欲求を満たすことは妻の役割であるがゆえに、妻は自分に仕えるべきだと考えているのだ。こうした夫の態度を支えている社会的意味——例えば、男性の性的権利〔男性が妻と性行為する権利をもつというような社会的意味〕——は、個人同士の親密な関係において、新たに生産されるのではなく、顕在化するのであり、さらにはその顕在化を通じて再生産される。そうした社会的意味が流通していない社会においては、この夫のふるまいは性的モノ化を顕在化させることはなく、「単なる道具扱いにすぎない」ものとなるだろう。

　したがって、ここには二つの異なる害と不正が存在する。まず、妻は夫を

20　Linda LeMoncheck, *Dehumanizing Woman: Treating Persons as Sex Objects* (Totowa, NJ: Rowman and Allanheld, 1985), 8–14.

21　カント的観点から、人を単なる手段として扱わないというだけでは十分ではなく、人をその人自身の目的として扱うことも必要である——そのためにはその人の目的を共有することが必要になるだろう——と考える人もいるかもしれない。以下参照のこと。Onora O'Neill, "Between Consenting Adults," *Philosophy and Public Affairs* 14 (1985): 252–77.

「あなたは私をただ利用している」と言って責めることができる。彼が先のふ
るまいをした文脈——つまり、二人が婚姻関係にあるという文脈——は、親密
性、対称性、相互性を要求するにもかかわらず、夫は彼女の欲求や感情を気に
かけていないからである[22]。しかし妻はまた、女性を男性の性的奉仕者とする
見方が、夫のふるまいのうちに顕在化していることに関しても夫を責めること
ができる。その見方は、単に〔手段としてのみ〕利用されることの害や不正と
は独立した、独自の害や不正を彼女に与える。それは、彼女の自律性と平等な
社会的立場を損なうことになるのである[23]。そしてこの害と不正は、仮にこの
夫が彼女に酔って迫った後に常に眠りに落ちてしまって彼女を実際には利用し
なかったとしても、依然として生じるものだ。以下では、性的モノ化の概念は
この二つめの害と不正を捉えるものであること、そしてこの害と不正は社会的
意味の押しつけを通じてもたらされるということを主張する。そう理解される
ならば、性的モノ化〔の概念〕は、道具扱い説で取り逃がされているものを捉
えられるようになるだろう。

2

　社会的意味の押しつけが害と不正になる理由は、私たちの主体性にとって自
己提示（self-presentation）がいかに重要であるかを認識することで理解できる。
本節では、この主張を擁護するとともに、性的モノ化——すなわち、女性に対
する社会的意味の押しつけという意味での性的モノ化——が、女性たちの自律
性と平等な社会的立場を害する理由を説明する。続く二つの節では、性的対象
の身分が正確にはどのようなものであるのか、そしてそれがどのようにして女

22　夫のふるまいについてのこの文脈的特徴づけは、人を性的に利用することが親密性、対称性、
　　相互性を必要としない文脈がある可能性を残している。さらなる議論については以下を参照の
　　こと。Marino, "Ethics of Sexual Objectification," 358–61.

23　こうした性差別的な見方を採ることは、他の領域での女性の達成に敬意を払うことと両立可
　　能であることに注意してほしい。例えば、この夫が妻の弁護士としての技能を称賛しているこ
　　とも可能である（LeMoncheck, *Dehumanizing Women*, 9）。ポイントは、妻の性的側面が際立たせ
　　られる（salient）とき、彼女はモノ化されるということである。そして、第4節で論じるよう
　　に、男性はあらゆる状況を、女性の性的側面が際立つような状況にすることができる。

性に押しつけられるのか、を論じる。

　最近の研究のなかで、自己提示は、主にプライバシーや羞恥心が問題となる文脈において個々の主体の観点から論じられてきた。そこでは、自己提示は、隠すことと表に出すことという要素によって理解できるものとされている。トマス・ネーゲルやデイヴィッド・ヴェレマンは、私たちの誰もが日々どのように、他人に対して表に出す側面と隠す側面を選択することによって、自身のパブリック・イメージを作り上げているのかを明らかにしてきた[24]。もっとも、この選択的な自己提示は、それ自体として不誠実なものではない。なぜなら、私たちは、各人が自らを社会的交流の対象として提示するために自分のパブリック・イメージを注意深く構築していることを互いに知っているからである。社会的交流を行なうためには、自分のパブリック・イメージが、意図的な自己提示であり、それに対して反応可能なものであると他人に認知〔承認〕（recognize）してもらえる必要がある。そこで私たちは、社会的交流を困難または不可能にする信念や欲求を隠したり、自分の人格のうちで人から望まれるイメージを与える助けになるような側面を他の側面よりも目立たせたりするわけである[25]。こうした議論から導き出されるひとつの重要な結論は、自己提示する者として認知されないことは私たちの主体性にとって実存的な脅威になるということである。

　　自己提示する者として認知されないことは、会話や協調が可能な相手として、あるいは競争や対立が可能な相手としてすら認知されないことを含意する。それゆえ、人は自己提示する生き物として認知されることに根本的な関心をもっている。実際、この関心は何らかの特定のパブリック・イメ

24　Thomas Nagel, "Concealment and Exposure," *Philosophy and Public Affairs* 27 (1998): 3–30; J. David Velleman, "The Genesis of Shame," *Philosophy and Public Affairs* 30 (2001): 27–52.

25　ネーゲルは、若い同僚に性的関心をもっている教授の例を挙げている。彼らの職業上の関係は、教授が自分の性的関心を隠す能力と、同僚の女性が教授からの明らかなサインに対する反応を隠す能力の上に成り立っている（"Concealment and Exposure," 12–13）。またヴェレマンは、息子が親である自分たちと一緒にいるところを見られるのを恥ずかしがることを例に挙げている。ヴェレマンによれば、息子にとってそうした状況は自分が両親に依存しているという事実を思い起こさせるものであるがゆえに恥ずかしいのである（"The Genesis of Shame," 44–45）。

ージを提示することに対する関心よりもずっと根本的である。周りから誠実であるとか、知的であるとか、魅力的であると見られないことは人を社会的に不利にするだろうが、そもそも自己提示する生き物として見られなければ、人は社会に参加する資格を失うことになる。つまり、社会的交流が行なわれる領域の外にすっかり追いやられてしまうのである[26]。

ヴェレマン自身はここで問題になっている脅威の本質についてより詳細な説明を与えていないのだが、おそらくこの脅威には二つの要素があるように思われる。一つは、「自律性」に対する脅威である。自己提示ができないことは、自ら自分のために主張を行なう能力を脅かすからだ。もう一方は、社会的交流を行なううえでの「平等な社会的立場」に対する脅威である。以下で、両者について詳しく説明しよう。

　ネーゲルとヴェレマンは、社会的交流において自己提示が重要な役割をもつという点を正しく指摘していると思うが、ここで自己提示が周りと無関係に行なわれるものではないという点を認識しておくことが重要である。私たちは、個々の文脈に応じて異なる仕方で自己を提示するが、その際には、当の文脈において自分に許容されていて、他人に理解可能な社会的役割を想定したうえで自己を提示することになる。たとえ自己提示がうまくいっているときであっても、私たちは〔自分が打ち出す〕社会的役割を一から作り上げているわけではない。私たちは、日々そうした役割のいくつかを組み合わせ、できる限り自分向きにあつらえ、自分のものにしているかもしれないが、そうしたときでも私たち〔の自己提示〕はそれらの役割が他人から理解可能なものであることに依存している。なぜなら他人が認知可能な社会的役割にまったく関連がない生き方は、認知してもらうことができないからだ。そのような生き方は、他人にとって不可解であり、価値あるものとみなされないので、整合的な自己イメージを形成し提示するために必要となる、他人からの認知を得られないのである[27]。それゆえ、一方で、私たちは他人からの見られ方をコントロールすることに自然な関心をもっているが、他方で、他人からどう見られるかによって、自分が

26　Velleman, "The Genesis of Shame," 37.

自分のありようについてもちうる見方が左右され、それによって、目指す自己提示のあり方も左右されることになる。

　以上のことが正しければ、自己提示の機会は少なくとも二つの社会的条件に依存する。第一にそれは、私たちが何であれ自己提示者になれる能力に依存する。第二にそれは、私たちが自己提示するために社会的に利用できる意味が何であるかに依存する。私は、女性の性的モノ化は、これら両方の条件を損なうことによって、女性たちが自己提示する機会を制限し、それによって彼女たちの自律的な主体性と平等な社会的立場を制限すると主張する。社会的意味が女性たちに押しつけられる場面では、女性たちは性的モノ化によって、自己提示する能力を直接的に傷つけられていると言える。しかし、（公的な文脈であれ私的な文脈であれ）そうした社会的意味を顕在化させ再生産するような日々の実践も、女性が自己提示できる仕方を制限することに間接的に加担するものである。なぜなら、そうした意味が蔓延することで、〔女性に利用可能な〕性差別的でない意味は脇にやられてしまう可能性があるからだ。以下ではまず意味の押しつけという側面について詳しく論じていくが、後ほど（第5節）社会的に利用可能な意味が制限されることの帰結について再び取り上げることにしたい。

　ヴェレマンは人種主義的な社会的ステレオタイプ化について論じているが、その議論は社会的意味の押しつけの一例を与えている。ヴェレマンによれば、「人種主義的発言の標的となる者は単に「ニガー」〔黒人に対する蔑称〕や「ハイミー」〔ユダヤ人に対する蔑称〕として公に示されるだけでなく、そうした社会的に規定されたイメージから抜け出せない、自己提示する余地のない者として公に示されてしまう」[28]。ヴェレマンは、こうしたステレオタイプ化の対象

27　以下参照。Joel Anderson and Axel Honneth, "Autonomy, Vulnerability, Recognition, and Justice," in *Autonomy and the Challenges to Liberalism*, eds. John Christman and Joel Anderson (Cambridge: Cambridge University Press, 2005). アンダーソンとホネットは、他人から認知可能でない人生を送ることは不可能であるか、少なくとも極めて困難であるだろうと主張している。大部分の人は、自分の選んだ人生の意味と価値、およびその人生を生きられる能力に対して、何らかの仕方で肯定的に認知されることを拠り所にしているからだ。

28　Velleman, "The Genesis of Shame," 45. ヴェレマンによれば、そうした発言に対して感じる羞恥心は、自己提示の能力を失うことによって引き起こされる脆弱性の感情に対する反応として理解される。

になる者が採りうる二つの対処法について考察している。一つは、当該のステレオタイプを受け入れ、それを自発的な自己提示の一部にしてしまうという道である。しかしながら、このような対処は、自己提示者という身分を守るために自分のパブリック・イメージに当のステレオタイプを組み込んでいるかぎりにおいて、人種主義への妥協である。もしこれがステレオタイプ化を被る人々に可能な唯一の対処法であるとすれば、彼らは実際には自己提示できていないにもかかわらず、自己提示できているかのように思い込まされているということになりかねないとヴェレマンは言う[29]。実のところ、ステレオタイプを自分のパブリック・イメージの一部として受け入れることは、それが当人の自己理解とまさに一致している場合ですら、自己提示者としての身分を危うくするように私には思われる。なぜなら、当人の自己理解と一致するものであるとしてもステレオタイプは集団全体に対しても押しつけられるものであり、だとすればそれは個人の自律性を脅かし、その結果として平等な社会的立場を脅かすことになるからだ[30]。第二の対処法として、ステレオタイプ化してくる人々を社会的交流の潜在的なパートナーとみなさないことによって、ステレオタイプ化の力を回避することを目指すという道もあるかもしれない。取るに足りない相手に侮辱されたところで、たいしたことではないというわけだ。しかし、ヴェレマンによれば、話はそう簡単でもない。ステレオタイプ発言はしばしば公の場で発せられるのであり、自律性と平等な社会的立場に対する侵害は、ステレオタイプ化の被害者が自らの主体性と平等性への攻撃に対して無力であることが第三者に目撃されるときにこそ生じるものなのである[31]。

　おそらく、ステレオタイプ化の害に関するこうしたヴェレマンの特徴づけは、強すぎるように思われる。社会的に規定されたイメージによって捉えられたからといって、自己提示の余地がまったくなくなってしまう——減るだけにとどまらず——ことになる理由は明らかではない。だとすると、社会的なステレオ

29　Ibid., 46.

30　女性が性的対象の身分をパブリック・イメージの一部として受け入れることができるかどうかという問いについては第5節で簡単に論じる。

31　Velleman, "The Genesis of Shame." 第4節で、セクシュアル・ハラスメントを通じた女性の性的モノ化が、無力さを感じる同様の経験を導くことを主張する。

タイプ化を被る人々には、第三の対処法が可能であるはずだ。それは、他人が
ステレオタイプに基づいて形成した自分のイメージを否定するような、パブリ
ック・イメージの構築を試みるという道である。もちろん、このように考えた
場合でも、ステレオタイプ化される人々は、自己提示の機会を完全に奪われる
わけではないにせよ制限されているので、依然として害と不正を被ってはいる。
こうした人々は、特に選ばれて社会的なステレオタイプ化の対象になっている
のであり、そのせいで自律性と平等な社会的立場を守るために追加の負荷を背
負わされているのだ。このことは、〔ステレオタイプ化の事例にかぎらず〕人に
社会的意味が押しつけられる事例一般に当てはまるように思われる。押しつけ
られた意味は、その人が自己提示する余地を根こそぎ失くしてしまうわけでは
なく、その人のパブリック・イメージの最も際立った側面となり、当該の意味
と結びついた態度やふるまいをその人に向けることを認可する（license）とい
う役割を果たすのである[32]。さらに、誰かがそのような態度とふるまいを顕在
化させることは、他の人にもその人を同じ仕方で見ることを認可し、それによ
って当の社会的意味の押しつけを再生産することになる。このことはまた、あ
らゆるステレオタイプが同程度に悪質であるわけではないことを示唆している。
なぜなら、ステレオタイプがそれを被る人の自律性や平等な社会的立場に対し
て与える脅威の深刻さは、そのステレオタイプの内容がどのような態度やふる
まいを認可するものになっているかに依存するからである[33]。

　社会的意味の押しつけは、出会う人々に社会的役割を帰属させていく日常的
な実践とは異なるものだ。例えば、私が誰かを教師として見るとき、私はその
人に「教師」に紐づく社会的意味を押しつけているわけではない。そうではな
く、私は単にその人が自発的に自己提示しているパブリック・イメージの一側
面に反応しているのである。このとき、私が彼女を教師として見ることは、確

32　この点は、『プレイボーイ』の「アイビー・リーグの女性たち」特集についてのヌスバウム
　の議論において非常に明確に見ることができる（"Objectification," 283–86）。学生たちは明らか
　に性的モノ化されているのだが、彼女たちがアイビー・リーグの女性であることもまた重要な
　のである。
33　このことは、ポジティブなステレオタイプとネガティブなステレオタイプはどちらも人の自
　己提示を損ないうるものであるとしても、前者のほうが後者よりもダメージを与えにくいであ
　ろう理由を説明する。

かに彼女に対する特定の態度やふるまいを認可するかもしれないが、彼女には
そうした扱いを受けることを自分の職業的役割の一部だと想定する理由があり、
通常それを意味の押しつけと感じるわけではない[34]。もちろん、私が誤解をし
ていて、私が教師として見ている人物が実際には教師でないという状況もある
かもしれない。おそらく、彼女の自己提示の一部が教師を想起させるようなも
のだったために、私はステレオタイプに引っ張られてしまったというわけだ。
そうした場合、〔彼女を教師として見るという〕私の誤認は、実際には認可され
ていない特定の態度やふるまいを彼女に向けることを認可するように思われる
かもしれない。しかし注目すべきは、この場合には、誤解が解けさえすれば、
私はもう彼女を教師として見たり、教師と結びついた態度やふるまいを示した
りはしないだろうということである[35]。

　他方で、押しつけられる社会的意味は、当人が提示しているパブリック・イ
メージと一致していない。むしろ、そうした意味は、それを押しつける者たち
の態度や欲求を表象するものである。ヴェレマンの例において、人種主義者た
ちは、被害者自身が自己提示にあたって人種にどんな役割をもたせていようと、
人種をその被害者のパブリック・イメージの最も際立った側面にしてしまう。
このとき、人種主義者本人は、自分の人種主義的見解が、相手のあり方に関係
なく、自分の態度や欲求によって導かれているという事実を自覚しているとは
かぎらない。しかし、まさにこの事実ゆえに、彼らの人種主義的見解は押しつ

34　とはいえ、教師としてステレオタイプ化されることが可能であることは指摘しておこう。その場合、教師である人は、教師に関する陳腐な決まり文句や誇張を押しつけられ、自己提示の能力を損なわれることになる。先に見たように、そうしたステレオタイプ化は、押しつけられた社会的意味を自分のものとして引き受けることをより難しくするので、結果的にその人が教師として自己提示することを難しくしうるのだ。

35　この種のステレオタイプは、マッキノンが、性的モノ化を構成するような社会的意味の押しつけと区別した種類のステレオタイプに近いかもしれない。マッキノンの考えるステレオタイプ化というのは、「頭のなかだけで生じているような」ものである（*Feminism Unmodified*, 118, 邦訳 194）。したがって、それに打ち勝つためには、ステレオタイプ化する人とステレオタイプ化される人が自分の誤った捉え方を捨てるだけで十分である。これに対して性的モノ化は、マッキノンの考えでは、ヴェレマンが言うところの人種主義的ステレオタイプ化に近いものである。すなわち、性的モノ化は、社会的世界における男性優位によって構成される不平等なジェンダー役割を強化するのであり、それゆえに女性の従属化に打ち勝つためには大きな社会変化が必要だとされるのだ（ibid., 119, 邦訳 194–95）。

けられた社会的意味になるのである。同様に、女性を性的モノ化する男性は、セクシュアリティが当の女性自身の自己提示においてどんな役割を占めていようと、セクシュアリティをその人の最も際立った特徴にする。そして、セクシュアル・ハラスメントのような事例において、男性たちは、自分が相手に向ける性差別的見方が自分の態度や欲求に導かれているという事実を必ずしも自覚しているわけではない。しかし、性的モノ化と人種主義的ステレオタイプ化の一つの違いは、おそらく次の点にある。それは、性的モノ化が、男性誌やポルノといった意識的に男性の態度や欲求に訴えかけるメディアを通じて行なわれることが多いという点である。本論文の残りで私は、女性たちに押しつけられる社会的意味の内実と、それが押しつけられる仕組みについてより詳細に論じるつもりだ。しかしその作業に移る前に、社会的意味の押しつけとして捉えられた性的モノ化によって、人々の自律性と社会的立場における平等性がどのように脅かされるのか、という点について私の考えを一般的に説明しておきたい。

　私は、性的モノ化はその被害者の自律性を否定すると考える点で、ヌスバウムに同意する[36]。ただし、意味の押しつけ説において、この自律性に対する脅威は非常に特殊な形をとることになる。この点を理解するために、再びヴェレマンによる自己提示の説明を簡単に見ることにしよう。ヴェレマンによると、私たちは自らの本能を制御して、そのうちのどれを自分のパブリック・イメージの一部とし、どれを隠しておくのかを自分のために決められるということを学ぶときに、自らのうちに自律的意志を見出す[37]。このパブリック・イメージは、時間が経つにつれて、自らのふるまいを規定するようになり、そしてそのふるまいを自分にとっても他人にとっても理解可能にする。だからこそ、先に

36　もちろん、ヌスバウムの説において、自律性の否定は「モノとして扱うこと」に含まれる七つの特徴のひとつにすぎないが、とはいえ、それは——不正なモノ化が何によって不正になっているのかを理解しようとする際には特に、——重要な特徴とされている（"Objectification," 257, 265）。リナ・パパダキは、この議論をさらに進展させている。パパダキによれば、モノ化は人間性の否定であり、そこで人間性は自律性と非常に似たものとして、すなわち個人の理性的本性と選択能力によって定義される（"What Is Objectification?" 17–18, 32）。私が考えるパパダキの説の問題は、人間性が否定される仕方には様々なものがあるにもかかわらず、それらすべてをモノ化として特徴づけることは、現象学的に受け入れがたいように思われることである。

37　Velleman, "The Genesis of Shame," 30–34.

述べたような、自己提示する生き物として認知されることへの根本的関心が生じるわけである[38]。私たちが自律的主体として認知される能力は、自己提示する生き物として認知される能力に依存している。なぜなら、自発的に提示されるパブリック・イメージは、その人の行為や他の人々との社会的交流が、その人の意志によって統制されていることの証左であるからだ。反対に、自己提示する者として認知されないことは、自ら自分のために主張を行なう能力を傷つける。なぜなら、その人の主張として認知してもらうことができるのは、その人のパブリック・イメージと整合する主張だけだからである[39]。ヴェレマンの議論の焦点は、プライバシーの喪失がいかに人の自己提示を損なうのかという点にあったが、そこで彼が挙げた社会的ステレオタイプ化の例は、社会的意味の押しつけによって自己提示者としての身分を侵害することが自律性を損なうことにもなるという点を示しているのだ[40]。

　そう理解されるならば、性的モノ化は次のような理由で女性の自律性を脅かすと言える。すなわち、性的モノ化は、男性（や他の女性）に女性を、自ら自分のために主張を行ない、またそのような主体として認知される権利をもつ自律的な自己提示者ではなく、その価値が男性の性的関心によって定義されるような性的対象として見ることを促すのである。自律性に対するこの脅威は、自己決定に基づく個別の行為に対するもっと明白な脅威とは異なるが、そうした脅威と少なくとも同じくらい深刻である。なぜならこの脅威は、女性が、そもそも自己決定権を認められる自律的主体としての社会的立場をもつことを揺る

38　Ibid., 37.

39　当然ながら、ある人が自己提示したパブリック・イメージやその人の主張を認知することは、必ずしもその人が選んだ自己提示の仕方やその人が述べる主張に同意することを含意するわけではない。例えば、自己提示や主張が偽りのものである場合もありうる。しかし、そうした不同意は、その自己提示や主張が自発的であると認知していることを前提とする。

40　ヴェレマンは、自己提示を損なうようなプライバシーの侵害（例えば、のぞきの被害者になること）は、恥を引き起こすものではないため——恥は自分のプライバシーを管理し損ねた場合に生じるべき反応なのである——、彼の論文の主張にとっては周縁的であると示唆している（"The Genesis of Shame," 38）。しかし彼は、人種主義的な社会的ステレオタイプ化の被害者は、「自分のために自己規定する権限のない者として、したがって社会に参加する資格のある主体以下の者として公に示されてしまうことに備わる真の脆弱性」に対する反応として、恥を感じるかもしれないと示唆している（ibid., 45）。

がすものであるからだ。そして当然ながら、女性の自律的主体としての社会的立場がいったん損なわれるならば、女性が自律性の尊重を要求することはより困難になり、それによって彼女たちは自己決定に基づく個別の行為を遂行するにあたっても妨害されやすくなってしまう[41]。

　性的モノ化がもたらすもう一つの脅威は、女性が平等な社会的立場をもつことに対する脅威である。女性に対する性的対象の身分の押しつけが、女性を男性と社会的に対等でない存在として表象するとき、女性の平等な社会的立場は損なわれている。ジェレミー・ウォルドロンが指摘したように、すべての市民に平等な社会的立場を保証するためには――これはすべての秩序ある社会が目指すべきところであるわけだが――、私たちの公共スペースの視覚的環境を省みることが必要である[42]。ウォルドロンは次のように問うている。

41　声の封殺（silencing）に関する重要文献は、自律性に対するこうした脅威についてまた別の側面を付け加え、ここでの議論を補強してくれるものである。ジェニファー・ホーンズビーとレイ・ラングトンのようなフェミニスト哲学者は、オースティン的路線に沿って、言論の自由は発語内行為の自由、すなわち、自分の伝達的な発語行為が理解されることを確実にする能力を含むことを主張してきた（Langton, "Speech Acts and Unspeakable Acts," *Philosophy and Public Affairs* 22 [1993]: 293–330; Hornsby and Langton, "Free Speech and Illocution," *Legal Theory* 4 [1998]: 21–37）。この意味で女性が言論の自由を享受するためには、彼女は自分自身のために主張ができる自律的な自己提示者として認識されなければならない。例えば、彼女は「ノー」と言うときに性行為を拒否していると理解されることが可能でなければならない。こうした議論のなかで、ポルノを批判するフェミニストは、ポルノは女性が発話行為を行なう力を失わせる、すなわち女性の「ノー」が拒絶として理解されない状況を導くという点を指摘する。男性はポルノに晒されることで、女性が性行為にノーと言うとき、本当はイエスを意味していると信じるようになりかねないからである（ラングトンは、"Speech Acts and Unspeakable Acts," 323–26 において、ポルノがもつこうした影響を示すいくつかの憂慮すべき証拠について論じている）。

42　Jeremy Waldron, *The Harm in Hate Speech* (Cambridge, MA: Harvard University Press, 2012)〔ジェレミー・ウォルドロン『ヘイト・スピーチという危害』谷澤正嗣・川岸令和訳、みすず書房、2015年〕. 以下の議論は、ウォルドロンによる議論のいくつかの側面に依拠するものだが、私は性差別と人種差別には類似する点だけでなく重要な違いが存在することも認識しており、ヘイト・スピーチについてのウォルドロンの分析を性的モノ化についての私の分析にそっくり適用できると言うつもりはない。また、ウォルドロンは平等な社会的立場のことを尊厳と呼んでいる（Ibid., 5, 邦訳 6）。尊厳は非常に複雑な概念であり、そこに含まれたたくさんの意味合いを統制することは難しいので、本論文でこの概念を用いることはせず、一貫して、平等な社会的立場と呼ぶことにする。

いったいこんな社会を秩序ある社会と言えるだろうか。看板広告や、地下鉄のポスターや、無数のテレビ画面を通じて施された装飾によって、その社会の大きな層を占める人々の品位が貶められるような、こんな社会を。また、それらの人々のセクシュアリティについて侮辱的なメッセージが伝達されたり、それらの人々にふさわしいものとして提示される特定の範囲の機会や活動ばかりが強調され、その他の多くの機会や活動が排除されたり、さらには、正義と尊厳のもとに運命を切り開く自律的人間という描像とは相反するようなある種の従属関係が規範として描かれたりするような、こんな社会を[43]。

　答えは明らかに、ノーだ。このような性差別的社会を秩序ある社会と言うことはできない。そうした社会の視覚的環境は、女性に対する軽蔑的態度を表現し、女性たちが自らを男性と社会的に平等な存在として捉えることを極めて難しくしているからである。社会の聴覚的環境についても、同様の問いを投げかけることができる。例えば「日常で起こる性差別プロジェクト」[1]に記録された、街頭でのセクシュアル・ハラスメントなどを通じて、脆弱な集団が絶えず繰り返し貶められているときに、その社会を秩序ある社会と言えるだろうか[44]。
　このように、女性に対する性的対象の身分の押しつけは、女性を男性の性的・社会的従属物として表象する。さらに、第4節で見るように、性的モノ化は、「教育的機能」[45]をもつ。すなわち、男性も女性も、性的モノ化によってジェンダー役割に関わる特定の期待に沿うよう社会化され、それを通じて自らの性的・社会的役割をそれぞれ上位者と従属者であるとみなすように教えこまれ

43　Ibid., 89, 邦訳 105–106.
〔訳注 1〕イギリスのフェミニスト運動家ローラ・ベイツが中心となって立ち上げたウェブサイトで、日々女性たちが経験する性差別の事例を記録する。
44　ウォルドロンは当初、自分の分析の対象を社会の視覚的環境のみに限定していたが、後に聴覚的環境も問題になりうることを認識している（ibid., 72, 邦訳 84–85）。「日常で起こる性差別プロジェクト」についてのさらなる情報は、Laura Bates, *Everyday Sexism* (London: Simon & Schuster, 2014) を参照のこと。この本は、当プロジェクトのウェブサイト http://www.everydaysexism.com に記録された数千の女性たちの報告を下敷きにしたものである。
45　Waldron, *The Harm in Hate Speech*, 91, 邦訳 107–108.

ることになるのである。性的モノ化を行なう実践やメディアの積み重ねは、表象を現実に変える力をもつ。そうした結果として女性たちが置かれる従属的な社会的身分は、集団としての女性に害と不正を与えるものだ。これは身分に対する害（status harm）であり、自律性に対する害とは独立した、追加の害である。この害を被っているということはすなわち、女性たちが生活の多くの領域において男性たちと平等な機会を享受できず、性的暴行やレイプのようなジェンダーに固有の様々な害に晒されやすい状況にあるということである。

3

　ここまで、性的対象という身分は、男性の態度や欲求に基づいて女性に押しつけられるということ、またそれは従属的な社会的身分であるということを示唆してきた。しかし、性的対象であるとは正確にどのようなことなのだろうか。女性が性的対象だと言われるとき、そこにはセクシュアリティについてのどんな捉え方が含意されているのだろうか。そしてこの身分はどのようにして女性に押しつけられるのだろうか。

　性的対象であるということは、性的な魅力や、性的誘いへの応じやすさ（sexual availability）といった性的な属性に基づいて定義されるということである。性的対象の身分は、非常に限定された意味において、本質的に「還元的」である。つまり、誰かが性的対象である場合、性的属性がその人の最も際立った属性となり、その人のパブリック・イメージを支配するのである。注意してほしいが、性的対象の身分を押しつけられることは、性的に魅力的であるとか性的誘いに応じてくれそうだと思われることと同じではない。多くの人は、他人から性的魅力があると思われたいときもあるし、性的誘いに応じる準備があることを示したいときもある。しかしそうした場合に私たちは、自分の欲求に応じて自己提示する仕方を選び、できるだけ性的魅力を押し出すよう自分を提示したり、自分が性的誘いに応じる準備があるというサインを出したりする。一方、性的対象の身分は押しつけられる身分であり、そこでは当人のパブリック・イメージが他人の態度や欲求によって定義づけられることになる。この意味において人が対象〔モノ〕であるということは、他人の目に映るその人の意味や価

値が、他人の関心と価値づけによって決定されているということである。これはちょうど、私たちの身の周りにある多くの対象の意味や価値が、人々の関心や価値づけによって決まるのと同様だ[46]。

　女性を性的対象とする見方は、人間のセクシュアリティに関する特殊な捉え方のなかに組み込まれており、性的モノ化はこの両方を再生産する。その捉え方によれば、男女の性的欲求は相補的な関係にあり、女性の性的・社会的従属とそれを強化するメカニズムが自然なものとみなされている[47]。女性たち——性的対象とみなされた女性たち——が、男性の性的欲求の適切な対象であるとすれば、その欲求を満たすために利用されることは女性の適切な目的であるに違いないというわけだ。比較的無害なタイプの性的モノ化の場合、女性は男性の性的関心に奉仕することでその真の本性を発揮するものとして示される。ここでは、女性たち自身の性的関心が男性の性的関心を反映する形で構築されるのである。マッキノンが『プレイボーイ』の「スタンダード」に言及しつつ指摘しているように、「女性を性的に利用することは、女性の本性を表現することであるので、女性の本性に対する侵害ではない。女性はまさにそのためのものなのである」[48]。より悪質なタイプの性的モノ化の場合、ジェンダー不平等そのものがエロティックなものにされる。暴力的なポルノは、「レイプ、暴行、セクハラ、売春、児童虐待を性的なものにし、それによって、そうした行為を賛美し、促進し、権威づけ、合法化する」[49]。マッキノンは、さらに一般的に、

46　最近のカント研究における議論は、この点を説明してくれるかもしれない。クリスティン・コースガードによる価値についての付与説によれば、無条件に価値をもつのは理性的本性（すなわち人間）のみである。他のあらゆるものの価値は、理性的本性（すなわち人間）によって付与されるものとされる。すると、性的欲求の対象になることは人間から物件にされることであるというカントの主張は、性的欲求が道徳的に問題のある仕方で他者を利用することにどのように結びつくのかという点に関する主張とは別の形で理解されることが可能になる。すなわち、彼の主張は、性的欲求が私たちの価値づけ方式をどのように変化させるのかという点に関する主張として理解可能になるのである。

47　残念ながらここで性的相補性という概念について論じる余裕はない。簡単に言えば、そうした相補性についての前提は、おそらく男女がもつ生殖機能の相補性に基づくものである。しかし、性的欲求は自然的根拠をもつとはいえ、社会的に形成されるものでもあるので、男女の性的欲求は、それが社会的不平等の状況下で形成される場合にはとりわけ、相補的だと前提することはできない。

48　MacKinnon, *Feminism Unmodified*, 138, 邦訳 227.

ヘテロセクシュアル男性向けのあらゆる種類のポルノは――『プレイボーイ』から暴力的なハードコア・ポルノに至るまで――、それを通じて性的モノ化がなされる中心的なメディアの一つだと主張している。なぜなら、そうしたポルノは、セクシュアリティに基づいて男女のジェンダー役割を構築するからである。マッキノンたちのフェミニズムの立場全体に賛同しなくても、この主張を認めることはできる。こうしたポルノについて他に何が正しいにせよ、それが女性たちを性的対象として描いていることは間違いないだろう（この点については第4節で再び論じる）。

　当然ながら、女性を性的対象として構築する社会的意味は、女性が利用できる他の社会的意味と競合するものであり、それゆえに女性が自己提示する機会を完全に奪うのではないにせよ制限することになる。そうした意味は、女性の性的対象としての身分を際立たせ、性差別的でない社会的意味を脇にやるために使用されうるからである。もっとも、女性たちのなかには、こうしてときに性的対象へと格下げされてしまうという事実があるにもかかわらず、社会的に認知可能な身分や役割、達成に基づいて、男性と対等で自律的な主体として自己提示することに成功している人も多いだろう。けれども、そのように成功している女性がいるからといって、他の多くの女性たちが、性的モノ化によって押しつけられる負担ゆえに被っている害と不正を見落とすべきではない[50]。それらの負担は、女性たちに偶然降りかかっているわけではなく、男性によって押しつけられるがゆえに生じているものである。一部の女性がそれにもかかわらず活躍できているからといって、その負担の不当さが減るわけではない。性的モノ化の害と不正は、それが女性を脆弱（vulnerable）にするという事実にある。つまり、女性たちは、性的な属性が自分のパブリック・イメージのなかで支配的になるときにはいつでも、性的対象の身分へと格下げされてしまう。そうしたことは、第1節で挙げた不幸な妻の例のように性的関係の文脈で起こることもあれば――そこでは夫が、女性は性的対象であるという見方を顕在化させ、さらにそれによってその見方を再生産していた――、職場の文脈で起こる

49　Ibid., 171, 邦訳 290.

50　この点については、Anderson and Honneth, "Autonomy, Vulnerability, Recognition, and Justice," 131、および本論文の第5節も参照のこと。

こともある。例えば、男性の同僚が、性差別的ジョーク、性的に露骨な発言、いやらしい視線を投げかけることを通じて同僚の女性たちの権威と自信を損なうとき、女性は同僚としての身分を軽んじられているわけである。

　性的対象としての身分が以上のように特徴づけられるならば、それが従属的な社会的身分であることは明らかである。性的モノ化が男性の性的関心に貢献することは明白である。というのも、男性にとって性的モノ化の実践はそれ自体として快いものであり、しかもそうした実践が広まったならば、女性への性的アクセスが増加する公算が高いからである。しかし重要なのは、性的モノ化が、女性に対する権力を維持するという男性の非性的な関心にも貢献するという点である。女性を性的対象とみなすことができることによって、男性たちは、職場から政治的空間に至る多くの公的・民間組織において女性の役割を脅かし、女性を従属的な社会的役割に甘んじさせることができるようになるのだ。

　また先のような特徴づけから、性的モノ化がなされるとき女性たちはまさに女性として性的対象の身分を押しつけられているということ、つまり、そこでは集団としての女性が問題になっているということも明らかである。したがって、性的モノ化は、あらゆる女性の自律性と平等な社会的立場に対する脅威である。とりわけ、性的モノ化は、慣習的に「性的魅力がある」とか「セクシーである」と見られている女性たちに限定されるものではない。むしろ、性的モノ化はあらゆる女性を脅かす。なぜなら、広告やポルノのような大衆メディアに現れがちなのは、おそらく慣習的に性的に魅力があるとかセクシーだとみなされる女性たちであるとしても、あらゆる女性が、性的魅力と性的誘いへの応じやすさによって定義づけられ、あるいはそうした特徴に還元され、そうした観点から評価される——ポジティブにせよ、ネガティブにせよ——可能性をもつからだ[51]。たしかに、不幸な妻の例に出てくる男尊女卑的な夫のふるまいや、ヌスバウムが挙げる『プレイボーイ』でのニコレット・シェリダン特集〔注5参照〕のように、性的モノ化を顕在化させる個々の出来事は、通常特定の女性個人を標的とするものである。しかし、そこで顕在化される女性や女性のセク

51　実際ポルノは、障害のある女性、年長の女性、妊娠中の女性などあらゆる女性をモノ化している（MacKinnon, *Feminism Unmodified*, 172, 邦訳 291）。

シュアリティについての考え方は、女性という存在そのものについての考え方
なのである[52]。

4

　ヌスバウムは主に小説の事例をもとにモノ化の分析を進めているが、女性に
対する性的対象の身分の押しつけは非常に多様な実践やメディアを通じて行な
われているという事実を忘れてはならない。そこには、女性を性的対象として
特徴づける社会的意味を構築し、普及させる実践もあれば、そうした意味を再
生産し、女性たちに押しつけるのを助長する実践もある。例えば、公共スペー
スや職場での女性に対する日常的なセクシュアル・ハラスメントは後者の一例
だ[53]。また、性差別的な広告、ミュージック・ビデオ、男性誌、ポルノといっ
た、女性を性的対象として描くあらゆるメディアは、性的モノ化メディアであ
る[54]。もちろん、性的モノ化の実践には、多くの場合、性的モノ化メディアが
使用されている（例えば、従業員たちが職場でポルノ画像を飾っているなど。）し
かし、性的モノ化が、女性を性的対象として表象するメディアを通じてだけで
なく、様々な日々の活動のなかで顕在化され再生産されるという点を強調する
ためにも、私は両者を別々に論じることが有用だと考える。そこでまず、性的
モノ化の実践の例として、街頭でのセクシュアル・ハラスメントを取り上げる
ことにしよう。この例を取り上げるのは、それが第2節で論じた人種主義的ス
テレオタイプ化と類比的だからであり、そしてこの例によって、集団としての
女性の性的モノ化が個別のふるまいのなかで顕在化・再生産され、そして個々
の女性に影響を及ぼす仕方を見ることができるからである[55]。
　近年フェミニストたちは、日常に根強くはびこる性差別やセクシュアル・ハ

52　それゆえ私は、『プレイボーイ』の特集において、表象されている特定の女性、その女性を
　　表象している女優、そして究極的には「彼女と同じような現実の女性たち」のすべてがモノ化
　　されているというヌスバウムの主張に賛成である（"Objectification," 284）。
53　以下で、「セクシュアル・ハラスメント」は常に、男性から女性に対するセクシュアル・ハ
　　ラスメントを指すものとする。
54　以下で、「ポルノ」は常に、女性やゲイ男性向けのものを含まず、ヘテロセクシュアル男性
　　向けのものだけを指す。

ラスメント、そしてそれらと闘う女性たちの取り組みに新たに関心を向けてきた——そのような取り組みは、例えば「日常で起こる性差別」を記録するツイッターのハッシュタグのように、ともかくもまず 意 識 高 揚 ＜コンシャスネス・レイジング＞ を目指す様々な形の活動を通じて行なわれている[56]。そうした女性たちの日常の経験は、いかに女性たちが性的対象として構築され、そしてそれがなぜ害であり不正であるのかを理解するのに非常に有用である。例えば、女性たちが公共スペースにおいて無作為にぶつけられる、いやらしい視線、口笛、性的な当てこすり、露骨に性的な発言、野次、性的誘い、脅しなどを考えてみよう。これらはすべて、ハラスメント加害者から見て女性を性的対象に格下げするためのふるまいであり、同時に、加害者以外の人々にも同様の見方をとるよう促すふるまいになっている。より一般的に言えば、セクシュアル・ハラスメントは、女性には自ら自己提示をコントロールする力がないということを女性に伝える。つまり、セクシュアル・ハラスメントは、ハラスメント加害者たちが女性を自分の性的刺激物にして楽しむときには、女性が性的対象へと格下げされることを回避する術<すべ>は何もないのだということを伝えるふるまいなのである。

　ジャン・クロスウェイトとグレアム・プリーストが指摘するように、セクシュアル・ハラスメントを受けた女性たちに共通する経験は、無力さの感情である。セクシュアル・ハラスメントは女性たちに、自分が社会のなかで力の弱い身分に置かれていること、そしてこの社会的従属が性的ふるまいを通じて表現されうることを意識させる。そしてさらに、女性たちは、セクシュアル・ハラスメントに対して自分ができることは何もないと感じることで、無力さを感じることになる[57]。それゆえ、セクシュアル・ハラスメントの顕在化は、それを

55　本論文では「セクシュアル・ハラスメント」という語を、職場のセクシュアル・ハラスメントを問題にするような法的文脈で用いられる狭い意味ではなく、公共の場で女性が遭遇するありふれたハラスメントを含むものとして用いる。これらの異なる意味でのセクシュアル・ハラスメントの典型例についての簡潔な議論については、以下を参照のこと。Jan Crosthwaite and Graham Priest, "The Definition of Sexual Harassment," *Australasian Journal of Philosophy* 74 (1996): 66–82, at 68.

56　イギリスにおいては、こうした活動の多くが「日常で起こる性差別プロジェクト」と結びついている（注44を見よ）。

57　Crosthwaite and Priest, "The Definition of Sexual Harassment," 73–74.

発生させる基盤になっている女性たちの無力さを再生産することになるのだ。ここに、性的モノ化が女性の自律性と平等な社会的立場を損なう理由を見ることができる。セクシュアル・ハラスメントは、女性の自律性を脅かすような、そして女性の社会的不平等を再生産するような社会的意味を押しつけることによって、女性たちを女性として抑圧する。女性たちが特に性暴力に対して脆弱であることは、彼女たちが性的対象の身分にあることの結果であるが、彼女たちがこの身分に置かれているのは、女性たちが継続的にこの身分を押しつけられていることの結果である。セクシュアル・ハラスメントは「被害者に加害者の存在と、加害者からの性的評価に対する自分の脆弱性を意識させ、……（一部の）男性の目に映るものとしての自分のセクシュアリティと、男性からの性的略奪に対する自分の脆弱性を意識させる」のである[58]。

　こうした日常のセクシュアル・ハラスメントについての現象学は、性的モノ化が性的対象としての女性を生み出し、再生産する仕方について重要なことを教えてくれる。特に注目すべき点は、セクシュアル・ハラスメントは、加害者の側が自分のふるまいは適切だという感覚をもつことを前提としているということだ。もちろん、この適切さの感覚は本人に意識されていない場合もあり、だからこそハラスメントをする際に罪を犯しているという偽のスリルが伴うことで、性的に露骨な言葉を発する興奮がさらに増すということもあるだろう。とはいえ、日常の性的モノ化は女性を性的対象とみなすような社会的に利用可能な意味に依存している。この社会的意味は、すでに蔓延していて、性的モノ化が起こるたびに顕在化され、再生産されるものだ。女性にセクシュアル・ハラスメントを行なう男性は、女性とセクシュアリティに関する諸々の信念に基づいて行為するわけだが、また同時にその行為を通じて、それらの信念を顕在化させることで再生産しているのである。

　女性たちは多くのメディアで性的対象として描かれており、そこで描かれる具体的な意味は個々のメディアによって異なるものの、それらには共通して、女性の価値は男性にとっての性的魅力と性的誘いへの応じやすさによって適切に決定されるという考えが組み込まれている。ゆえに、性差別的な広告や男性

58　Ibid., 68.

誌、ミュージック・ビデオ、ポルノはみな女性を性的対象として提示している。問題は、そのメディアが性的に露骨な題材を含んでいることではない。そうではなく、そのメディアが、女性は性的魅力と性的誘いへの応じやすさによって適切に価値づけられ、扱われるという見方を促進していることが問題なのである。そしてまさにこのことが性的モノ化を行なうメディアの十分条件である。モノ化が意図的であることは必要ではないのだ。

　とはいえ、多くのフェミニストたちは、ヘテロ男性向けポルノが性的モノ化の再生産にとりわけ重要な役割を担っていると主張してきた[59]。彼女たちによれば、そうしたポルノは少なくとも二つの機能を果たしている。第一に、ポルノが性的満足を目的として習慣的に使用されるならば、ポルノは性的欲求を形作ることになる。性的欲求の内容が、ポルノに描かれている性役割や性的関係のあり方に影響を受けて形作られるのである[60]。第二に、ポルノはその消費者に、彼らの性役割にとってふさわしい欲求やふるまい、期待が何であるかを伝える。この二つの機能は相互に補完的である。つまり、ポルノが「マスターベーションの材料」であることは、それが男性・女性各々の役割についての教えをもたらすことを排除するわけではない[61]。むしろ、ポルノが提供する性的な興奮と満足が、男性への性的奉仕者という女性描写と融合することによって、性的経験と従属の関連づけがなされることになる。さらに、ポルノが非常に広

59　ポルノに関する哲学文献は膨大な数にのぼる。そこではポルノがもつ言論としての身分、ポルノによる害、ポルノを規制する適切な方法について議論が繰り広げられているが、そうした議論を評価ないし解決することは本論文の目的ではない。ここで行ないたいのはただ、ポルノを性的モノ化のメディアとして捉えることがいかに説得的であるかを示すことだけである。

60　有名な例を一つ挙げておこう。ミネアポリス公聴会は、ポルノ映画「ディープ・スロート」が悪評をとどろかせて以来、女性やゲイ男性に対する「口喉レイプ」事件が増加したという証拠を記録している（Catharine MacKinnon and Andrea Dworkin, eds., *In Harm's Way: The Pornography Civil Rights Hearings* [Cambridge, MA: Harvard University Press, 1997], 68, 214.〔キャサリン・マッキノン／アンドレア・ドウォーキン『ポルノグラフィと性差別』中里見博・森田成也訳、青木書店、2002年〕

61　これはウォルドロンがポルノの「教育的機能」と呼んでいるものである（*The Harm in Hate Speech*, 91, 邦訳107–108. 本論文第2節終わりでの議論も参照のこと）。「マスターベーションの材料」という言葉はマッキノンに由来する（Catharine MacKinnon, *Only Words*, Cambridge, MA: Harvard University Press, 1993, 17.〔キャサリン・マッキノン『ポルノグラフィ――「平等権」と「表現の自由」の間で』柿木和代訳、明石書店、1995年、34〕）

く普及し、性的に露骨な内容を見せているという事実のせいで、ポルノは「性行為についての真実」を示しているという権威を帯びる[62]。ポルノ的な画像や動画にはとりわけ、本能に直接訴えかける力があり、これはセクシュアリティについての他の言説にはない特徴である。ポルノの内容は誰にも見て取れるものであるがゆえに、あれこれ議論するだけでは打ち勝てない強い説得力をもってしまうのである。この「真実」には、性行為そのものの手順——ポルノ消費者たちが求めているのはこちらだろうが——以上のことも含まれる。そこには例えば、ポルノのなかで語られるストーリー、とりわけ「本当の素人」や「キャスティング」を題材にしたストーリーなども含まれる（例えば「キャスティング」のストーリーは、モデルやポルノスターになりたい女性が「配役エージェント」と性行為させられるというものである）。そうしたストーリーでは、あらゆる女性が、最初に何を望んでいると述べていようとも、性行為するよう説得され、性行為のために買われ、性行為を強要される。またあらゆる女性が、好きな行為や自分が承諾するであろう行為について最初に何と述べていようとも、あらゆる種類の性行為を好み、あらゆる種類の性行為を承諾するといった具合になっている。もちろん、ポルノは現実ではなく幻想を描く場合もあるし、男性による女性の支配ではなく、女性による男性の支配を描く場合もある。しかしそのような場合でさえ、ポルノが貢献するのは男性の性的関心である。ポルノは、男性の性的な興奮と満足を目的として制作され、そこに描かれる女性は何をするにせよこの目的に貢献する。ヘテロ男性向けポルノは、一つのメディアとして、女性を男性への性的奉仕者として構築するような、性的関係についての規範的見方を提示しており、それゆえに女性たちの従属的な社会的身分を固定化するものなのである。

　まとめると、性的モノ化を通じてジェンダー役割の構築に寄与するあらゆる実践とメディアは、男性の関心に基づいて女性の社会的身分のあり方を構築するがゆえに、女性の自己提示の機会を傷つける。したがって、こうしたメディアや実践に反対することは、性的モノ化に反対することになる。マッキノンは

62　MacKinnon, *Feminism Unmodified*, 171, 邦訳 290. この主張の説得力を理解するために、男性の検証主義的理想についてのマッキノンの見解に同意する必要はない。

私と似たような表現を使って次のように述べている。「私はセクシュアリティ
に対する女性の権力を向上させ、それによって社会のなかで私たちがどのよう
に定義され、どのように扱われるべきかについての女性の権力を向上させたい
と思う。私の考えでは、このことはポルノ製作者たちが女性のセクシュアリテ
ィに対してもつ権力を弱めることと同義である」[63]。

5

　ナターシャ・ウォルターが、性差別の再来について論じた最近の本のなかで
指摘しているように、西洋社会には女性が自らモノ化されることを受け入れ、
それを解放的で力を与えてくれるようなものとして経験するような動向がある[64]。
私たちが「男性にとっての性的魅力と性的誘いへの応じやすさによって女性を
価値づけるような社会的意味を女性たちが受け入れることは、彼女たちの自律
性や平等な立場にとって有害である。それゆえ、女性たちは自らをそうした基
準で価値づけるべきではない」と考えるならば、この動向は憂慮すべきもので
ある。人生の早い段階で何度も繰り返しモノ化され、性的に強調された自己イ
メージを採用するよう促されている少女や若い女性たちの場合は特に憂慮され
る。こうした女性の性的強調化が、部分的には、まさに女性に社会的意味を直
接に押しつけるメディアを通じて起っていることはほぼ間違いないが、性差別
的な社会的意味が公的・私的空間の両方において一般に蔓延していることもそ
れを後押ししている。ただし、意味の押しつけは、ポルノをはじめとする様々
なメディアによって広められた女性についての見方が集団としての女性に投影
されるプロセスであるのに対し、ここで問題になっている現象はもっと複雑で
ある。それは、性的対象として捉えられた女性たちの性的に強調された役割や
アイデンティティが、個々の女性にとって魅力的になる仕方に関わっているの
だ。
　この動向は、意味の押しつけ説の限界を示しているのだろうか。女性の自律

63　Ibid., 140, 邦訳 230. 強調は引用者による。

64　Natasha Walter, *Living Dolls: The Return of Sexism* (London: Virago, 2010), 6 を参照せよ。

性と平等な社会的立場に対する脅威が、集団としての女性に性的対象の身分が押しつけられることに由来するとすれば、この身分を自ら受け入れる場合には、そうした脅威はなくなるものと考えたくなるかもしれない。さらには、そもそも性的モノ化という概念がこの動向を説明するのに適切なのかを訝しく思う人もいるかもしれない。性的対象の身分を自ら受け入れることは、むしろ主体化（subjectivization）として概念化されるほうがふさわしいのではないだろうか。ウォルターが自著で論じているいくつかの現象——ナイトクラブで未来のトップレスモデルを決めるコンテストに大勢の女性客が押しかけることや、ラップダンス[2]や売春を男性に対する性的権力の表れとして見る女性がいることなど——は、そうした分析を示唆するものである[65]。とりわけそうした現象は、女性たちが、自身の性的魅力を自尊心にとって重要だとみなす傾向をもつことを示唆している。本論文でこれらの現象を十分に論じる余裕はないが、最後に、意味の押しつけ説は実際には、ウォルターが懸念している動向を理解するのにも有益でありうると考えるいくつかの理由を提示しておきたいと思う——もっとも、こうした現象について完全な理解を得るためには、別の分析も必要となるかもしれないのだが。

　第2節で見たように、私たちの自己提示は、当該の文脈において、自分に利用可能でかつ他の人に理解可能な社会的役割を前提になされるものである。日常の実践やメディアを通じた性的モノ化のせいで、女性が自身を提示するために社会のなかで利用できる意味が制限されているとすれば、女性たちには性差別的な社会的意味を用いてパブリック・イメージを構築する以外の道がほとんどないかもしれない。特に、多くの男性（と女性）がそうしたパブリック・イメージにポジティブに反応するような文脈があり、それゆえにその文脈では女性たちがそうしたイメージを解放的で力を与えてくれるものとして経験しうるとすれば、なおさらそうである。だが、人々の選択に自発性があるかどうかは、利用可能な選択肢の質に依存するのであり、性差別的社会では、性差別的な社会的意味の蔓延によってこの選択の自発性が損なわれている可能性がある。そ

〔訳注2〕ストリップ・クラブなどで、裸または薄着のダンサーが座っている客に身体を接触させて踊るダンス。

65　Ibid. それぞれ第1章と第2章で論じられている。

れゆえ、ウォルターが述べているような現象は、女性に対する性的対象の身分の間接的な押しつけの結果だと考えるのが適切であるかもしれない。

　さらに、第3節での分析を踏まえるならば、性的対象の身分は外から押しつけられるのであれ自ら受け入れるのであれ、同じような態度とふるまいを認可することになる。どちらの形であれ、従属的な社会的身分である性的対象の身分をもつことは、女性の自律性と平等な社会的立場を脅かす。この点は、ウォルターがインタビューしているラップダンサーや売春婦といった性産業に従事する女性の何人かが語っていることからも明らかである。彼女たちは、客からの称賛を浴びることで感じた力や自由について語りつつも、その力が一時的で表面的なものにすぎないことも指摘している。彼女たちは、多くの客たちが根本的なレベルでは彼女たちを軽蔑しているという事実を強く意識しているのだ。客たちは、ラップダンサーたちの肉体やセクシーさを称賛するが、ラップダンサー自身を称賛してはいない。また次の点も指摘しておかねばならないが、女性がトップレスモデルやラップダンサーになることを奨励する一部のメディアを魅力的だと捉えているのは、社会的・経済的に恵まれない生まれで、現在の社会階層から抜け出すためのまともな機会がほとんどないと思われる女性たちである。したがって、実態としては、女性の選択は「解放のためというよりも絶望によって駆り立てられている」[66] ことが少なくないかもしれない。しかし、女性が性的強調化された自己イメージを受け入れるのは、「セクシーな」女性性（フェミニニティ）に関わる特定のイメージ〔を受け入れること〕が物質的保障の条件になっている社会・経済的構造のせいであるとすれば、性的対象の身分が押しつけられることと自ら受け入れることの概念的違いはあまり明確ではなくなるだろう[67]。

　もちろん、性的に強調された自己イメージを受け入れる女性の全員が、絶望や選択の余地のなさからそうしているわけではないし、なかにはむしろ性的対象の身分にあることで得をしており、性差別的な社会的意味を自身のパブリッ

66　Ibid., 35.

67　なお、私は女性たちが必ずしも意識的にこうした決断を下していると言っているわけではない。服装や化粧、仕草、話し方の選択は、各集団に特有の社会化プロセスに深く埋め込まれた慣習に基づいて行なわれている。

ク・イメージの一部にすることをあえて選ぶ女性もいるかもしれない。例えば、性的に強調された自己イメージを高い社会的ステータスと結びつけることができているように見える多くの成功した女優やスター歌手たちはそうした例に当たると考えられるかもしれない。しかし、ヌスバウムが挙げたニコレット・シェリダンの『プレイボーイ』写真の例が示すように[68]、そうした有名人たちは、彼女たちを性的対象の身分へと格下げするような攻撃に依然として晒されやすいままである。おそらく、女優やスター歌手、その他の有名人たちはそれらの攻撃をうまくやり過ごしたり、無視したりする術を身につけているのだろうが、そうした攻撃の根強さは、女性たちが性的に強調された自己イメージを受け入れるときに平等な社会的立場を守ることは困難であり続けるということを示す。また同時に、自分のパブリック・イメージに性差別的な社会的意味を組み込みつつ成功した女性たちの存在は、そうした社会的意味の再生産を助長し、性的モノ化が生じる社会的文脈の再生産に加担することにもなりかねない。

　最後の点として、女性たちが、性的魅力や性的誘いへの応じやすさに対する男性からの称賛に自尊心が左右されるような自己イメージを採ることによって力や解放を求めるのは、自己論駁的ではないだろうか。自尊心をもつには、何がよいことであるのか、また平等な社会的立場に立つというのがどういうことなのか、について自ら選び取った理想を追求し、その達成を認知することが必要である。しかし、西洋社会に蔓延する性差別的な社会的意味によって、女性が自己提示する機会を制限され、性的に強調されたパブリック・イメージを採用するよう促されているとすれば、自ら選び取ったはずの理想は蝕まれてしまっている。ヴェレマンの例において、社会的ステレオタイプ化の被害者がステレオタイプを受け入れることは、人種主義への妥協にならざるをえないように（第2節参照）、女性たちは受け入れることを奨励されている、性的強調化された自己イメージを受け入れることに慎重になるべきである。自発的な選択であるかどうかにかかわらず、女性たちが押しつけられる社会的意味に迎合することは、男性と平等な社会的立場をもった自律的な自己提示者としての女性の身分を損なうかもしれないのだ。

68　Nussbaum, "Objectification," 253 を参照せよ。

6

　本論文では、性的モノ化の理論として、近年高い関心を集めてきたヌスバウムの道具扱い説より、意味の押しつけ説を採るべきだという考えを主張した。最初にヌスバウムの道具扱い説では、〔実際の〕道具扱いと、それを可能にする女性の社会的ステレオタイプ化のプロセスとの関係を説明できないということを示し、その説を批判した（第1節）。次に、意味の押しつけと自己提示の対比、並びに性的モノ化の内実とそれを行なうメディアに関する議論を通じて、意味の押しつけ説を詳しく説明した（第2–4節）。最後に、この説の限界とみなされるかもしれない点についていくつかの暫定的な考えを述べた（第5節）。私が主張したのは次のようなことである。意味の押しつけ説は、道具扱い説が注目するような実際の道具扱いが生じていないときであっても女性が被りうる特別な害と不正——すなわち、自律性と平等な社会的立場を損なうこと——の存在を明らかにする。性的モノ化を行なう実践やメディアは、こうした害と不正を根拠として、道徳的に批判されるべきである。残念ながら、ここで特定されたような性的モノ化の害と不正によって、ポルノのような性的モノ化メディアを法的に規制または禁止することが正当化されるかどうかという問題を論じる余裕はない。とはいえ、意味の押しつけ説は、女性たちが性的モノ化の結果として実際に道具扱いされているかどうかに関する経験的主張とは独立に、メディアの法規制や禁止を正当化しうるという点は指摘しておく価値があるだろう。というのも、この説に従うならば、性的モノ化が批判される理由は、性的モノ化が、女性たちが自律性を行使するための平等な機会と女性たちの平等な社会的立場を脅かすという、身分に対する害だからである[69]。

69　この点について私はウォルドロンと同意見である。Waldron, *The Harm in Hate Speech.*

5

イエロー・フィーバーはなぜ称賛ではないのか

人種フェチに対する一つの批判

ロビン・ゼン

木下頌子訳

　人種は、職場や地域、映画や出版物、学校、病院、刑務所といったあらゆる場面で、明らかな差異を生み出すものである。デートや交際、性交、恋愛、結婚のような生活のなかの最も親密な領域においてさえ人種の影響が見られることは決して意外ではない。哲学者たちはこれまで、人種に基づいて特定の人々を性的関係から排除する「性的人種差別」にまつわる偽善や害を非難しつつ（Coleman 2011; Thomas 1999）、他方で異人種間交際が人種問題の改善につながるという素朴な見方に対しても警鐘を鳴らしてきた（Mills 1994; Allen 2000; Sundstrom 2008; 性的人種差別に関する実証研究については、Callander, Holt, and Newman 2012; Caluya 2008; Raj 2011; Riggs 2013 を参照のこと）。それらの議論で中心的な論点となってきたのは、自分と同じ人種の人を性的に好むことにどんな道徳的問題があるのか、またその答えは支配的な人種の場合と周縁化された人種の場合とで異なるのかという問いである。けれども、最もあからさまに人種と結びついた性現象と言いうるにもかかわらず、これまでほとんど触れられてこなかったものがある。それは、人種フェチ（racial fetish）、すなわち特定の人種的外集団に属する人のみ（あるいはほぼそれのみ）を対象とする性的嗜好（sexual preference）である〔"preference" は文脈によって「好み」と訳している場合もある〕。その典型例に当たるのが、俗に「イエロー・フィーバー」として知ら

れる、アジア人女性（およびアジア人男性）に対する嗜好である。

　私は以下で特にイエロー・フィーバーを取り上げて論じるが、その理由は、それがよく知られたものであると同時に、私が指摘したい点を最もよく示す例であるからだ（イエロー・フィーバーがいかに人々の興味を引くものであり続けてきたのかは、例えばアーバン・ディクショナリー・ドットコムという、現代スラングに関するユーザー生成型の最大の情報サイトに、イエロー・フィーバーについて27もの定義が掲載されていることや、「白人が好きなもの」という人気のブログで、100以上の項目を含むリストの＃11に「アジア人女性」が挙げられていること、そして過去30年にわたり、雑誌やテレビ、ラジオ、新聞記事においてイエロー・フィーバーが定期的に話題となっていることから見て取れるだろう）。性的人種差別と対照的に、人種フェチは、ポジティブな、あるいは少なくとも無害な動機に基づくものだとしばしば考えられている。例えば、ある女性は次のように述べている。「アジア人フェティシズムは長い間、侮辱や偏見ではなく、むしろ称賛であるとして片付けられてきました。私は、これほど多くの非アジア人男性がアジア人女性やアジア系アメリカ人女性を「好む」ことを光栄に思うべきだと言われてきたのです」（Chang 2006: 5; sMash 2012）。

　そこで本論文では、次のような考えを批判的に検討する。すなわち、人種的フェティシズムが単なる「美的な」または「個人的な」好みであるならば、道徳的に問題はないという考えである。まず第1節で、この考えを支持する論証──「単なる好み論証（Mere Preferences Argument）」（以下「MPA」と略す）と呼ぶことにする──を再構成し、その議論の背景を説明する。第2節では、このMPAを否定するための最も一般的な方針を紹介し、それに対する懸念を述べる──なお、懸念があるとはいえ、私はこの方針には大いに共感的でもある。その方針は、人が人種フェチをもつのはネガティブな人種的ステレオタイプを抱いているせいだということを主張しようとするものだ。第3節では、別の方針として、人種フェチをもつ側の人ではなく、むしろその標的となっている人々の経験から出発する。すなわち、アジア人（Asian）とアジア系アメリカ人（Asian-American）（以下では両者をまとめて「アジア（系アメリカ）人」と表記する）の女性による証言に注目する。彼女たちの声は現代の哲学研究においてあまり取り上げられてこなかっただけでなく、彼女たちが置かれている独特の有利な

人種的位置は、黒人／白人の二分法や黒人と褐色人種に対する抑圧を中心に据えた人種的言説では捉えがたいものになっている。この節で私は次の点を主張する。すなわち、イエロー・フィーバーは、アジア（系アメリカ人）女性たちに過剰な心理的負荷を課すがゆえに問題であり、またそのことはイエロー・フィーバーが有害な人種的意味づけシステムにおいて果たす役割のせいで生じるものである。最後に第4節で、いくつかの反論を検討したうえで、将来に向けた構造的なアプローチを推奨して終える。人種フェチの問題に関して鍵となるのは、私が考えるに、特定の個人がもつ人種フェチの心理的源泉から、人種によって階層化された世界のなかで人種フェチが社会的現象としてもたらす結果へと焦点を変えることである。そうすることで、私たちは、「ポスト人種的」と称される世界でも通用する議論を、私たちが社会批判を行なうための道具箱に新たに加えることができるのである。

1　単なる好み論証と人種的イデオロギー

　はじめにいくつかの細かな説明と注意点を述べておこう。第一に、私は「人種フェチ」という語を意図的に用いている。医学的な意味の精神障害としての「フェティシズム」を思い起こさせてしまうことは本意でないのだが、これが非常に広く普及した（そして的を射た）言葉であることは間違いない。さらに、後にわかるように、私はこのよく知られた用法には、そうした嗜好がもつ社会的意味ないし表現的意味の重要な側面が反映されていると考えている。第二に、私は性交、交際、恋愛などをまとめて、「性的（sexual）」という語で代表させることとし、それら同士の間にある明白な違いについてはほとんどの場面で問題にしない。一般的に、性的魅力は恋愛関係の必要条件とみなされており、性交渉は恋愛関係を生み出すと理解されていることが多いので、この扱いはそれほど不適切ではないだろう。さらに言えば、人が人種フェチに遭遇するのは、典型的にはデートや交際の文脈であるが、そこに関わっているのが性交と恋愛のどちらであるのか、あるいはまた両方なのか、ということは一般にはっきりしておらず、状況によって変わることである。第三に、イエロー・フィーバーについての私の議論は、アジア系移民人口の多い旧植民地諸国にも一般的に適

用できるかもしれないが、主としては、米国のアジア（系アメリカ）人女性を対象としている。イエロー・フィーバーが、アジア諸国に存在する（そして実際、大きな経済力の担い手になっている）のはたしかだが、植民地化と独立後も続く搾取の歴史から提起される問題は、この論文の範囲を超えるものだ[1]。

さて、人種フェチはよく、「単なる好みにすぎない」という主張によって擁護される。そこで通常意図されていることは、次のような論証として理解できるだろう。なお、この論証を以下では「単なる好み論証（MPA）」と呼ぶ。

① 髪の色や眼の色、またその他の人種化されていない〔人種に結びつけられていない〕表現型特性（phenotypic trait）に対する性的な嗜好に、道徳的に問題な点は何もない。

② 人種化された〔人種に結びつけられた〕身体的特性に対する嗜好は、人種化されていない表現型特性に対する嗜好と何ら違いがない。

それゆえ、

③ 人種化された表現型特性に対する「単なる」嗜好は、道徳的に問題ではない。

もちろん、人々は、他の理由で〔純粋な見た目（表現型特性）以外の理由で〕人種化された嗜好をもつこともあるだろう。しかし、現代では人種に関する一般化やステレオタイプは問題のあることとして広く認識されているために、イエロー・フィーバー（および性的人種差別）の擁護者たちは、典型的には、そうした人々の嗜好が純粋に表面的な身体的魅力に対するものにすぎず、それ以上のものではないと主張しようとする——だからこそ私はこの MPA を検討の対象とするのである（Kim 2011, 241; Prasso 2006, 149; Cohen 2002, 166）。例えば、アジア人女性を好む男性に関するビトナ・キムの研究（Kim 2011, 241）に、次のような意見が引用されている。「ブロンドの女の子を好み、彼女たちに惹かれる男性はなぜよしとされるのか？　なぜそうした人たちは、ブロンドフェチとして見下されたりしないのか？　では、ある白人の男が、たまたまアジア人

1　この点について議論してくれたペトラ・ヴァン・ブラバントに感謝する。

女性たちを世界で最も美しいと思っているとしたらどうなのか？　なぜそれが
そんなに悪いことなのか？」このように考えるのは、哲学者以外の人々だけで
はない。ラジャ・ハルワニは、哲学の研究史上最も包括的かつ直接的に人種フ
ェチを扱った論文のなかで（Halwani 2017）、以下のように主張している（なお、
ハルワニが議論の対象として念頭に置いていたのは性的関係のみであり、愛や結婚
のような他の親密な関係ではないという点には注意が必要である）。

　　［超細身の人に性的に惹かれない人］について、その人が超細身の人々を不
　　当に差別していると主張する根拠はないのとまったく同じように、［イエ
　　ロー・フィーバーである人］についても、その人が非アジア人を不当に差別
　　していると主張する根拠はない。……性的欲求を適切に充足させるために
　　性質Pが必要であるとき、ある人Xが、PをもつYたちを選ぶことは、P
　　をもたない人々を不当に差別することに当たらない。そして、目下の事例
　　は、Pがたまたま人種的性質ないし民族的性質であったにすぎない例であ
　　る。（Halwani 2017, 184）

同様に、チャールズ・ミルズは「性的エキゾチシズムそれ自体」は、ステレオ
タイプではなく単なる表現型に基づく嗜好として十分に解釈可能であり、そこ
に欺瞞が含まれていないかぎり倫理的に問題はないと主張している（Mills
1994, 145）。
　MPAは、エリザベス・アンダーソンが「ミニマルな人種」と呼ぶ概念を前
提としている（Anderson 2010, 157）。ミニマルな人種とは、ポール・テイラーの
的確な表現で言うところの「身体と血統（bodies and bloodiness）」（Taylor 2013）
──すなわち、表現型特性のクラスターと地理的な祖先──に基づいて人々を
区別しつつも、その区別された各集団に対して特定の身体的特性や心理的特性、
道徳的特性を帰属させることはしない分類枠組みである。MPAを主張する人
は、このミニマルな人種を前提したうえで、人種フェチを、人種化されていな
い他の表現型特性に対する嗜好──それらは、一般に広く認められ、道徳的に
許容可能だとみなされている──と同一視するのである。この点は、キムのイ
ンタビュー対象者に見られたように（Kim 2011）、イエロー・フィーバーがし

ばしばアジア人女性の身体的な美しさに対する評価であるとして（つまり、外見上の身体的特性に対する評価であってそれ以上に深いものではないとして）正当化されていることにもよく表れている。

　MPA は、多くの人が人種はもはや問題でないと主張するいわゆる「ポスト人種」社会において、特別な意味をもつように思われる。異なる人種の人々は異なる身体的・心理的・道徳的特性を示すという古典的な人種主義の考えを（公然と）支持する人はほとんどいない。しかし、ミニマルな人種に訴えることは、社会学者エドゥアルド・ボニラ゠シルヴァが言う「カラーブラインドな」人種主義イデオロギーを強化することになる。カラーブラインド・イデオロギーとは、明らかに人種化されている行動と結果のパターンを人種が関わらないプロセスに基づいて説明することよって、現在も続く人種バイアスや差別、偏見の存在を否定するイデオロギーである（Bonilla-Silva 2013, 76）。例えば、居住や交友関係、結婚といった場面で根強く見られる明白な人種分離を説明するために、「類は友を呼ぶ」とか「人は自然にそれぞれの集団へと自ら分かれていく」といったことが言われるわけだ。MPA は、こうしたカラーブラインド・イデオロギー的信念を支持する働きをもち、またおそらくそうしたイデオロギー的信念に動機づけられていると考えられる。

　これを踏まえたうえで、アジア（系アメリカ）人女性の場合、彼女たちが置かれている特殊な人種的位置づけゆえに、MPA が独特の重要性をもつことを指摘しておこう。社会学者たちは、アジア（系アメリカ）人が、高い教育水準と経済的成功、文化的同化を達成する「モデル・マイノリティ」や「名誉白人」として見られている（それが実際には正しくないにせよ）状況について報告してきた（例えば Chou and Feagin 2014）。アジア（系アメリカ）人は、あからさまにネガティブなステレオタイプを付されることが比較的少ないため、黒人やラテン系アメリカ人など、より目立って不利な立場にある集団が直面する人種差別や偏見に関する主流の物語では不可視化されていることが多い。そのため、アジア（系アメリカ）人は、ミニマルな人種の影響のみを受ける集団に最も近いと言えるかもしれず、それゆえ MPA にとって特に重要なテストケースとなるのだ。

　こうした白人に近い立場に置かれた結果として、アジア（系アメリカ）人の

人々は、「特定の社会的経験に本質的に関わっている人種的要因を明らかにすることを妨げる、カラーブラインドな言説」を自ら受け入れ、それによって「人種差別に対処する手立てをもたないままになってしまう」場合がある（Chou, Lee and Ho 2015, 307）。それゆえ、イエロー・フィーバーを不快だと公言するアジア（系アメリカ）人女性でさえ、MPA を前に反論できないでいることは不思議ではない。人種間交際をするアジア（系アメリカ）人女性に関する根本宮美子の研究（Nemoto 2006, 34）に、アイリーンという女性の事例が挙げられている。アイリーンは、〔白人の〕ボーイフレンドに対して最初に次のように思ったという。「うわ、彼アジア人の女の子が好きなんだ。そういう男と付き合うのは嫌だったのに。本当に無理。アジア人として育つと、必ず「わあ、僕アジアの文化が大好き」と言ってくる奴に出会うわけだけど……そういうのって最悪」。ところが、根本の報告によれば、

> アイリーンはそれでも、ブライアンがアジア人の女の子とばかり付き合い、主としてアジア人に惹かれてきたという事実に納得できる説明を与えようとしていた。彼女は、ブライアンが好きなのは、必ずしもアジアの文化や言語ではなく、アジア（系アメリカ）人女性の身体的な見た目にちがいないと考えた。「それが彼の抱いている美の理想なんだろう。だったら、まあ許せる。だってそうでしょう。彼は特定のタイプの人を魅力的だと思うってこと。……これは頭で考えてどうにかできることじゃないんだから」。（Nemoto 2006, 34）

ロザリンド・チョウは、また別の人による次のような嘆きを引用している（Chou 2012, 93）。「それは絶対におかしなことで、いまではそう自覚しているのですが、当時はあまりにも若くて、まだいろいろ知らなかったんです。何か違和感があると思ってはいましたが、なぜかはわかりませんでした」。彼女たちがミランダ・フリッカーの言う「解釈的不正義」（Fricker 2007）を経験していることは間違いない。つまり、彼女たちは、集団的な理解の枠組みにおいて周縁に追いやられているせいで──私の主張に従えば、とりわけ、白人の経験を中心化し、他の視点から見れば明白な人種的力関係（ダイナミクス）を無視するカラーブライン

159

ド・イデオロギーのせいで——自分の経験の意味を理解できないでいるのである。以下本論文では、この解釈的不正義を是正するための試みとして、イエロー・フィーバーに対するアジア人女性の嫌悪が正当なものであることを示し、さらに MPA に対してできること（あるいは言えること）は何もないという考えを退ける。

2　イエロー・フィーバーと人種的ステレオタイプ

　MPA に反論する一つの道は、第一の前提を否定することである（ここではあまり踏み込まないが、十分考慮に値する方針だと思う）。数多くの実証研究が示すところによれば、世間一般で魅力的とされている表現型の特性を好むことは、そうした特性をもたない人の人生の可能性を体系的かつ不当に不利にする。それゆえ哲学者たちは、そのような嗜好が不当な差別の一種に当たると主張してきた（Willard 1977; Soble 1982; Rhode 2010）。またフェミニストたちは、身体的魅力を性交や恋愛への参加条件として扱うことは女性に対して抑圧的に働くと主張してきた。女性はすでに、知性や能力、その他の資質よりも、いかに女性的な美の理想に適合しているかという点で過剰に判断・評価されているからである（Wolf 1991; Bartky 1990）。こうした考察は、（世間一般で魅力的とされる）表現型特性に対する性的嗜好が、実際に道徳的・政治的な理由から問題になりうることを示唆するものである。

　しかし、MPA に対する最も明快な反論は、第二の前提を否定することである。実際こうした方向性の考えは巷によく見られるものだ（例えば Cohen 2002, 166）。多くのアジア（系アメリカ）人女性は、イエロー・フィーバーの男性から当てはめられていると感じる人種的ステレオタイプのありようと、そうしたステレオタイプを実現したり、それに抵抗したり、他の何らかの仕方でうまく切り抜けたりするための大きな感情労働について詳述している（Chou 2012; Chou, Lee and Ho 2012, 2015; Nemoto 2009; Sue et al. 2007）。さらに悪いことに、そうしたステレオタイプの存在によって、アジア人女性は、そのステレオタイプに基づいて彼女たちを標的にする男性からのセクシュアル・ハラスメントや暴力を特に受けやすくなっている（Cho 1997; Lee 1996; Patel 2009; Park 2012; Woan 2007）。

したがって、アジア人女性に対する性的に強調化された人種的ステレオタイプ
を道徳的に問題視する理由は十分にあるのである。

　こうした路線で MPA を批判する議論の柱となるのは、次の二つの考えであ
る。第一に、個人が抱く人種フェチは常に、純粋に美的な特徴ではなく人種的
ステレオタイプに基づいている。第二に、本人がそうしたステレオタイプを明
示的に否定していることは、実際にその人の人種フェチがステレオタイプに基
づいていないことの証拠にならない。というのも、通常、人は自分の性的嗜好
の出どころをはっきりわかっているわけではないからだ。以上 2 点を主張する
ことは、〔人種化された身体的特性に対する〕性的嗜好はミニマルな人種に基づ
く場合もあるという MPA の〔第二の〕前提を否定し、そうした嗜好が人種的
集団に対する厚い特性帰属を必然的に含むと主張することに相当する。

　これらの主張は、多くの学術的な実証研究に裏づけを見出すことができる。
歴史家、社会学者、心理学者、文学・映画研究者たちは、「ホワイト・アメリ
カ〔白人中心のアメリカ〕」において、いかにアジア（系アメリカ）人女性たち
がもっぱら性的な観点から捉えられてきたのかを報告してきた。そうした研究
では、連邦移民法や、東アジアおよび東南アジアの軍事的支配、戦争花嫁、買
春ツアー、ポルノグラフィ、メールオーダーブライド[1]などの物質的実践と、
従順で家庭的な「蓮の花」、あるいは誘惑的で不誠実な「ドラゴン・レディ」
などとして描かれるアジア人女性の文化的描写とが、相互強化的な関係にある
ことが示されている（例えば Chan 1988; Mazumdar 1989; Tajima 1989; Uchida 1998;
Parreñas Shimizu 2007; Woan 2007）。またより最近の数十年では、スミ・チョウ
（Cho 1997）やスーザン・コーシー（Koshy 2004）によって次のことが主張され
ている。すなわち、アジア人の「モデル・マイノリティ」としてのステレオタ
イプ——このステレオタイプによれば、（一部の）アジア人移民コミュニティ
が経済的成功をおさめてきたのは、彼らの強い勤労規範や教育を重視する文化
のせいだとされる——の出現が、広く浸透している性的ステレオタイプと結び
ついて、「性的モデル・マイノリティ」としてのアジア人女性の表象を生み出

〔訳注 1〕カタログに掲載された女性を男性が選ぶシステムの結婚仲介サービスで、主に途上国の
　女性と先進国の男性のマッチングに用いられた。

してきた。それは、性的魅力と、家族中心的価値観および強い勤労規範が融合する理想的な表象である（チョウが指摘するように（Cho 1997）、この性的モデル・マイノリティ・ステレオタイプにおいて、アジア人女性が、怠惰で政治的要求の多い黒人というステレオタイプや、独立や自律というフェミニスト的価値観を支持する（白人）女性というステレオタイプと好対照をなしている点は、注目に値する）。また、イエロー・フィーバーは、控えめで従順なアジア人女性に見て取られがちな伝統的なジェンダー役割に立ち戻りたい男性側からの、反フェミニスト的な反発（バックラッシュ）に動機づけられていることを示す証拠もある（Cho 1997; Fujino 2000; Prasso 2006）。キムの調査報告（Kim 2011, 237）によれば、「インタビューを受けた人のほぼ全員が、アジア人女性が従順であることを否定するところから話を始めるのだが、にもかかわらず彼らは皆、結局何らかの形で、アジア人女性が従順だということを述べるに至っていた」。

　さらに、人種化された集団としてのアジア人は、内気で、物腰柔らかく、従順なアジア人の人種的「本質」なるもののせいで、女性的であるとステレオタイプ化されるが、この人種の「ジェンダー化」によって、アジア人女性はいわば「二重に女性化（feminization）」されることになる（Arisaka 2000; Galinsky, Hall, and Cuddy 2013; Johnson, Freeman and Pauker 2012. 印象的なことに、これとちょうど反対の結果が、人種化された集団としての黒人に見られる。黒人の場合は、彼らがもつとされる攻撃的「本質」ゆえに、男性的（マスキュリン）であるとステレオタイプ化されるのだ）。この二重の女性化があるからこそ、アジア人女性の性資本（セクシュアル・キャピタル）は増加する一方で、アジア人男性の性資本は増加しないという事態が生じることになる。そしてこの事実は実際、アジア人女性と白人男性のカップルがアジア人男性と白人女性のカップルに比べて目立って多いことや（例えば Feliciano, Robnett, and Komaie 2009）、性的魅力ランキングにおいてアジア人が女性では首位に、男性では最下位に置かれること（Lewis 2012）、大衆メディアのなかでアジア人男性よりアジア人女性のほうが存在感を示していること（Schug et al. 2015）によって、はっきりと裏づけられている。こうした多数の分野横断的な研究は、次のような主張を支持するものである。すなわち、歴史的にアジア人女性の性的強調化されたステレオタイプに染まってきた文化に長く晒されることは、人がアジア人女性に対する性的嗜好をもつことに影響を与えており、たとえ本人にそ

の自覚がなかったとしても、このことを否定するのはまったく現実的でないということである。

　哲学者たちは一般に、こうした人種フェチの背後にある人種的ステレオタイプに関する懸念を共有している。ミルズは、単なる性的なエキゾチシズムについては許容しつつも、非白人の人種化された表現型特徴を貶める「白人至上主義的な美のステレオタイプの受容」を含むような性的嗜好に対しては、道徳的批判を行なう議論を展開している（Mills 1994）。おそらく、この批判は、アジア人的な美についての性的強調化されたステレオタイプにも当てはまるだろう。またハルワニ（Halwani 2017）の最終的な目的は、人種フェチであることが必ずしも人種差別的であるとか倫理的瑕疵があることにはならないという主張を擁護することであるが、何かが人種差別かどうかを判断するために彼が用いている基準は、主として人種的ステレオタイプの役割に関わっている。すなわち、当該の性的嗜好がステレオタイプを含んだものであるかどうか、またそのステレオタイプが非性的な文脈で働いているものであるかどうか、そして本人がそうしたステレオタイプに対してどんな態度をとっているのか（承認しているのか、否定しているのか）を見るべきだとされているのだ。

　しかしながら私は、人種フェチを批判する際に、その源泉にある個人の（暗黙的な）ステレオタイプ化を問題にする議論を頼りにしすぎることには慎重である。性的嗜好の曖昧な性格は、諸刃の剣になるからだ。ハルワニが指摘するように（Halwani 2017）、ステレオタイプにまったく基づくことなく人種フェチをもつことは、（たとえ、ありそうにないとしても）間違いなく可能ではあると思われる。ここで個人による違いの可能性を即座に排除してしまうべきではない。例えば、単に偶然的な地理上の問題や地域の人口動態、あるいはより特殊な個人の遍歴――例えば、最初の恋人や性経験がどうであったかなど――に起因して生じる人種フェチもあるかもしれない。しかし私の考えでは、たとえそうだとしても人種フェチが問題含みでなくなるわけではない。また、イエロー・フィーバーの人がそうした〔ステレオタイプと関係のない〕理由で当の性的嗜好をもっている場合に、フェチの標的になる人がそれを嫌がるべきでないということもない。以下で私が主張したいのは、個人がもつイエロー・フィーバーの源泉や本性を正確に突き止めることに力を注ぐよりも――そもそもそれら

を確実に特定することは不可能かもしれない——、人種によって分離され、ヒエラルキー的に序列化された世界においてイエロー・フィーバーがもたらす社会的影響を理解すべきだということである。

3　イエロー・フィーバーの影響および社会的意味

　ハルワニは次のような結論を述べている。すなわち、人種フェチをもつ人の一部には人種差別主義者もいるが、「そうでない人の場合は、他の性的嗜好をもった人々と同じであり、「それがどうした」という以上のことは言えない」(Halwani 2017)。しかし私は、この結論は性急すぎると考えている。人種フェチをもつ人々が人種差別主義者でないからと言って、そうした嗜好に道徳的に問題含みな点や批判可能な点が何もないということにはならない。というのも、そこにはハルワニが考慮し損ねている別の当事者集団がいるからだ。それは人種フェチをもつ側ではなく、その標的となる側の人々である。一部の人々が人種のせいで過剰に害や負荷を被ることや、性的能力を事実と異なる仕方で表象されることは、道徳的に問題含みであり、さらに言えば不正である。これは性差別の悪さの一部を理解する一つの仕方である。例えば、女性たちは、自身のジェンダーのせいでモノ化やハラスメント、DV、レイプなどの性的な害を過剰に多く被っており、さらには性的能力にのみ価値があるとか、レイプされることを欲しているといった、誤った仕方で表象されているのだ。私は以下で、イエロー・フィーバーの例を用いて、人種フェチは、たとえそこに関わっているのがミニマルな人種の概念だけであるとしても、この両方の事柄〔人種を原因とした害や負荷と、誤った表象〕を帰結としてもたらすと主張する。この主張は、MPAの第二の前提を否定する別の（あるいは追加の）理由を与えることになる。

　私はアジア（系アメリカ）人女性の証言を出発点とするが、それには二つの理由がある。第一に、イエロー・フィーバーに対処しなければならないことによって生じる余計な心理的負荷は、それ自体として彼女たちが置かれた人種的に不利な立場を構成しているということ、第二に、そうした負荷の本質は、イエロー・フィーバーが存在することによって表現されるネガティブな社会的意

味のあり方を示すものになっているということである。メディアにおいても社
会科学の文献においても、アジア（系アメリカ）人女性たちの意見として非常
によく見られるのは、彼女たちが絶えず疑念や不信感と向き合わされていると
いうものである（例えば、Chang 2006; Chu 2009; Chou 2012; Chou, Lee and Ho 2012,
2015; Nemoto 2009 を参照のこと）。アジア（系アメリカ）人女性たちは、イエロ
ー・フィーバー歴がある男性を警戒しているということを一貫して述べており、
人種のせいで標的にされそうな出会いの場について仲間うちで警告し合ってさ
えいるという（Chou 2012, 94; Chou, Lee and Ho 2012, 11–12; 2015, 309）。彼女たち
は、自分が人種のせいで関心をもたれているのではないかという絶え間ない不
安について語っている。例えば、雑誌『マリ・クレール』のなかで、ある女性
は「誰かからメッセージをもらうたびに、私がアジア人だからなのかと思って
しまう」と述べている（Chu 2009）。またあるブロガーは、「これまで付き合っ
てきた人たちや私のことを魅力的だと思ってくれた人たちのなかには、ただ私
がアジア人女性だからというだけでそう思った人もいたのだろうかと、いまだ
によく考える」と書いている（sMash 2012）。

　こうした疑念が生じるのは一つには、イエロー・フィーバーの標的となる人
が「非個人化（depersonalized）」ないし「同質化（homogenized）」されていると感
じるためである。ある女性は、『OC ウィークリー』において「私は代替可能
なのだという考えがいつも頭をよぎります」と述べている（Chang 2006）。アジ
ア（系アメリカ）人女性は、女性としてすでに性的モノ化に晒されているが、
人種的非個人化はそれに加えて、マーサ・ヌスバウム（Nussbaum 1995, 257）が
「交換可能化（fungibility）」と呼ぶ、モノ化の別の側面を持ち込むことになる。
これは、人を他のモノと相互交換可能なモノのように扱うという意味でのモノ
化である。ここで重要なのは、非個人化は、ミニマルな人種のみに基づいて生
じることもありうるということである。例えば、内集団よりも外集団のメンバ
ーを区別するのに（視覚的）困難を覚える「自人種バイアス」や「外集団同質
化効果」は、ステレオタイプ的内容が関与しない人種的非個人化の例である
（Park and Rothbart 1982; Meissner and Brigham 2001）。サイとチュヤンによれば、人
種的非個人化は、個人として認識されることが重要な文脈において特にネガテ
ィブな経験になる（Siy and Cheryan 2013）。だが、多くの哲学者が論じてきたよ

うに、恋愛関係というのはまさにそうした文脈である。すなわち、愛は、交換可能化のちょうど反対のこと、つまり、愛の相手をその人と似た特性をもつ他の誰かで容易に代用できないことを要求するのだ（例えば Kraut 1987; Kolodny 2003）。フランクファート（Frankfurt 2004, 5）が述べているように、愛は「不可避的に特殊」である。あるいは、愛はまさにその人自身であるがゆえに愛されることを要求すると言ってもよいかもしれない。イエロー・フィーバーにつきものの人種的非個人化は、アジア（系アメリカ）人女性たちを、果たして自分は特定のカテゴリーに属するモノとしてではなく個人として愛されているのだろうか（あるいは愛されうるのだろうか）という疑念に陥れることになる。根本の研究（Nemoto 2009, 95）に登場するアイリーンは、あるときこう打ち明けている。「彼が私に惹かれているのは私がアジア人だからなのかと自問してしまうことがあります。というのも、最初はそれが理由だったって知っているからです──もちろん、最初の話にすぎないんですが。でもときどき、それだけが理由だったらどうしようって思うんです。そうじゃないことはわかってるけれど、頭のどこかでやっぱり……」。このように、イエロー・フィーバーにまつわる疑念はつらく、振り払うのが難しいものなのだ。

　もう一つの問題は、イエロー・フィーバーの標的となる人が感じる「他者化（otherization）」である。彼女たちは分け隔てられ、独自の基準と結びつけられてしまうのである。チョウ、リー、およびホーの研究（Chou, Lee and Ho 2015, 308）において、ある調査対象者は次のように述べている。「〔セクシーなアジア人と言われると〕自分が薄っぺらな仕方で褒められていると思って、むっとします。だって、「セクシーな人」と「セクシーなアジア人」に違いがあるべきではないでしょう」。そこで著者のチョウらは、「彼女に対するその「褒め言葉」は、例えば、彼女はアジア人であるがゆえに、あるいはアジア人であるにもかかわらずセクシーであるといった、彼女の人種に限定された特殊な内容を伝えるものであった」と指摘している（Chou, Lee and Ho 2015, 308）。こうした他者化が彼女たちにとってとりわけ深刻であるのは、アジア（系アメリカ）人女性は──他の有色の女性と同様に──主　流の白人的な美の基準から締め出されているという感情にすでによく苦しめられているからである（Mok 1998; Chou 2012）。そして、この他者化をもたらしているのは、ステレオタイプでは

なく表現型に基づいたミニマルな人種のみに含まれる人種的差異である。したがって、ここでアジア（系アメリカ）人女性はダブルバインドに直面している。すなわち、彼女たちの人種的差異は、白人的な基準に適合できていないものとされるか、オルタナティブな、あるいは非標準的な基準でのみ評価されるかのどちらかになってしまうのだ（アジア（系アメリカ人）男性の場合については Raj 2011 を参照のこと）。コニー・チャンは、「人種やジェンダーが原因で向けられる関心に違和感」を感じる女性たちについて述べた論文のなかで（Chan 1988, 37）、次のような意見を引用している。「私自身や自分の外見が褒められていると感じたことは一度もありません。ただ、エキゾチックに見えるアジア人女性であることが褒められていると感じていました。いまではもう、外見に関するものでなくても、褒め言葉を一切信用していません」。また、次のようなブログの記述もある。「私はいまでも、人種が原因で、モノ化やエキゾチック化、過度な性的強調化に晒されている気がするし、そのせいで、私を魅力的だと思う人のことを信用するのに苦労することがある」（sMash 2012）。こうした疑念は、人の（性的な）自信や自尊感情を深く傷つけるものなのだ。

　私の主張は以下である。イエロー・フィーバーの男性によってアジア（系アメリカ）人女性が実際に同質化または他者化されているか否かにかかわらず、イエロー・フィーバーの標的になる個々の人たちが感じる疑惑や懸念はそれ自体として、〔アジア（系アメリカ）人女性が〕置かれ続けている不利な人種的立場を反映した不当な害を構成する。ウォルシュ（Walsh 1990）や、ウィーバー（Weaver 1998）、キム（Kim 2011）、プラッソ（Prasso 2006, 141）の研究でインタビューに答えている男性たちや、オンライン上のイエロー・フィーバー・コミュニティやメールオーダーブライド・サービスの利用者らの証言から得られる限られた証拠によれば、そうした男性たちは自分の嗜好を説明する際、しばしば、人種的ステレオタイプや人種化されたアジア人の表現型特性の魅力、あるいは人種的・文化的違いとされているその他の特徴（例えば、アジア人女性とのほうがうまくいきやすいといったこと）に訴えるという。もちろん、そのような男性——インタビューを受けたりオンライン・コミュニティに参加したりすることを厭わないほどに自分の嗜好を自認しているような男性——は極端な事例であり、そうでないイエロー・フィーバーの男性たちを代表するわけではないかも

しれない。しかしいずれにせよ、アジア（系アメリカ）人女性は、自分への関心が人種フェチに起因しているかもしれず、さらにその人種フェチはステレオタイプ化に起因しているかもしれないという可能性と常に——少なくとも最初のうちは、そしてたいていその後もずっと——闘い続けなければならない。こうした疑惑を払拭するのは困難または不可能でありうる。チョウは次のように書いている（Chou 2012, 94）。

> アジア（系アメリカ）人の性的政治（ポリティクス）をテーマに講演を行なうと、講演後に女性たちから、白人男性の、また場合によってはアジア人以外のパートナーを再びもてるのだろうかという疑念を打ち明けられることがある。彼女たちは、過去にフェチの対象とされていたことに気づいてから、相手の関心が人種的ステレオタイプと無関係なのかについて完全に疑念を晴らすことがほとんど不可能になってしまったという。有色の女性として高い人種意識を身につけた彼女たちは、もはや確信をもつことができなくなってしまったのだ。

イエロー・フィーバーによって引き起こされる疑惑は、人種にまつわるより一般的な疑念と同一線上にある。そうした疑念は、いまなおこの社会的現実が人種化された行動／結果パターンに従って秩序づけられていることによって生じるものである。人種化されたパターンの個々の事例は、バイアスや偏見、差別——それらには、個人的なものも制度的なものも、あからさまなものも暗黙的なものも、意図的なものも非意図的なものもあるが——に起因する場合も、そうでない場合もあるかもしれない。しかしそれらのどの事例においても、有色の人々は、こうした〔人種化された行動パターンが成立している〕世界にいる以上、絶え間なく生じる疑念の問題に対処することに貴重な精神的・感情的リソースを費やさねばならない。排除的なふるまい、人種差別的な発言やジョーク、仕事上のネガティブな評価、あるいはむしろポジティブな評価といったものに直面するたびに、有色の人々はそれを問題視するか、無視するか、分析するか、それに反対するか、苦情を申し立てるか、他の人たちに意見や承認を求めるかといったことについて決断を下さねばならない。これらはすべて、白人

の人々が経験することのない（少なくとも白人であることによって経験すること
はない）、気力と犠牲を要求する。また、こうした疑念に対処するうちに、予
言の自己成就[2]に至ったり（例えば Steele, Spencer, and Aronson 2002）、自分の能力
や価値、合理性への自信を失ったりする場合もある（例えば Gildersleeve, Croom,
and Vasquez 2011）。先に示唆したように、こうした形で自身の反応が合理的であ
ることを正当化するために苦労を強いられることは、一種の解釈的不正義であ
る。つまり、有色の人々は、人種化された扱いのパターンを経験しつづけてい
るにもかかわらず、支配的なカラーブラインド・イデオロギーのせいで、人種
に基づく説明ができなくなっているのである。また見方を変えて言えば、イエ
ロー・フィーバーに関する疑念を最終的に解決した——例えば、それを苦にし
なくなったり、受け入れてしまったり、あるいはパートナーが自分を同質化や
他者化していないことを強く確信できるほどに関係を構築したりといった形で
——アジア（系アメリカ）人女性でさえ、もともとは他の人々が対処しなくて
もよい問題を負わされていたわけである。アジア（系アメリカ）人女性で、こ
の問題をまったく気にせずにいられる人は、もしいるとしてもごくわずかであ
ろう。また、注目すべきことに、イエロー・フィーバーに関してもっとポジテ
ィブな経験を報告していた女性であっても、すぐに幻滅したり、葛藤したり、
あるいはステレオタイプを自ら受け入れてしまっていることが多いという
（Chou 2012, 9; Chou, Lee and Ho 2015, 30; Parreñas Shimizu 2007, 3; Prasso 2006, 140）。

　これと対照的に、ブロンドやブルネットの人々は、ブロンドやブルネットで
あることによって、搾取や植民地化、奴隷化、迫害、排除を受けた歴史をもつ
わけではない。また、髪や眼の色というのは、その色の違いによって医療や教
育、雇用、人間関係、法的保護の機会といった、生活の社会的・経済的・政治
的側面の全般にわたる違いがもたらされるようなカテゴリーを形成しているわ
けではない。しかし、人種はまさにそうしたカテゴリーを形成しているのであ
る——アジア（系アメリカ）人女性や他の有色の人々が日頃から経験している
ように。もちろん、あらゆる性的関係や恋愛関係において、交換可能化に関す

〔訳注2〕根拠のない予言や思い込みであっても、人々がそれを信じて行動することによってその
　予言が実現すること。

る多少の疑念が生じることは——それが外見ないし性格に基づくものであれ、あるいは魅力となるその他の特徴に基づくものであれ——避けられない。しかし、人種フェチの場合には、人種と結びついた特有の疑念が追加で生じるのであり、しかもそれは払拭するのに感情的負担がかかるものなのである。したがって、MPA は、人種化された表現型に基づいた扱いの違いがもつ歴史的かつ・・・・・・・カテゴリー的本性を捉え損なっている。人種フェチは、まさにそうした本性ゆえに、広範に生じるパターンの一部を構成しているのであり、また有色の人々が過剰に心理的負荷を課され続けているのはまさにこの本性のせいなのである。より一般的に言えば、カラーブラインド・イデオロギーの支持者たちは、歴史的にも現在でも人種によって序列化された世界において——仮に、そこには表面上は「人種的でない」プロセスしか見られないとしても——、依然として、有色の人々にネガティブに作用し、人種的抑圧の遺産を再び定着させようと働く、人種的力関係（ダイナミクス）がいかに再生産されているのかを認識できていないのである。

　イエロー・フィーバーの標的になる人が経験する特別に人種と結びついた不快感は、イエロー・フィーバーが、より大きな構造的人種差別システムのなかで果たしている役割、より具体的に言えば、集団としてのアジア人女性の不当な表象において果たしている役割を理解する糸口にもなる。ここで私が指摘したいのは、個々の人種フェチは、その当人が何らかのレベルで抱えている人種的ステレオタイプに起因しているかどうかにかかわらず、人種的ステレオタイプの強化という結果を不可避的にもたらしてしまうということである。この点もまた、事実問題として、人種フェチが人種化された交際パターンを実際に促しているのかどうかにかかわらず言えることである。〔人種フェチと交際パターンの関係に関しては〕現実の交際状況から得られている経験的証拠は様々である。一部の研究者によれば、白人男性とアジア人女性のカップルが多いことを説明するのは、実際にはアジア人女性が黒人とヒスパニックの男性を好まないことであって、白人男性がアジア人女性を好んでいることではない（例えば Fisman et al. 2008）。他方で、人種化・ジェンダー化された文化的ステレオタイプの影響を受けた白人の性的嗜好が、〔交際パターンに〕大きな役割を果たしていると主張する研究者もいる（例えば Feliciano, Robnett and Komaie 2009）。けれども、私が関心をもっているのはむしろ、イエロー・フィーバーの社会的意味あ

るいは表現的意味（expressive meaning）である。それは、ローリー・シュレイジが人種間売春についての論文（Shrage 1992, 44）において、「［男性による］売春婦選択のうちに暗黙に示される、文化的にパターン化された社会ヒエラルキーの原理」と呼んでいるものだ。白人の人々が自分と別の人種よりも同じ人種の人とはるかに多く付き合いがちであるにもかかわらず、「イエロー・フィーバー」や「ジャングル・フィーバー」に並んで「ホワイト・フィーバー」という言葉が存在しないことを考えてみてほしい。交際相手に白人でない人を選ぶことは、特に本人が白人である場合、説明を要する逸脱的ふるまいなのである。だからこそイエロー・フィーバーのような嗜好は、「フェチ」として一括りに理解されやすいわけだ。特定の外集団に対する人種化された嗜好は、エリザベス・アンダーソンとリチャード・ピルズが「表現的意味」と呼ぶものをもってしまうのである（Anderson and Pildes 2000）。

> 表現的意味は社会的に構築される。それらは、様々な行為が、当のコミュニティにおいて重要な意味をもつ他の規範や実践に適合する（あるいはそれらと衝突する）仕方の結果として生じる意味である。［中略］ある規範がもつ表現的意味は、その規範自体に他から独立して備わっているのではなく、その規範が受け入れられ、運用されている文脈全体のなかで、その規範が解釈されることで生まれるものである。（Ibid., 1525）

これこそまさに、フェチが白人支配的な世界に「適合」している仕方であり、そしてまた、例えばイエロー・フィーバーが常にメディアのネタになったり、絶えず好奇の的になったりしている理由である。だからこそ、MPA に訴えてイエロー・フィーバーを擁護する人たちは、自分の嗜好がアジア人女性の美しさを適切に評価したものにすぎないと説明することで、逸脱者というレッテルを払拭しようとしているのである。

しかし、そうした釈明は、人種によって序列化された世界においては通用しない。ミニマルな人種は達成されるべきものであり、前提してしまってよいものではない。生活のあらゆる側面で人種が現に違いをもたらしているかぎり、イエロー・フィーバーは、アジア人女性には何か異なるもの、すなわち単なる

表現型の違い以上の何かがあるという表現的意味をもつ。ちょうど言葉の意味が個人の意図だけで決まるのではなく、ある種の言葉は本人には攻撃するつもりがなかったとしても一般に攻撃的な意味をもってしまうのと同じように、人種フェチは、たとえそれが人種的ステレオタイプを含んだ社会的意味によって引き起こされているわけではなく、その嗜好をもつ個人がそのステレオタイプを承認していない場合であってさえ、人種に基づいて階層化された社会においては人種的ステレオタイプを含んだ社会的意味を表現してしまうのだ。（白人）男性がアジア人女性に対する嗜好をもつということが知られたり、広く信じられたりすればするほど、アジア人女性が性的対象以外のものとして見られることはより難しくなる。オリヴィア・エスピンによる移民女性の研究（Espin 1995, 234）では、次のような事例が描かれている。「ジャスミンはアジア人女性をふしだらだとする人種主義的ステレオタイプを強く意識しており、自分が白人のボーイフレンドと人前で親密にしているときに、知らない人からどう見られるかを心配している。彼女は、自分の人種が特定の白人男性に対する魅力の一部になっていることを知っているのだ」。また、クイア／エスニック研究者ジーユン・リーによるインタビュー調査（Lee 1996, 119）では、レズビアンの女性が次のように明言している。「私は白人男性と一緒にいるアジア人女性を見るのが嫌いです。本当に、とにかく嫌なんです。……たぶん、それを見るたびに、自分もそう見られるとわかっているから、特に落ち着かない気分になるんでしょうね。自分は周りからこんな風に、白人男性といるべき人として見られているんだろうって思ってしまうので」。イエロー・フィーバーの源泉が何であろうとも、これらがイエロー・フィーバーによってもたらされる直接の帰結である。このようにして、フェティシストに付与される逸脱性は、その標的となる者にも伝播する。実際、より一般的に、有色の女性たち（「ホットなラテン女」、「黒人ヤリマン」など）は皆このように、逸脱的な性的本性をもつものとして、極度に性的強調化されている（Collins 2005; Guillen 2015; Parreñas Shimizu 2007）。イエロー・フィーバーの標的となる人が、言語化できない形であれ感知し不快に思うのは、まさにこうしたイエロー・フィーバーの社会的・表現的意味なのである。

　いま述べてきた表現的意味の分析は、それなしには理解が難しいイエロー・

フィーバーに関わる疑問の一つに答えることにも役立つ。それは、もしアジア人女性がそんなに美しいのであれば、彼女たちを好む男性になぜこうも侮蔑が向けられるのかという疑問である。プラッソ（Prasso 2006）やキム（Kim 2011）、チョウ（Chou 2012）は、アジア人女性が、年長で、魅力や社会性に欠けた男性を受け入れがちだとみなされている証拠を挙げている。例えば、アーバン・ディクショナリーの「イエロー・フィーバー」に関するユーザー投稿の多くは、「ナード」や「ギーク」に結びつけられるアニメや漫画などへの関心を列挙したり、イエロー・フィーバーを「性交経験がない、もしくは性的に未熟な白人男性」と露骨に結びつけていたりと、あからさまに嘲笑的な内容になっている。こうしたことの背景にはおそらく、下層階級出身の多くのアジア系移民女性が白人男性と結婚しているという世界的な経済情勢があるだろう。しかしその結果、人種的ヒエラルキーの暗黙のロジックに従う形で、イエロー・フィーバーの男性は、しばしば、白人女性と付き合うことができない男性として見られてしまう。つまり、彼らは、（おそらく物質的利益のみに動機づけられた、劣位の）アジア人女性にしか受け入れてもらえない「低級品」とみなされることになるのだ。このときアジア人女性は、アジア人女性ステレオタイプが備えるポジティブな性質にもかかわらず、白人女性より劣ったものとして捉えられている。こうしたこともまた、社会的な意味と表象の問題であり、フェティシストからその標的へと伝播するスティグマの問題である。アジア人女性がもつとみなされる性的優位性は、結局のところ、彼女たちを人間としては劣位に追いやることになる。彼女たちは、よりはっきりと、性的ないし家庭的な対象としての価値しかない存在に格下げされてしまうのである。

　ここで、個人の偶然的な過去の経験に由来する個別の人種フェチも、この問題を免れてはいないことに注意してほしい。というのも、そうしたフェチであっても、そこで働いているのは、根本的に人種に基づいた分類だからである──これから相手を選ぶときの根拠として、なぜ個人の人格的特徴や趣味や他の身体的特性ではなく、わざわざ人種化された表現型を挙げる必要があるのだろうか。先に論じてきたように、たとえミニマルな人種であれ、人種を基盤に異なる扱いを施すことは、〔この社会に〕人種化されたパターンや構造が存続しているかぎり、強固な人種的意味を帯びてしまうことを避けられない。たとえ

個々の人種フェチがステレオタイプから生じていないとしても、それらはなお人種的ステレオタイプに沿った仕方で社会的に解釈され、意味づけられるのだ。よく知られるように、ミルズは、白人女性と結婚する黒人男性について類似の結論を導いている（Mills 1994: 149）。たとえ、そうした男性の行為が自分の人種に対する蔑視に動機づけられているわけではないと信じられる場合があるとしても、彼らの行為は、ミルズの言葉で言えば、「世界に対して、……黒人女性はいまいちだというメッセージを発する」意味をもってしまうのだ。また社会心理学者のケイらが示すところによれば（Kay, Day, Zanna and Nussbaum 2013）、たとえポジティブなものであってもステレオタイプに晒されることで、人々は、人種化された各集団を生物学的かつ本質的に異なる集団として捉えやすくなり、さらにはそうした集団にネガティブなステレオタイプを帰属させやすくなるという。最後に、イエロー・フィーバーをはじめとする人種フェチがもたらす別の直接的帰結として、人種化された社会構造の強化が挙げられる。それは例えば、人種によるフィルタリング機能を設けているオンラインデート・サイトや、ポルノにおける人種カテゴリーといったものである（この論点については、Robinson 2008 を参照のこと）。以上のように、人種フェチが、現実の人種による分類実践の永続化と人種的意味の再生産に寄与していることは、人種的表現型が他の表現型と同じではないということを示すのであり、詰まるところ、「単なる好み論証」の第二の前提は偽だと言える。イエロー・フィーバーは、まさにその本性上、単なる好みではないのだ。

4　まとめと考察

本論文では、人種フェチと、髪質や眼の色のような表現型的特性に対する個人的・美的な好み——これらは一般に許容されているものだ——には何ら違いがないという主張に反対し、人種フェチは過度に性的強調化された人種的ステレオタイプに起因するという主張を支持する経験的証拠を提示した。さらに私は、たとえ人種的ステレオタイプによって引き起こされていないとしても（それはあまりありそうにないことだが）、人種フェチは少なくとも二つの理由で問題があると主張した。〔第一に、〕ステレオタイプ的内容を含んでいなくても、

人種フェチはその標的になる人々を非個人化・他者化し、彼女たちにまさにその人種であることによる疑念や疑惑、不安といった過剰な心理的負荷を被らせることになる。加えて〔第二に〕、その源泉が何であるにせよ、人種フェチは、人種に基づいて階層化された社会において、今なお人種的ステレオタイプを含んだ社会的意味によって解釈・説明され、また結局そうした意味を表現してしまうことになる。以下この最終節では、こうした私の主張に対するいくつかの反論を検討する。

　第一に、私の主張は法外な帰結を招くことになるという反論がありうる。例えば、ジェンダーと性的指向（sexual orientation）について何を言うことになるだろうか。ジェンダーもまた、カテゴリーを対象とした歴史的な抑圧の基盤となってきたものであり、特定のジェンダーに基づいた性的嗜好は間違いなく、女性や LGBTQ の人々が被る性的モノ化およびその他の害に寄与している。だとすれば、そうした嗜好も道徳的に問題のある「フェチ」だということになってしまい、それによって背理法が成り立つのではないか[3]（この考えは、まさにハルワニ（Halwani 2017）のいくつかの議論の軸となっている）。以上の反論に対して、ラディカルな応答と穏健な応答の両方を与えることにしたい。ラディカルな応答は、背理法の帰結にひるまず、ジェンダーと性的指向に基づく性的嗜好が実際に道徳的に問題であることを認めてしまうというものだ。ただし、注意してほしいのだが、これは決して滅茶苦茶な話ではない。フェミニスト哲学者や活動家たちは以前からずっと、レズビアンやバイセクシュアル、パンセクシュアルになるべき道徳的義務があるのかどうかという問題を真剣に議論してきた（例えば Trebilcot 2009 を参照のこと）。そして、ある人にとってのモーダス・ポネンスは別の人にとってのモーダス・トレンスである[4]。法律学者のエアーズとブラウンは、人種の場合に〔性的嗜好が〕道徳的問題となることから、セックスとジェンダー〔に基づく性的嗜好〕の場合へと類推による推論を行ない、セックスとジェンダーに基づいて差別しない性的嗜好をもつほうが道徳的により良いという結論を導いている（Ayers and Brown 2011, 30–38）。エアーズら

〔訳注3〕ジェンダーに基づく性的嗜好もまた道徳的に問題があるという結論は受け入れがたいことから、人種フェチが道徳的に問題があるという主張の誤りが示されるということ。

によれば——ローレンス・トーマスも同様のことを主張しているが（Thomas 1999）——、職場や公的な関係において人種や性別に基づく差別が禁止されており、性的に親密な関係がそれら以上に重要なものであるかぎり、そうした親密な領域で起こる差別を批判する根拠はいっそう強くなるはずである。ケイト・ボーンスタインもまた、ジェンダー・アイデンティティは性的嗜好を決定づけるものであってはならないと主張し、代わりに、性的アクティビティ——例えば、トップかボトムか、支配的か従属的か、など——の好みを基盤とした性的嗜好を提唱している（Bornstein 1994）。さらに私は、性的魅力に関する基準の歴史的・文化的な多様さに鑑みるならば、人間がそのようにラディカルに広げられた基準をもつことも可能なのではないかと考えている。

　とはいえ私自身、ジェンダーと性的指向に基づく嗜好が非難に値するという考えに対して私たちが抱く抵抗感には、重要な真理が含まれていると思っている。それは、性的嗜好そのもの自体に道徳的な問題があるわけではないという考えだ。仮に、理想的な世界があって、そこでは美や魅力の規範が、どんな人でも魅力的だとみなされる可能性のあるものになっているとか、自分の意志で選択・修正可能な特徴にのみ結びついているというのであれば、そこで性的嗜好を批判する根拠は非常に乏しくなることもあるかもしれない。しかし、高度に人種化・ジェンダー化され、ヘテロ規範的であるこの不完全な世界においては、性的嗜好は、たとえその標的となる者をスティグマ化するのではなく美化するものであるとしても、抑圧的な制度を追認・再生産するよう組織されてい

〔訳注4〕モーダス・ポネンスとは、A、AならばBという二つの前提から、Bという結論を導く推論のこと。それに対してモーダス・トレンスとは、Bではない、BではないならばAではないという二つの前提から、Aではないという結論を導く推論のこと。どちらも、一般に正しい推論である。より具体的にここでの議論を解説するならば、ゼンの議論に対する反対者は、「ジェンダーに基づく性的嗜好は道徳的に問題がない」、「ジェンダーに基づく性的嗜好に道徳的な問題がないならば、人種フェチには道徳的な問題がない」という前提から、先に述べたモーダス・ポネンスを用いて「人種フェチには道徳的な問題がない」という結論を導こうとしている。これに対してゼンは、反対に、「人種フェチには道徳的に問題がないわけではない」「人種フェチに道徳的な問題がないわけではないならば、ジェンダーに基づく性的嗜好には道徳的に問題がないわけではない」という前提から、モーダス・トレンスを用いて、「ジェンダーに基づく性的嗜好には道徳的に問題がないわけではない」という結論を導くこともできることを指摘している。

るかぎりにおいて、現に道徳的に問題である、と私は考える。

　他方で、より穏健な応答の出発点となりうるのは、ジェンダーと性的指向に基づく性的嗜好の場合、その標的となる人々が人種フェチの標的となる人々と同種の感情を抱くわけではないと思われることである。多くの人々は、自分の魅力が自分のジェンダーに依存しているかもしれないという事実によって非個人化または他者化されているとは感じない。これは重要な点を示唆している。すなわち、両者の嗜好がもつ表現的意味は同じではないということだ。「ゲームの規則」がジェンダーと性的指向によって定義されているかぎり、それらに基づいてパートナーの候補を選別することは、他の人たちに対する差別的な扱いには当たらない[2]。ポイントとなるのは、言ってみれば「対等なプレー」ができるかどうかである。人々がそうした対等な立場にないと推定される状況を考えてみた途端に、フェチの問題は再び浮かび上がってくる。例えば、トランスジェンダーの人々や障害のある人々、肥満の人々に対する性的嗜好は、人種の場合と同様、その標的となる人（の一部）に「フェチ」として捉えられ、まさに同種の不快感を抱かれている（Emens 2009; Saguy 2002; Solvang 2007; Tompkins 2014）。

　この点はさらに別の反論へと結びつく。すなわち、抑圧システムに逆らうように機能する「進歩的」なフェチの場合はどうなるのだろうか。例えば、アジア人男性を好む男性は、ゲイコミュニティにおいて（たいてい嘲笑的に）「ライス・クイーン」と呼ばれている[3]。また似たようなものとして、「トラニー・チェイサー」〔トランスジェンダーの人を特に性的に好む人々〕、「アンピュティ・ディヴォーティ」〔四肢切断手術をした人を特に性的に好む人々〕、「ファット・アドマイヤ」〔肥満の人を特に性的に好む人々〕といった俗称もある（Caluya 2008; Saguy 2002; Solvang 2007; Tompkins 2014）。エアーズとブラウンは「反従属化基準（antisubordination norm）」という基準を提示しているが、それによると、人種やジェンダーに基づく嗜好の道徳的評価は、歴史的に従属させられてきた集団の

2　この点について議論してくれたニルズ・ヘネス・スティアに感謝する。

3　ただし、そうした嗜好は、アジア人男性が「ボトム」としてのみ欲望され、女性らしさのステレオタイプを付与される場合にはまったく進歩的とは言えない。この点を指摘してくれたシェンイー・リャオに感謝する。

解放を促進するかどうかによって判定されるべきだとされる（Ayres and Brown 2011, 34–37）。すると、私の立場は、従属化に逆らうような人種フェチを奨励することになるのだろうか。

　必ずしもそうではない。たしかに、トランスジェンダー、障害、ファット・アクティヴィズムの活動家や学者たちは、そうした人々に魅力を感じる人に対するスティグマをなくすよう主張してきた。というのも、そうしたスティグマ化が生じる背景には、それらの人々に惹かれることは何らかの点で逸脱的かつ非標準的だという暗黙の前提が存在しているからだ。だからこそ、障害者や肥満の人々へのフェチを自認する多くの人は、人種フェチの人たちとまさに同じ仕方で MPA に訴えている（Saguy 2002; Solvang 2007）。そしてまた、先ほど述べた展望のとおり、私は美の規範を広げることに完全に賛成している。しかしながら、私は非個人化と他者化の問題はここでもまさに同じように起こると考えている。実際、前述のように、すでにそれらの問題はフェチの標的になっている一部のトランスジェンダーの人々や障害のある人々、肥満の人々によって表明されている。もっとも、フェチ化されないかぎり完全にゲームから排除されてきた人々にとって、これはゲームに参加する機会のために払う対価であるかもしれず、それゆえにフェチ化を受け入れることもあるかもしれない。しかし、このトレードオフがもつ魅力や、その魅力ゆえにフェチが容認される可能性は、より大きな進歩が達成されるにつれて減少していくと思われる（例えば、法学者エリザベス・エメンズが指摘しているように、全米肥満受容推進協会はかつて「ファット・アドマイヤ」を支持する公式声明を掲載していたが、後になってそれを撤回した（Emens 2009, 1343, fn. 153））。異なる人種に対する性的関心は、おそらくかつてはトランスジェンダーの人々や、障害のある人々、肥満の人々に対する性的関心と同じくらい強くスティグマ化されていたが、現在ではより受け入れられ、正常化されているため、そこではゲームから排除されることの問題よりもフェチの問題がずっと大きくなっているのだ。したがって、そうしたフェチは、たとえ進歩に向かう過程のなかで起こるものであるとしても、やはり道徳的には望ましくないと私は考えている。

　最後に、「べきはできるを合意する」という考えに基づいた次のような反論がありうる。すなわち、もし（人種、ジェンダーなどに対する）性的嗜好が本人

にコントロールできるものでないとしたら、それがいかにして道徳的に問題視される対象になりえるのだろうか。〔性的嗜好が道徳的に批判可能であるとしたら、〕私たちはみな、恋愛や性交を自制することを迫られるのではないだろうか。まずはじめにはっきりさせておきたいが、本論文で私は何か特定の行動指針を薦めたわけではない。異人種間の交際は、他のあらゆる交際と同様に、そこに関係する特定の個人の優先順位や価値観、妥協点に従って、個別に進められるべきことである。さらには、MPA に反して、人種フェチとそれに伴う害をもたらしているのは、単なる個人の瑕疵ではなく、むしろ人種的意味のシ・ス・テ・ム・と人種的に不利な立場を作り出す構造である。したがって、社会的実践を通じて表現される人種化された性的ステレオタイプの存在そのものをなくしていくことに注意を向けるほうが、個々の人の嗜好が「本当は」そうしたステレオタイプに基づいているのかどうかという厄介な問題に拘泥するよりよいだろう（言い換えれば、人種フェチである人は、人権差別的であるとか倫理的瑕疵があるということになるのかという問いは、脇に置いてしまってよいのだ。本論文で示してきたように、そうした嗜好は別の根拠で批判可能だからである）。これは、自分がフェチをもっているかどうかにかかわらず、私たち全員に関係する事柄なのである。このように、私たちは誰もが――人種フェチの人にとってはより急務になるとはいえ――、自身の性的嗜好を批判的に精査するとともに人種的に不正な社会のパターンと構造の是正に向けて努力することを道徳的に要求されうる。例えば、エメンズは、自身が「親密な関係における差別（intimate discrimination）」と呼ぶものに対して、次のような二重のアプローチを採ることを推奨している（Emens 2009, 1366）。

　第一に、個人のレベルにおいて、私たちは「倫理的努力」として「体系的な自己探究」を行なうことができる。まず、自分がデートや交際、性交、恋愛、結婚の相手となる人の「必要不可欠な機能」として実際に何を求めているのかを考える。次に、潜在的なパートナーが、人種や障害のような社会的アイデンティティのせいでその機能を果たせないということがなくなるよう、何らかの「調整」ができるかどうかを考えるのだ。こうした批判的反省を行なうことによって――自分が密かに、あるいは気づかぬうちにステレオタイプを抱いていないかどうかを判定するためだけでなく、擁護しがたい（そして、これまで論

じてきたように、有害な）嗜好に抗して未来の行動や成長を導くためにその反省が行なわれるならば──、人はフェチ化をやめるというだけでなく、自分の嗜好を広げ作り変える可能性のある様々な現実の行動に出るようになりうる（例えば自身の出会いの場所、社交場、メディア消費などを拡張・多様化させるなど）。第二に、エメンズは、構造的なレベルで解決を図ることの重要性についても強調している（Emens 2009, 1367）。例えば、人種に基づく極端な居住地分離は、人種横断的な交流の機会を減らし、その結果、親密な関係を作る機会を減らすことになる。また、結婚のような法的身分に付随する権利や障害者施設が、その地域で利用可能になっているかどうかは、特定の社会集団のメンバーが関わる交際の困難さを左右する。このような仕方で、よりよい社会政策をもたらすために集団的に取り組むことを通じて、個々人は自分の性的嗜好を支える（あるいは阻害する）構造的条件を変えるように働きかけることになる。この構造的アプローチは、人種に基づいて階層化された社会的世界においてイエロー・フィーバーや他の人種フェチが果たす役割に対処するものになるのだ。

　以上から私は次のことが言えると考える。性的嗜好は自分の意志で選んだり命令によってコントロールしたりできるものではないので人は自分の性的嗜好に責任を負っていないというよくある考えには、反論の余地があり、また反論すべきである。むしろ、私たちが認識しなければならないのは、自分の性的嗜好や性的欲求に責任をもとうとするかどうかはコントロール可能であるということである。フェミニスト、ゲイ、レズビアンの哲学者たちは、性的嗜好やセクシュアル・アイデンティティ〔「セクシュアル・アイデンティティ」は、自分がどのような人に性的／恋愛的に惹かれるかについての自認を指す〕が、単に「所与」で変えられないお膳立てされたものではなく、それらが主体性や合理性の能力を通じて解釈されたり、承認されたり、変化させられたりするものであることを長きにわたって論じてきた。例えば、ウィリアム・ウィルカーソンは、「特定のセクシュアル・アイデンティティを引き受けることは、持続的な欲求に基づいて行動することを含むが、自分の持続的欲求を知ることはそうした欲求を部分的に構成するような解釈行為を含んでいる」と主張し、セクシュアル・アイデンティティは部分的に選択によっても構成されると結論づけている（Wilkerson 2009, 100）。また、ジョイス・トレビルコットも次のような考えを主

張している。「人は自分のセクシュアリティを、自分の感情と政治的見解、および理性に基づいて、そして関係があると思われるすべてのことを理性と情動の秤にかけて、発見／創造しうる」。例えば、ヘテロセクシュアリティに責任をもつというのは、「自身のヘテロセクシュアリティの部分を成している自身の経験や感情を認識し、またヘテロセクシュアリティ制度——これは単なる性的活動だけでなく無数の価値観と実践から構成される——に参加するか否かを決定する」ということなのだ（Trebilcot 2009, 341）。本論文が、セクシュアリティに対するこうした個人的・集団的な責任の担い方をよりよいものにするという課題に貢献できていれば幸いである。

謝辞

本論文は、以下の研究会議や大会の聴衆をはじめとする多くの方の関心とフィードバックに大きな恩恵を受けている。2012 年のオーストラリア批判的人種研究および白人性研究会議、フンボルト大学シンポジウムシリーズ：フェミニスト哲学とポルノグラフィ会議、2014 年の性と愛研究会、ピッツバーグ大学マイノリティと哲学読書会、ニューナム大学プディングセミナー、ケンブリッジ大学「哲学のなかの女性」連続講演。本文中に感謝を述べた方々に加えて、次の方々にも特に御礼を申し上げる。エリザベス・アンダーソン、サラ・バス、ナタニエル・コールマン、クリスティ・ドットソン、ミランダ・フリッカー、ラジャ・ハルワニ、レイ・ラングトン、イシャニ・マイトラ、パトリシア・マリノ、ジェニファー・ソール、そして匿名の査読者。

参考文献

Allen, A. (2000) "Interracial Marriage: Folk Ethics in Contemporary Philosophy." In N. Zack (ed.), *Women of Color and Philosophy: A Critical Reader* (Malden, MA: Blackwell), 182–205.

Anderson, E. S. (2010) *The Imperative of Integration*. Princeton, NJ: Princeton University Press.

Anderson, E. S. and R. H. Pildes. (2000) "Expressive Theories of Law: A General Restatement." *University of Pennsylvania Law Review*, 148, 1503–75.

Arisaka, Y. (2000) "Asian Women: Invisibility, Locations, and Claims to Philosophy." In N. Zack (ed.), *Women of Color and Philosophy: A Critical Reader* (Hoboken, NJ: Wiley-Blackwell), 209–34.

Ayres, I. and J. G. Brown. (2011) *Straightforward: How to Mobilize Heterosexual Support for Gay Rights*. Princeton, NJ: Princeton University Press.

Bartky, S. (1990) *Femininity and Domination: Studies in the Phenomenology of Oppression*. New York: Routledge.

Bonilla-Silva, E. (2013) *Racism without Racists: Color-Blind Racism and the Persistence of Racial Inequality in America*. Lanham, MD: Rowman & Littlefield.

Bornstein, K. (1994) *Gender Outlaw*. New York: Routledge.〔ケイト・ボーンスタイン『隠されたジェンダー』筒井真樹子訳、新水社、2007 年〕

Callander, D., M. Holt and C. E. Newman. (2012) "Just a Preference: Racialised Language in the Sex-Seeking Profiles of Gay and Bisexual Men." *Culture, Health & Sexuality*, 14, 1049–63.

Caluya, G. (2008) "'The Rice Steamer': Race, Desire and Affect in Sydney's Gay Scene." *Australian Geographer*, 39, 283–92.

Chan, C. S. (1988) "Asian-American Women: Psychological Responses to Sexual Exploitation and Cultural Stereotypes." *Women & Therapy*, 6, 33–38.

Chang, V. (2006) "Yellow Fever." *OC Weekly*. 以下で閲覧可能 http://www.ocweekly.com/2006-11-2/news/yellowfever/. Accessed 16 December 2015.

Cho, S. K. (1997) "Converging Stereotypes in Racialized Sexual Harassment: Where the Model Minority Meets Suzie Wong." *Journal of Gender, Race and Justice*, 1, 178–211.

Chou, R. S. (2012) *Asian American Sexual Politics: The Construction of Race, Gender, and Sexuality*. Lanham, MD: Rowman & Littlefield.

Chou, R. S. and J. R. Feagin. (2014) *The Myth of the Model Minority: Asian Americans Facing Racism*, 2d ed. St. Paul, MN: Paradigm Publishers.

Chou, R. S. K. Lee and S. Ho. (2012) "The White Habitus and Hegemonic Masculinity at the Elite Southern University: Asian Americans and the Need for Intersectional Analysis." *Sociation Today*, 10.

Chou, R. S. K. Lee and S. Ho. (2015) "Love Is (Color)blind: Asian Americans and White Institutional Space at the Elite University." *Sociology of Race and Ethnicity*, 1, 302–16.

Chu, Y. (2009) "The New Trophy Wives: Asian Women." *Marie Claire*. 以下で閲覧可能 http://www.marieclaire.com/sex- love/advice/asian-trophy-wife. Accessed 16 December 2015.

Cohen, R. (2002) *The Good, the Bad & the Difference: How to Tell the Right from Wrong in Everyday Situations*. New York: Doubleday.

Coleman, N. (2011) "What? What? In the (Black) Butt." *APA Newsletter on Philosophy and Lesbian, Gay, Bisexual, and Transgender Issues*, 11, 12–15.

Collins, P. H. (2005) *Black Sexual Politics: African Americans, Gender, and the New Racism*. New York: Routledge.

Emens, E. F. (2009) "Intimate Discrimination: The State's Role in the Accidents of Sex and Love." *Harvard Law Review*, 122, 1308–1402.

Espin, O. M. (1995) "'Race', Racism, and Sexuality in the Life Narratives of Immigrant Women." *Feminism & Psychology*, 5, 223–38.

Feliciano, C., B. Robnett and G. Komaie. (2009) "Gendered Racial Exclusion among White Internet Daters." *Social Science Research*, 38, 39–54.

Fisman, R., S. I. Sheena, K. Emir and I. Simonson. (2008) "Racial Preferences in Dating." *Review of Economic Studies*, 75, 117–32.

Frankfurt, H. (2004) *The Reasons of Love*. Princeton: Princeton University Press.

Fricker, M. (2007) *Epistemic Injustice: Power and the Ethics of Knowing*. New York: Oxford University Press.〔ミランダ・フリッカー『認識的不正義——権力は知ることの倫理にどのように関わるのか』佐藤邦政監訳、飯塚理恵訳、勁草書房、近刊〕

Fujino, D. (2000) "Structural and Individual Influences Affecting Racialized Dating Relationships." In J. Chin (ed.), *Relationships Among Asian American Women* (Washington, D.C.: American Psychological Association), 181–209.

Galinsky, A., E. Hall and A. Cuddy. (2013) "Gendered Races: Implications for Interracial Marriage, Leadership Selection, and Athletic Participation." *Psychological Science*, 24, 498–506.

Gildersleeve, R. E., N. N. Croom and P. L. Vasquez. (2011) "'Am I going crazy?!': A Critical Race Analysis of Doctoral Education." *Equity & Excellence in Education*, 44, 93–114.

Guillén, J. C. (2015) "Imposed Hispanicity: How the Imposition of Racialized and Gendered Identities in Texas Affects Mexican Women in Romantic Relationships with White Men." *Societies*, 5, 778–806.

Halwani, R. (2017) "Racial Sexual Desires." In A. Noble, R. Halwani and S. Hoffman (eds.), *The Philosophy of Sex: Contemporary Readings*, 7th ed. (Washington, D.C.: Rowman and Littlefield).

Johnson, K., J. Freeman and K. Pauker. (2012) "Race is Gendered: How Covarying Phenotypes and Stereotypes Bias Sex Categorization." *Journal of Personality and Social Psychology*, 102, 116–31.

Kay, A., M. Day, M. Zanna and A. Nussbaum. (2013) "The Insidious (and Ironic) Effects of Positive Stereotypes." *Journal of Experimental Social Psychology*, 49, 287–91.

Kim, B. (2011) "Asian Female and Caucasian Male Couples: Exploring the Attraction." *Pastoral Psychology*, 60, 233–44.

Kolodny, N. (2003) "Love as Valuing a Relationship." *Philosophical Review*, 112, 135–89.

Koshy, S. (2004). *Sexual Naturalization: Asian Americans and Miscegenation*. Palo Alto, CA: Stanford University Press.

Kraut, R. (1987) "Love De Re" *Midwest Studies in Philosophy*, 10, 413–30.

Lee, J. (1996) "Why Suzie Wong Is Not a Lesbian: Asian/American Lesbian and Bisexual Women and Femme/Butch/Gender Identities." B. Beemyn and M. Eliason (eds.), *Queer Studies: A Lesbian, Gay, Bisexual, & Transgender Anthology* (New York: NYU Press), 115–32.

Lewis, M. (2012) "A Facial Attractiveness Account of Gender Asymmetries in Interracial Marriage." *PLoS ONE*, 7, 31703.

Mazumdar, S. (1989) "General Introduction: A Woman-Centered Perspective on Asian American History." In Asian Women United of California (ed.), *Making Waves: An Anthology of Writings By and About Asian American Women* (Boston: Beacon Press), 25–30.

Meissner, C. A. and J. C. Brigham. (2001) "Thirty Years of Investigating the Own-race Bias in Memory for Faces: A Meta-analytic Review." *Psychology, Public Policy, and Law*, 7, 3–35.

Mills, C. W. (1994) "Do Black Men Have a Moral Duty to Marry Black Women?" *Journal of Social Philosophy*, 25, 131–53.

Mok, T. (1998) "Asian Americans and Standards of Attractiveness: What's in the Eye of the Beholder?" *Cultural Diversity and Mental Health*, 4, 1–18.

Nemoto, K. (2006) "Intimacy, Desire, and the Construction of Self in Relationships between Asian American Women and White American Men." *Journal of Asian American Studies*, 9, 27–54.

Nemoto, K. (2009) *Racing Romance: Love, Power, and Desire Among Asian American/White Couples*. New Brunswick: Rutgers University Press.

Nussbaum, M. C. (1995) "Objectification." *Philosophy & Public Affairs*, 24, 249–91.

Park, H. (2012) "Interracial Violence, Western Racialized Masculinities, and the Geopolitics of Violence Against Women." *Social & Legal Studies*, 21, 491–509.

Park, B. and M. Rothbart. (1982) "Perception of Out-group Homogeneity and Levels of Social Categorization: Memory for the Subordinate Attributes of In-group and Out-group Members." *Journal of Personality and*

Social Psychology, 42, 1051–68.

Parreñas Shimizu, C. (2007) *The Hypersexuality of Race: Performing Asian/American Women on Screen and Scene*. Durham: Duke University Press.

Patel, N. (2009) "Racialized Sexism in the Lives of Asian American Women." In C. Raghavan, A. E. Edwards and K. M. Vaz (eds.), *Benefiting by Design: Women of Color in Feminist Psychological Research* (Cambridge Scholars Publisher), 116–28.

Prasso, S. (2006) *The Asian Mystique*. New York: Public Affairs.

Raj, S. (2011) "Grinding Bodies: Racial and Affective Economies of Online Queer Desire." *Critical Race and Whiteness Studies*, 7.

Rhode, D. L. (2010) *The Beauty Bias: The Injustice of Appearance in Life and Law*. New York: Oxford University Press. 〔デボラ・L・ロード『キレイならいいのか——ビューティ・バイアス』栗原泉訳、亜紀書房、2012 年〕

Riggs, D. W. (2013) "Anti-Asian Sentiment Amongst a Sample of White Australian Men on Gaydar." *Sex Roles*, 68, 768–78.

Robinson, R. K. (2008) "Structural Dimensions of Romantic Preferences." *Fordham Law Review*, 76, 2787–2819.

Saguy, A. C. (2002) "Sex, Inequality, and Ethnography: Response to Erich Goode." *Qualitative Sociology*, 25, 549–56.

Schug, J., N. P. Alt, P. S. Lu, M. Gosin and J. L. Fay. (2015) "Gendered Race in Mass Media: Invisibility of Asian Men and Black Women in Popular Magazines." *Psychology of Popular Media Culture*. 以下で閲覧可能 doi: http://dx.doi.org/10.1037/ppm0000096.

Shrage, L. (1992) "Is Sexual Desire Raced?: The Social Meaning of Interracial Prostitution." *Journal of Social Philosophy*, 23, 42–51.

Siy, J. O. and S. Cheryan. (2013) "When Compliments Fail to Flatter: American Individualism and Responses to Positive Stereotypes." *Journal of Personality and Social Psychology*, 104, 87–102.

sMash, L. (2012) "Yellow Fever: Dating as an Asian Woman." *Persephone Magazine*. 以下で閲覧可能 http://persephonemagazine.com/2012/01/yellow-fever-dating-as-an-asian-woman/. Accessed 16 Dec. 2015.

Soble, A. (1982) "Physical Attractiveness and Unfair Discrimination." *International Journal of Applied Philosophy*, 1, 37–64.

Solvang, P. (2007) "The Amputee Body Desired: Beauty Destabilized? Disability Re-valued?" *Sexuality and Disability*, 25, 51–64.

Steele, C. M., S. J. Spencer and J. Aronson. (2002) "Contending with Group Image: The Psychology of Stereotype and Social Identity Threat." *Advances in Experimental Social Psychology*, 34, 379–440.

Sue, D. W., J. Bucceri, A. I. Lin, K. L. Nadal and G. C. Torino. (2007) "Racial Microaggressions and the Asian American Experience." *Cultural Diversity and Ethnic Minority Psychology*, 13, 72–81.

Sundstrom, R. (2008) "Racism and the Political Romance of the Browning of America." *Philosophy. Paper*, 47. 以下で閲覧可能 http://repository.usfca.edu/phil/47. Accessed 16 Dec. 2015.

Tajima, R. (1989) "Lotus Blossoms Don't Bleed: Images of Asian Women." In Asian Women United of California (ed.), *Making Waves: An Anthology of Writings by and about Asian American Women* (Boston: Beacon Press), 308–18.

Taylor, P. C. (2013) *Race: A Philosophical Introduction*. Cambridge, UK: Polity Press.

Thomas, L. M. (1999) "Split-level Equality: Mixing Love and Equality." In S. E. Babbitt and S. Campbell (eds.), *Racism and Philosophy* (Ithaca: Cornell University Press), 189–201.

Tompkins, A. B. (2014) "'There's No Chasing Involved': Cis/Trans Relationships, 'Tranny Chasers,' and the Future of a Sex-Positive Trans Politics." *Journal of Homosexuality*, 61, 766–80.

Trebilcot, J. (2009) "Taking Responsibility for Sexuality." In R. Baker, K. Wininger and F. Elliston (eds.), *Philosophy and Sex*, 4th ed. (Amherst, New York: Prometheus Books), 337–45.

Uchida, A. (1998) "The Orientalization of Asian Women in America." *Women's Studies International Forum*, 21, 161–74.

Walsh, J. (1990) "Asian Women, Caucasian Men." *San Francisco Examiner/Chronicle Image*, 11– 16.

Weaver, C. (1998) "Tiny, Flat-chested, and Hairless!" *Salon*. 以下で閲覧可能 http://www.salon. com/1998/05/06/weav_22/. Accessed 16 Dec. 2015.

Wilkerson, W. S. (2009) "Is it a Choice? Sexual Orientation as Interpretation." *Journal of Social Philosophy*, 40, 97–116.

Willard, L. D. (1977) "Aesthetic Discrimination Against Persons." *Dialogue: Canadian Philosophical Review*, 16, 676–92.

Woan, S. (2007) "White Sexual Imperialism: A Theory of Asian Feminist Jurisprudence." *Washington & Lee Journal of Civil Rights & Social Justice*, 14, 275.

Wolf, N. (1991) *The Beauty Myth*. New York: Random House.〔ナオミ・ウルフ『美の陰謀——女たちの見えない敵』曽田和子訳、阪急コミュニケーションズ、1994 年〕

Part III

社会的権力と知識

社会制度がもつ徳としての認識的正義

エリザベス・アンダーソン

飯塚理恵訳

取引に関する不正義と構造に関する不正義

　分配的正義[1]の理論は、おそらく〔個人間の〕取引[2]に関するものと、構造に関するものに大別できるだろう。取引に関する正義の理論は、二人の人間が行なう特定の交流とやりとりのための正義の基準を明らかにする。例えば、こうした理論では、その交流が自発的で、双方の同意に基づいており、一方が他方を騙していないものであるべしということを規定するかもしれない。また、取引に関する正義の基準の大部分は、局所的に（すなわち、独立して考えることができる、個別の取引に対して）適用されるのだが、なかには、歴史的要件を含む基準もあるかもしれない。例えば、〔歴史的要件として、〕取引をもともと公平な状態から始めるよう要請する理論があるだろう。ロバート・ノージック（Nozick 1974）のリバタリアン的な歴史的権原理論は、取引に関する正義の理論の代表的立場である。〔ノージックの理論によれば、〕局所的な正義の基準を満た

〔訳注1〕分配的正義とは善の公平な分配を指す。ミランダ・フリッカーは『認識的不正義』のなかで、認識的不正義は分配的不正義のモデルでは語るべきではないと明示的に述べている（Fricker 2007, 1）。

〔訳注2〕取引とは、ここでは人々の間で行なわれる個別の一回ごとのやりとりを指す。

す取引の結果生じる〔富の〕分配がすべて正義に適ったものになるのは、取引に関わる双方が、自分の所有物を正当に所有している状態から出発するかぎりである。

　しかし、両者が自らの所有物の正当な所持者であるという公平な状態から開始したはずの一連の取引であり、それぞれの取引が局所的には正義の基準を満たすにもかかわらず、累積的には、悲惨な結果が生じることがある。例えば、投機による金融市場の景気の上がり下がりが原因で、何百万の無実の人々が職を失ったり、貧困に陥ったりすることがある。個々人がとったリスクは合理的だったはずなのに、そのリスクが高くなり、絶望的な状況を招くということがありうる。そうした可能性を考慮すると、構造や体系に関する正義の理論が必要となる。構造に関する理論によって、取引を統制する規則の体系が全体としてもつ性質を評価するための様々な基準が提供される。さらにこうした理論は、局所的に見ると問題はないかもしれない個別の取引から生じてしまう累積的な影響をコントロールするために、許容可能なのはどんな規則なのかという制限を課す。構造に関する正義の理論の代表的立場には、ジョン・ロールズ（Rawls 1971）の正義論がある。ロールズの正義の諸原則は、社会の基本的な構造を統制するものである。つまり、そこでは、個人の社会的・経済的展望を決定する、制度上の根本的な規則が統制される。なかでも最も有名なのは格差原理である。この原理は、最も不利な立場に置かれた典型的な労働者の所得可能性を最大化するために、経済的な規則体系を設計するよう国家に要請する。

　取引に関する理論は、正義に適った一連の取引から生じるこうした累積的な悪い結果を防ぐために、個々人に対して補塡的な徳の発揮を促すかもしれない。つまり、こうした理論のもとでは、この手の一連の取引を経て有利な立場にいる人は、自らの良心から、不利な立場の人を探し、その人たちの生活を向上させるために援助すべきだというわけだ。しかし、そうした行ないは賞賛に値するかもしれないが、一方で、この手の個別の徳の実践は、ある規則体系が取引の局所的な性質のみを統制し、全体的な影響を統制しないことから生じる問題の対処には適していない。誰が〔規則〕体系のせいで最も不利な立場に置かれているかを個々人が知ることは難しいし、ましてや援助の効果を最大化させるよう調整することは、個々人にとって非常に困難である。それゆえ、〔不利な

立場にいる人々への〕援助の分配は、不公平なものになりがちだろう。すなわち、目立って広く報じられている、突発的な大惨事には多くの助けが出されやすいのだが、一方で、よりありふれていて、不利益を根強く生み出し続けている原因は忘れられてしまいがちである。さらに、長期にわたって有徳な行為の良い効果を維持するために必要な観察を続けることも、個々人にとっては難しい。他方で、制度は、有徳な個々人が自らの力では解決できない、または、回避できない問題を予防したり、是正したりする力をもつかもしれない。例えば、中央銀行は景気の後退を防いだり、上向かせたりするために、利率や通貨の流通量を変化させることができる。

　こうした教訓は分配的正義だけでなく、認識的正義にも同様に当てはまる。ある複雑な問いに答えたり、重要な現象を解釈したりする際には一般的に、多くの個々人から認識的な貢献を引き出し、それらを適切につなぎ合わせることが要請される。私たちの認識システムが、無数の個々の〔知識〕伝達行為を生じさせ、評価し、それらをつなぎ合わせる仕方によって、たとえそこに含まれるすべての個別の認識的取引にはまったく不正義がなかったとしても、こうした取引の累積的な影響が不正なものになることがある。ここでもやはり、こうした〔認識システムの〕全体的な影響のすべてを修正するために、個人の認識的正義の実践を頼りにすることはできない。むしろ、私たちが探究者の訓練を行なったり、知識の構築のために個人の認識的貢献の循環、取り込み、統合を組織したりする、そうしたより大きな認識のシステムのほうを改革し、知識の主体それぞれと探究者からなる様々な集団に正義がなされることを保証しなければならない。

　ミランダ・フリッカーの革新的な認識的不正義の理論は、これらの問題を考察していくための有用な出発点である。彼女の理論は、取引に関する認識的不正義と構造に関する認識的不正義の両方を意識したものになっている。しかし、どちらのケースについても、彼女が提示する対策は個人のもつ徳に力点をおいたものである。私は以下で、ロールズが分配的正義は社会制度の徳であると述べたのと同様に、認識的正義の徳を組織的な規模の徳に拡大しなければならないし、また、〔知的〕探究という私たちの社会実践が正義に適って行なわれるとはどのようなことかを考察しなければならないと主張する。本論文の考察を

通じて、拡張された認識的不正義のあり方と、その〔不正義への〕対策が示されるだろう。

フリッカーの認識的不正義に関する偏見説

　フリッカーは、証言的不正義と解釈的不正義という二種類の認識的不正義を明らかにした。彼女が述べるところによれば、両不正義の究極的な原因とは、特定の話者に対するある種の偏見である。いずれのタイプの不正義でも、その中心的なケースには、アイデンティティに対する偏見、つまり、ある人の社会的なアイデンティティが原因で生じる偏見が関係している[1]。証言的不正義のそうした「中心的なケース」は、話し手の社会的なアイデンティティに対する偏見が原因で、聞き手がその人の証言への信用性を割り引いてしまう際に生じる（Fricker 2007, 28）。この手の中心的ケースを例示しているのは、ハーパー・リーの『アラバマ物語』のなかで、ある白人女性をレイプしたかどで告発される黒人のトム・ロビンソンである。トムが告発者との間柄について法廷で証言すると、黒人に対して偏見をもっている白人のみで構成された裁判員たちによって、彼の証言は不当にも割り引かれてしまったのだ[3]。

　フリッカーの説明では、証言的不正義は取引に関する不正義として描かれている。そこでは、ある社会集団のメンバーが、〔信用性以外の〕他の価値あるものへアクセスする際に被る偏見に満ちた差別に加えて、様々な社会的領域にわたって信用性さえも不当に割り引かれて苦しんでいるとき、信用性を不正な仕方で割り引くことは広域的（systematic）なものであるとされる。しかしながら、こうした割引の広域性は、多くの領域にわたる、何らかの取引に関する不正義

1　個人は独自の（idiosyncratic）理由から認識的不正義に苦しむかもしれないが、そのようなケースはこの論文では脇に置いておく。この論文の焦点は、典型的にはアイデンティティが基礎となるような構造に関する不正義だからである。

〔訳注3〕『アラバマ物語』は1930年代のアメリカ、アラバマ州の架空の町が舞台である。黒人への人種差別が横行している環境下で、トム・ロビンソンは白人女性のメイエラ・ユーエルをレイプしたかどで告発された。彼が犯人ではないことを示す明らかな証拠（例えば、ユーエルには左利きの者に殴られた跡があり、ロビンソンの左手には昔から障害があった）があるにもかかわらずロビンソンは有罪となり、後に逃走しようとしたとみなされ射殺されてしまう。

への直面しやすさに還元できてしまうように思われる。すなわち、実際のところフリッカーの理論は、アイデンティティに対する偏見を不正義の原因とした、一回ごとのやりとり、つまり、取引に関わる理論であり続けているのだ。

　こうまとめてしまったときに例外が生じるかもしれないのは、先制的な証言的不正義のケースだ（Fricker 2007, 130）。このケースでは、とある集団のメンバーが、信頼性を示す特定の指標をもっていないせいで、証言の機会を奪われてしまう。その手の信頼性の指標が、偏見によって人々に受け入れられたものであるとき、こうした〔証言機会からの〕排除は不正となるのである。フリッカーは、先制的な証言的不正義を、構造に関する問題として捉えている。なぜなら、人は聞いたこともない証言を不正に割り引くことはできないので、そういった聞き手のなかに私たちは偏見に対する責任を見出せないからである。しかし、こうしたケースが本当に、取引に関する不正義ではなく、構造に関する不正義であると判断するためには、もっと根拠が必要である。この問題は、特定の知識の主体が不当に証言から排除されてしまう際のメカニズムがどんなものであるかにかかっている。例えば、もし議会の公聴会の前に、証言者のリストを作るよう命令されたある補佐官が、アイデンティティに対する偏見が原因で、偏見がなかったならば証言する資格があったはずの人々を除外して、リストを作ってしまったとしよう。すると、責任を特定可能な個人に遡ることができるので、このケースは取引に関する不正義とみなされるべきだろう。〔他方で、〕個人の決定によるのではなく、制度のほうがある人を証人から排除するものになっているとき、証言に関する排除は構造的なものとなる。例えば、その議会の委員会は大昔に退職した議長たちの偏見を反映した時代遅れの証言者リストを所有しているにすぎないのかもしれない。補佐官たちは、こうした偏見に満ちた古いリストが当該の事柄についての専門性を健全に反映し損ねていることを知らずに、委員会の前にそのリストのなかから証言者を選び続けるかもしれない。議員たちが、そうしたリストを更新するよう補佐官に許可し損ねたのかもしれないし、彼らはそもそもリストが古びたものだと気づいていないかもしれない。そうした場合では、適切な参考人を証人席に呼べなかったことに対して道徳的に責任を負うべき人は存在しない。そこでは、そのリストを用いて証言者を呼ぶという慣習が、構造に関する不正義を犯しているのである。

　対照的に、解釈的不正義は常に構造に関する不正義である。解釈的不正義が生じるのは、社会が話し手の経験の重要な特徴を理解するための解釈的なリソースを欠いており、その話し手またはその話し手の属する社会集団の人々が、物事を意味づけしていく活動のなかで偏見によって周縁化されてきた場合である（Fricker 2007, 158–59）。例えば、セクシュアル・ハラスメントという概念が人口に膾炙する以前のことを考えよう。〔当時、〕職場や学校で起こる望まない性的な誘いかけに対して、女性たちが感じたトラウマや屈辱、不快な気持ちは、彼女たちのユーモアのなさや冷淡さの表れ、もしくは、悪気のないちょっかいへのヒステリックな反応であると解釈されてしまいがちであった。女性が偏見によって認識的に周縁化されていたせいで、自身が苦しむそうした不正義を意味づけるのに必要な解釈のためのリソースがなかったがゆえに、セクハラにあった女性たちはそこで解釈的不正義に苦しんでいたのである。そうした周縁化とは、女性たちが職場や学校で起きる不正な経験の語り手として真面目に取り扱ってもらえず、むしろ、男性たちの「通常の」行動を我慢するよう期待されてしまったことを指す。聞き手たちが、そうした被害者の声を理解できないことについて責任を負っていないという点で、解釈的不正義は構造に関するものである。それでもやはり、組織的な解釈的不正義に関するフリッカーの理論において、この手の不正義の中核をなしているのは、そうした被害者に対する偏見である。すなわち、〔そうしたケースでは〕自身の経験を表現しようとする被害者たちの試みが、彼女らが偏見によって周縁化されているせいで失敗してしまう、ということが起こっているはずなのである（Fricker 2007, 158–61）。

　ここで、信用性の割引や認識的な周縁化が不正となるために、なぜ偏見の働きが根底にあることが必要条件なのかという点は問題になるだろう。つまり、〔偏見があろうとなかろうと〕話し手の証言の信用性を間違って割り引いてしまうときは常に、知識の主体である話し手に対し不当な侮辱を与えていると考えればよいのではないか。また、意味づけ活動を行なっている話し手、またはそうした活動を行なう可能性をもっている話し手への認識的な周縁化は〔偏見があろうとなかろうと〕どんなものであれ、すべて不正とみなせばよいのではないのか。〔この疑問に対して〕フリッカーは、非難しがたい、いわば、落ち度のない認識的誤りを、道徳的な悪徳から区別しなければならないのだと主張して

いる。彼女によれば、落ち度のない認識的誤りは、さらには、単なる認識的不注意でさえも、話し手に不正義を行なうものではない（Fricker 2007, 22）。それは、単なる間違いにすぎないのである。一方で、偏見とは不当なものであり、それゆえ、その不正義が、偏見によって生じる有害な過失にも伝播するというわけだ。

　アイデンティティに基づく認識的不正義の原因を、アイデンティティに対する偏見に遡ることを強調するフリッカーの立場から二つのことが帰結する。一点目は、アイデンティティに基づく認識的不正義は、それが構造に関するものであるときでさえ、根本的にはその原因をアイデンティティに対する偏見に基づく個々の取引に関する不正義に遡らなければならないように思われることである。二点目は、もし偏見が証言的不正義の原因ならば、そうした不正義に対処するためには、偏見がないかどうかを点検する方法が必要になるということである。〔フリッカーによれば、〕そうして偏見を点検することが、まさに証言的正義の徳の機能である（Fricker 2007, 92–95）。この証言的正義の徳は、社会環境の中に潜んでいる偏見を単にまったく身につけていない人のケースでは何もしなくても作動するかもしれないが、通常は、偏見の修正という形で発揮されるものである。〔すなわち〕証言的正義の徳を備えた人は、偏見が自身の信用性判断に作用しうる可能性を批判的に反省し、さらに、自身の偏見〔の影響〕を防ぐために、自らの信用性判断を割り引く傾向性をもつものだ。同様に、フリッカーは解釈的正義の徳が、解釈的不正義を修正するために必要な徳であると論じる。この徳の本質は、話し手が自分の経験を理解しようとしてぶつかる言葉にならない困難を、話し手自身の認識的な欠陥ではなく、むしろ解釈的不正義に帰する傾向性であり、またそれゆえ、話し手の発言を評価したり、そうした話し手を退けたりする際に、偏見を防ぐ傾向性でもある（Fricker 2007, 169）。

認識的不正義への個人の徳に基づいた対策が抱える二つの問題

　フリッカーは認識的不正義への対策として、個人のもつ認識的徳を強調したのだが、この考えに関して、私たちは二つの仕方で反論できるだろう。一つ目は、個人のもつ認識的徳は、取引に関する認識的不正義でさえ効果的に防止す

ることができないかもしれないという点である。二つ目は、局所的に見れば落ち度のない原因から生じ（すなわち、偏見はない）、かつ、構造的な対策が必要となりうるタイプの構造に関する認識的不正義は、個人の持つ認識的徳では対処できないかもしれないという点である。一つ目の反論において私は、認識的不正義に関する〔先ほど述べたような〕フリッカーの原因分析を受け入れている。しかし、二つ目の反論では、不正義の原因と対策についての考えを、いずれも拡張することを目指す。

　一つ目の点を理解するために、私たちが直面している事柄についてもっと知ることが助けになるだろう。社会心理学において「偏見」とは、ある種の動機づけられた認知バイアスを意味する。こうした認知バイアスは、ある集団をネガティブな仕方で描くステレオタイプや原因帰属（集団に関連づけられた出来事や行為についての因果的な説明）、そうしたステレオタイプや原因帰属に対して抱かれるべきだと思われているネガティブな情動、さらに、そういったネガティブな情動を反映した差別的な行動によって特徴づけられる（Brown 1995, 8）[2]。フィスクの古典的な類型によれば、こうしたバイアスは、能力と温かさという二つの評価軸をもち、その軸の上で様々に変化する（Fiske et al. 2002）[訳注4]。証言の文脈でこれは、聞き手が話し手を無知であるとか愚かであると知覚するか（これは能力に関する評価である）、不誠実と知覚するか（これは話し手を不審に思う際の情動的な冷たさを反映しているので、温かさに関わる評価である）、もしくは、その両方を知覚することで、偏見に満ちた聞き手が話し手の信用性を割り引くことを意味する。認知バイアスは私たちの心に深く根ざしているものであり、自動的に無意識のうちに作動し、意識的な思考よりも早く作動する（Fiske 1998, 364–65; Greenwald and Banaji 1995）。そうした認知バイアスは、意識のレベルでは差別的な行動を真摯に拒絶している人においてさえ、差別的な行動を引き

2　社会心理学的な「偏見」は、フリッカーが「アイデンティティに対する偏見」と呼んでいるものと一致している。つまり、それは集団に基づく偏見である。それ以外の動機づけられたバイアス（例えば、希望的観測）は、そこでは除外されている。

〔訳注4〕偏見のうち、能力の判断は相手の社会的地位の高さに基づき、温かさについての判断は、対象が競争相手であるか味方であるかに基づいている。池田謙一・唐沢穣・工藤恵理子・村本由紀子『社会心理学　補訂版』（有斐閣、2019 年、206 頁) を参照。

起こしうるのである（Gaertner and Dovidio 2004）。

　こうした認知バイアスのもつ特徴のせいで、最も誠実で善良な人々においてさえ、バイアスのコントロールは難しいものとなる。私たちは通常、信用性に関する自分の知覚がいつ偏見の影響を受けているかわからない。すると、私たちがたとえ自ら偏見の影響を受けているかもしれないという疑いをもち、偏見がもたらす差別的な影響を阻止しようと策を講じるときでさえ、証言的正義の徳はたいていの場合知らず知らずのうちに作動しなければならないはずである。というのも、私たちは話し手に対してどれだけ偏見を抱いているのか自分ではわからないし、それゆえ、こうしたバイアスをどれだけ修正すべきなのかもわからないからである。しかし証言的正義の中心にある反省という考えは、認知的な負荷が大きいので、迅速な応答が要請される環境では、反省は〔バイアスに〕対処することができない。

　類似する反論を行なったリンダ・アルコフ（Alcoff 2010）への応答のなかで、フリッカー（Fricker 2010）は三つの仕方で回答した。第一に、有徳な行為者には、偏見に満ちた信用性に関する知覚と、差別的でない判断規範を意識的に支持することの間に認知的不協和が生じるはずであり、彼らはそうした不協和を自らの知覚を批判的に反省し、割り引くきっかけのためのリソースとして用いるよう自分を鍛えることができる。第二に、徳それ自体も、十分に実践されると、習慣化され自動的なものになることが可能である。それゆえ、こうした徳は、認知的なリソースに大きな負荷をかけるものではない。第三に、バイアスを防ぐために、構造的な対策（例えば、ブラインドレビュー制度[5]）を用いることができる。

　たしかに、認知的不協和がはっきりと現れているところでは、批判的反省や徳の実践を行なう機会が与えられるというフリッカーの指摘は正しい。しかし、私たちの無意識のステレオタイプと、自覚的信念は互いにそれぞれ独立して作動しているために、自分のなかの互いに矛盾する心的状態から、私たちが不協和を感じないこともしばしばあるだろう。次に、たしかに徳は習慣になりうる

─────────────
〔訳注 5〕論文誌に論文を投稿する際、専門家が著者情報なしに投稿された論文内容の評価を行ない研究の妥当性を判断する、研究の質を担保するために設けられる査読プロセスのこと。

が、そのために私たちはまず、徳を意識的に実践する方法を知らねばならない。しかし、自分がどこでどれだけ間違ったことをしてきたのか正確にわからなければ、これは非常に困難なことだろう。以上の理由から、こうした問題を研究してきた他の研究者たちと同様に、私は争点となる不正義が取引に関する不正義のときでさえも、構造に関する対策を強調すべきだと考えている。こうした私の主張は、フリッカーの主張への友好的な修正案である。というのも、彼女が正しくも指摘しているように「〔不正義を正すために〕うまくいくことはなんでもやるべき」（Fricker 2010, 166）だからである。

　私たちは証言的不正義への構造的な対策を、徳ベースの対策と対立するものとして考えるべきではない。〔第一に、〕構造的な対策の多くは、個別の徳が働くためのよい条件を整えるよう設定される。例えば、就業の文脈で、雇用差別を防止するための構造的対策には、以下のような様々な制度的要件が含まれる。例えば、採用、解雇、昇進の決定は主観的な判断ではなく、明示的で客観的な尺度に基づくべきである。管理職はそうした決定を慎重に行なうための十分な時間が与えられるべきである。そうした職能評価の文脈は、ステレオタイプの影響を免れているべきである。管理職は、差別的な結果が生じた場合は、その責任を負うべきである、というものである（Reskin 2000）。こういった工夫は、認知バイアスが生じることを防止し、公平な評価のために認知バイアスを中和する傾向性の意識的な実践を促すよう設計される。また、少なくとも刑事裁判や民事裁判などの制度に関わる場面では、認識的な文脈で偏見が働いていないか精査するために、証言的正義を行使する機会を与える同様の工夫が求められるかもしれない。〔第二に、〕構造的な対策は、集団的行為者がもつ徳に基づく対策とみなすことができる。個人がもついかなるタイプの心的状態も、そのほとんどが集団によっても実現されうる（Gilbert 2000）。すると、証言的正義を達成するために設計された制度上の様々な原則に従って組織のメンバーがともに行動するとき——例えば、聞き手たちにバイアスのない評価をするための十分な時間を与えるなど——、そこでは、まさに組織自体が証言的正義に適っていると言えるのである。

　フリッカーの分析に対する二つ目の反論は、構造に関する証言的不正義はフリッカーの著作のなかで認識されているよりもっとありふれたものであり、そ

れゆえ、そうした構造的な証言的不正義に対しては、構造的な対策が必要だというものである。この考えを理解するためには、証言的不正義についてのフリッカーの偏見モデルを脇に置いて、不利な立場に置かれた社会集団に対して信用性の不当な否定が生じうる〔偏見モデル以外の〕別のあり方を考慮してみる必要がある。社会的・経済的な不平等について理論化してきた者たちは大昔に、集団的不平等が再生産される経路には、偏見や差別のほかに複数の制度による道筋があることを明らかにした。ここでは、認識に関してそれと同様のことが行なわれようとしているのである（Anderson 2010, 1–66）。これから、集団ベースで信用性が欠如してしまう三つの構造的な原因を見ていこう。それらの原因とは、信用性の指標を獲得するためのアクセスに差があること、自民族中心主義、そして「共有現実バイアス」である。

　人の心はステレオタイプを利用せざるをえないし、それは信用性に関する評価を行なう際にも言えるというフリッカーの指摘は正しい。私たちは、様々な信用性の指標を当てにしている（Fricker 2007, 71）。たしかに、それら指標のうちのいくつかは、明らかに集団ベースで、かつ偏見を含んでいる。一方で、認識的目的に適う正当な使用法をもつ指標もある。それゆえ、こうした指標を用いること自体は、認識的に不正なことではない。例えば、学識に基づいた判断が要請される事柄においては、学歴は専門性と信用性に関する正当な指標である。また、標準文法を用いることは学歴の指標であり、それゆえ、信用性の指標である。すると、学識に基づいた判断が求められる状況下では、教育を受けていないことや、標準文法を用いていないことまでもが、話し手の信用性の低さを示す指標として捉えられるとしても、そこで聞き手は取引に関する証言的不正義を犯してはいないことになる。しかし、不利な立場に置かれた社会集団が、まともな教育へのアクセスを広域的に奪われている社会において、信用性を評価する際にそのような指標を用いることは、そうした集団をさらなる探究への参加から排除することにつながる。すなわち、教育機会の不平等という最初にあった構造的不正義が、真っ当な認識的主体として活動する機会に関する、さらなる構造的不平等——すなわち、話し手に対する不正義——を引き起こしているのだ。これは、ある集団がまともな教育を受ける機会をもたないことが原因で、よい雇用機会に恵まれずに苦しむという社会的・経済的な不正義と似

ている。たしかに、資格のない応募者に対して職を与えることを拒んでも、それは取引に関する不正義ではない。そうであっても、不利な集団のメンバーたちが、適切な資格を得る機会を不当に奪われてきたせいで良い仕事に就くことができないという事実は、そうした人々が良い仕事にアクセスできないことが構造的な不正義であると考えるための十分な根拠となる。

　自民族中心主義とは、自身が属する集団に対する好意的なバイアスである。それは社会生活に広く行き渡った特徴であり、おそらく、人間の心に深く根づいている。自民族中心主義は、概念的にも因果的にも偏見とは区別可能だ。なぜなら、〔偏見とは違い〕集団の内部の者をひいきすることは必ずしも集団の外にいる者を嫌悪することを含意したり、引き起こしたりしないからだ（Brewer 1999）。自民族中心主義は、広域的な社会的不平等と結びついた社会的アイデンティティが基礎となっている必要はない。例えば、心理実験によれば、恣意的でランダムに割り当てられた集団のアイデンティティ（例えば、「緑色」の集団に割り当てられるなど）に基づくだけでも、自民族中心主義によるバイアスが生じることがわかっている。そこでは、意味のある内容や歴史をもたず、実験室の外ではまったく持続しないアイデンティティに基づいているのに、自民族中心主義が生じたのである（Dawes, van de Kragt and Orbell 1990）。とある集団に単に偶然一緒に振り分けられたこと、または、ただ他者から同じ仕方でラベルを貼られたことだけでも、内集団ひいきが生じるのには十分なのである。内集団ひいきが認識的な形式を取る一つのあり方には、集団内の証言者に対して集団外の人よりも高い信用性（credence）を付与するというものがある。フリッカーによれば、過剰な信用性の付与は証言的不正義ではないのだった（Fricker 2007, 19）。しかし、ある人の言葉を他の人の言葉と比べて評価しなければならず、客観的な基準から見れば両者がともに同じくらい信頼できるという文脈では、このフリッカーの考えを疑うべき理由がある。なぜなら、そうしたケースにおいて一方に過剰な信用性を与えることは、他方に証言的不正義を行なうことにほかならないかもしれないからである。とはいえ、そのような文脈でもないかぎり、認識的な場面における自民族中心主義はそれ自体では（一回ごとのやりとりに関しては）、道徳的に落ち度のあるものではない。そして自民族中心主義は、認識的には有用でさえある。なぜなら、集団内で信頼し合うことは、認識に関わる労

働の分業に基づき、集団による認識的探究を成功させるためには、必要不可欠
だからである。

　しかし、信用性の指標のケースと同様に、自民族中心主義もある状況から別
の状況に、構造に関する不正義を伝播させてしまう可能性がある。もし、認識
的探究に従事する様々な集団が重要な社会的アイデンティティに沿って分離さ
れており、そうした社会的アイデンティティが広域的で不当な集団的不平等の
基盤にもなっているならば、自民族中心主義はそのなかの有利な集団が不利な
集団の証言〔の信用性〕を割り引いてしまう原因となるだろう。すると、不利
な立場に置かれた集団は、認識に関する不利益を一層被り、そうした集団のメ
ンバーの認識的な立場も悪くなるだろう。それゆえ、自民族中心主義は構造に
関する証言的不正義の一形態を生み出すと言える。

　共有現実バイアスとは、頻繁に交流する者たちの間で世界についての見方や
判断が一つに収束していく傾向性のことである（Hardin and Conley 2001）。そう
した収束傾向は、人々が相手に抱く期待や相手に対するふるまいをうまく調整
し、社会的な摩擦を減らし、共通の目標に向けた社会的結束と協同を促してく
れる。共同探究に従事している人々にとって、共有現実バイアスは認識的に有
用である。なぜなら、共有現実バイアスは人々が「大筋で合意」し続けること
を可能にするからだ。取引に関する正義の観点から見れば、共有現実バイアス
もまた、それ自体悪いものではない。

　しかしここでもまた、取引の観点からは落ち度のない認知バイアスが、別の
文脈で構造に関する不正義を伝播させる媒介物になってしまうことがある。自
民族中心主義のケースと同様に、探究者集団が集団的不平等を形作るのと同じ
仕方で分離されている場合、共有現実バイアスは有利な集団のメンバーから、
広域的に不利な立場にある人々がもつ物事の見方を覆い隠してしまう傾向があ
る。つまり、優位に立っている集団の見方からは、不利な立場に置かれた集団
が言っていることは意味をなさないかもしれない。なぜなら、優位に立つ者た
ちが互いに共有している、経験を意味づけるために作り出した解釈的なリソー
スは、彼らから切り離されている者たちの経験を意味づけるためには適さない
からである。すなわち、後者の人々が感じている不当な扱いや不利益に対する
不満は、偏見が原因なのではなく、単なる無理解が原因で〔優位に立つ集団の

メンバーたちに〕伝わらないのかもしれない。このように、共有現実バイアスは、不平等の基盤となる集団の分離と結びついたとき（以前述べたように、こうした集団の分離それ自体も一つの不正義である（Anderson 2010, 1–22, 67–88））、解釈的不正義の原因の一つとなる。さらに、この認識的不正義によって、構造的な証言的不正義が引き起こされる場合もあるだろう。理解できない人に対して信用性を付与することは難しいからである。こうした解釈的不正義の理論は、フリッカーの理論を修正するものである。というのも〔フリッカーの理論とは違い〕、この理論は周縁化されているコミュニティが、自らの経験についての一貫した説明を発展させることに成功するケースを排除しないからである。周縁化されたコミュニティはそうした説明に成功するにもかかわらず、優位に立つ者たちから経験を理解されないという点で、周縁化された者たちは解釈的不正義に苦しんでいる場合があるのだ（Mason 2011）。

制度的な認識的正義に向けて

　以上のケース（信用性の指標を用いること、自民族中心主義、そして共有現実バイアス）それぞれにおいて、それらのバイアスを含むコミュニケーション上の取引がもつ局所的な特性を調べるかぎりでは、認識的な不正義も道徳的な不正義も見つからないかもしれない。しかし、そうした認識システムが全体としてもつ性質が、認識的にも道徳的にも、ひどく歪んでいることがありうるのだ。信用性の指標へのアクセスの分配に対して不正義が行なわれると、不利な立場に置かれた人の認識的な立場が傷つけられる。そして、彼らが他者と対等に認識的探究に参加できていたら可能だったはずの貢献が妨げられてしまう。社会的不平等に沿って探究集団が分離されると、他の文脈では落ち度のない自民族中心主義と共有現実バイアスが、解釈的不正義と構造的な証言的不正義の媒介物へと変容していくのである。

　こうした文脈で、個人の証言的正義や解釈的正義の実践を推奨するのはもちろん間違ったことではないし、そのような個人の徳は認識的不正義を修正するための助けとなるだろう。しかし、大規模な構造的不正義に直面するところで個人の認識的徳のもつ役割は、大規模な構造的貧困の文脈において個人の慈善

の実践がもつ役割に似ている。すなわち、〔構造的貧困をなくすためには〕そもそも大規模な貧困が生じないよう経済制度を設計し直すほうがより良く、かつ、より効果的であるのと同様に、認識的不正義が生じるのを防ぐためには、認識に関する制度を再構成するほうがより良いだろう。構造に関する不正義には、構造に関する対策が必要なのである。

　認識的不正義に対する構造的な対策とは、大規模な探究のシステムが〔全体で〕徳をもつことである。個人がそれぞれ自らの自立した行動に責任を負うように、私たちは集団の行動にも責任を負う。つまり、認識的な徳は個人という規模でも、集団という規模でも両方必要とされるのだ。しかし、探究のシステム全体というレベルにおいて、認識的正義をどのように実現できるのだろうか。

　この問いに完全に答えるには複数の本を書かなければならないだろう。とはいえ、フリッカーの中心的なケースの範疇を超えた、構造に関する認識的不正義についての私たちの暫定的な分析へと立ち戻ることで、不完全ではあれ、私たちは〔システム全体がもつ認識的正義の徳についての〕理論を構築しはじめることができる。自民族中心主義や共有現実バイアスのケースにおいて、社会的不平等に沿って探究の集団が分離されていることが、それ以外の文脈では（認知バイアスではあるかもしれないが）悪意のない認識的な取引を、認識的不正義へと変容させてしまう重要な構造的な特徴であったことを思い出そう。例えば、少なくとも米国では、人種や階級に沿って学校教育が分断されており、そうした分断は、教育の機会が不平等に分配されている根本的なあり方でもある。その結果として、周縁化された集団（アフリカ系アメリカ人、移民、低所得者）が信用性の指標を獲得する能力に、深刻な影響が生じている。

　もし、上述のタイプの認識的不正義を生む構造的な原因が、探究集団の分断にあるのであれば、集団を統合することが構造的な対策——認識的制度の徳——となるだろう。様々な社会集団が、対等にともに教育されるようになれば、彼らは教育上のリソースを平等に共有し、それゆえ、同じ（正当な）信用性の指標にアクセスできるようになる。また、彼らが対等にともに探究に従事するようになれば、自民族中心主義バイアスが有利に働いて、不利な集団のメンバーたちが特権的な者たちの視点からも認識的に好ましく見られることもあるかもしれない（Gaertner and Dovidio 2000）。さらに、探究がともになされるところ

では、現実もまた共有されていく傾向があるので、〔ともに探究することは〕解釈的不正義とそれに付随する証言的不正義を克服するのにも役立つだろう。

　要するに、こうした制度的な認識的正義の徳とは、別の場所で認識的な民主主義として知られているものだと言ってもよいだろう。すなわち、それはすべての探究者が対等に全員で認識的探究に参加することである（Anderson 1995; 2003; 2006; 2010, 89–111）。かなり大雑把に述べてしまったので、これはまだ飛躍の多い仮説である。しかし私は〔本論文で〕、この仮説がさらに発展させる価値のある考えであると信じるための十分な理由を与えられたことを願っている。

参考文献

Alcoff, Linda. (2010) "Epistemic Identities." *Episteme* 7 (2): 128–37.

Anderson, Elizabeth. (1995) "The Democratic University: The Role of Justice in the Production of Knowledge." *Social Philosophy and Policy* 12 (2): 186–219.

Anderson, Elizabeth. (2003) "Sen, Ethics, and Democracy." *Feminist Economics* 9 (2–3): 239–61.

Anderson, Elizabeth. (2006) "The Epistemology of Democracy." *Episteme* 3 (1–2): 8–22.

Anderson, Elizabeth. (2010) *The Imperative of Integration*. Princeton, NJ: Princeton University Press.

Brewer, Marilynn. (1999) "The Psychology of Prejudice. Ingroup Love or Outgroup Hate?" *Journal of Social Issues* 55 (3): 429–44.

Brown, Rupert. (1995) *Prejudice. Its Social Psychology*. Oxford: Blackwell.〔ルパート・ブラウン『偏見の社会心理学』橋口捷久・黒川正流訳、北大路書房、1999 年〕

Dawes, Robyn, Alphonse van de Kragt, and John Orbell. (1990) "Cooperation For the Benefit of Us—Not Me, or My Conscience." *Beyond Self-Interest*, ed. Jane Mansbridge. Chicago: University of Chicago Press, 97–110.

Fiske, Susan. (1998) "Stereotyping, Prejudice and Discrimination." *Handbook of Social Psychology*, vol. 2, ed. Daniel Gilbert, Susan Fiske, and Gardner Lindzey. New York: McGraw-Hill, 357–411.

Fiske, Susan, Amy Cuddy, Peter Glick, and Jun Xu. (2002). "A Model of (Often Mixed) Stereotype Content: Competence and Warmth Respectively Follow From Perceived Status and Competition." *Journal of Personality and Social Psychology* 82 (6): 878–902.

Fricker, Miranda. (2007) *Epistemic Injustice: Power and the Ethics of Knowing*. New York: Oxford University Press.〔ミランダ・フリッカー『認識的不正義——権力は知ることの倫理にどのように関わるのか』佐藤邦政監訳、飯塚理恵訳、勁草書房、近刊〕

Fricker, Miranda. (2010) "Replies to Alcoff, Goldberg, and Hookway on Epistemic Injustice." *Episteme* 7(2): 164–78.

Gaertner, Samuel and John Dovidio. (2000) *Reducing Intergroup Bias: The Common Ingroup Identity Model*. Philadelphia: Psychology Press.

Gaertner, Samuel and John Dovidio. (2004) "Aversive Racism." *Advances in Experimental Social Psychology*, vol. 36, ed. Mark Zanna. San Diego: Academic, 1–52.

Gilbert, Margaret. (2000) *Sociality and Responsibility*. Lanham, MD: Roman and Littlefield.

Greenwald, Anthony and Mahzarin Banaji. (1995) "Implicit Social Cognition: Attitudes, Self-Esteem, and Stereotypes." *Psychological Review* 102 (1): 4–27.

Hardin, Curtis and Terri Conley. (2001) "A Relational Approach to Cognition: Shared Experience and Relationship Affirmation in Social Cognition." *Cognitive Social Psychology: The Princeton Symposium on the Legacy and Future of Social Cognition*, ed. Gordon Moskowitz. Mahwah, NJ: Erlbaum, 3–17.

Mason, Rebecca. (2011) "Two Kinds of Unknowing." *Hypatia* 26 (2): 10–20.

Nozick, Robert. (1974) *Anarchy, State, and Utopia*. New York: Basic Books. 〔ロバート・ノージック『アナーキー・国家・ユートピア──国家の正当性とその限界』嶋津格訳、木鐸社、1994 年〕

Rawls, John. (1971) *A Theory of Justice*. Cambridge, MA: Harvard University Press. 〔ジョン・ロールズ『正義論』川本隆史・福間聡・神島裕子訳、紀伊國屋書店、2010 年〕

Reskin, Barbara. (2000) "The Proximate Causes of Employment Discrimination." *Contemporary Sociology* 29 (2): 319–28.

7

認識的暴力を突き止め、声を封殺する実践[1]を突き止める

クリスティ・ドットソン

小草泰・木下頌子・飯塚理恵訳

　ガヤトリ・スピヴァクは、論文「サバルタンは語ることができるか」のなかで、「認識的暴力」という言葉を用いて、周縁化された集団の声が封殺される現象を取り上げている。スピヴァクによれば、「専門家でない一般大衆」、「読み書きのできない農民」、「部族民」、そして「都市部の最下層サブプロレタリアート〔プロレタリアート（労働者階級）のなかの最貧困層〕」といった集団は、日々声を封殺されたり、認識的な暴力に晒されたりしている（Spivak 1998, 282–83）。植民地支配は、認識的側面での影響として、知識の「消失」という破壊的な結果をもたらす。すなわち、その土地や地方特有の知識が、それに代わる――たいていの場合、西洋の――認識実践の特権化によって退けられてしまうのである。スピヴァクの「サバルタン階級」理論はこれまで数多くの批判に晒されてきたが、周縁化された集団の知識を消し去ろうとする形の暴力に対処することの困難について彼女が与えた洞察は、今日でもなお有益である。スピヴ

〔訳注 1〕ここで「実践」と訳したのは「practice」である。この語には、「実践」や「活動」という意味合いだけでなく、「慣習」「習慣」という意味合いもあり、著者もその点を意識していると考えられる（この点については、特に、声の封殺の「実践（a practice of silencing）」と「個別例（an instance of silencing）」の区別を解説している本論文の 214 頁を参照のこと）。以下、とりわけ「声の封殺の実践」という形で「実践」という語が用いられるときには、「慣習」「習慣」といった意味合いも込められているものとして理解していただきたい。また、「silencing」の訳語は「声の封殺」としたが、前後の文脈に合わせて単に「封殺」としたところもある。

ァクが強調しているように、認識的暴力を行使する一つのやり方は、ある集団の発言し話を聞いてもらう能力を損なうことである。こうしたスピヴァクの研究や、他の哲学者たちの研究のおかげで、抑圧された集団のメンバーたちがその集団に属しているがゆえに声を封殺されることがあるという現実は広く認識されている。とはいえ、声を封殺するという現象の存在自体については、多くのことが語られてきたものの、抑圧されている集団のメンバーたちの声が封殺される様々な仕方について具体的な説明を与える作業はそれほど進んでいない。この論文は、そうした声を封殺する具体的な実践を特定するメカニズムを与えるための一歩である。

　私は、人々の声が封殺される状況で働いている認識的暴力を読み解く試みが、抑圧された集団のメンバーたちが証言を与える際に声を封殺される複数の異なる仕方を区別するのに役立つと主張する。この主張の正しさを示すために、私は第一に、人々の声を封殺する様々な実践を区別するのに役立つような、証言に関わる認識的暴力の説明を提示する。第二に、この認識的暴力の定義を使って、社会のなかで抑圧的位置に置かれている者の証言が封殺される二つの異なる実践を特定する。それらの実践とは、証言の無音化（testimonial quieting）と、証言の飲み込み（testimonial smothering）である。私は、声を封殺するこの二種類の実践の基盤には、証言のやりとりのなかで起こる異なる形態の認識的暴力が存在すると主張する。声の封殺が生じる場面で働いているこうした認識的暴力のありさまを突き止めることによってはじめて、現実に起きている声の封殺の実践を文脈的詳細とともに描き出すことが可能になるのだ。

認識的暴力

　証言の場面で生じる認識的暴力を理解するための出発点として、言語コミュニケーションに備わる一つの根本的な特徴に注目しよう。それは、話し手が聞き手に対してもつ依存関係に関わる特徴である。ジェニファー・ホーンズビーは、「言語的やりとりが成功する」条件を明確化する際に、話し手と聞き手の間の依存関係を取り上げている（Hornsby 1995, 134）。彼女は次のように説明している。

　発語内行為が成功裏に遂行されうる固有の様式を支える条件のことを、「双務性（reciprocity）」と呼ぶことにしよう。人々の間に双務性が成り立っている場合、人々は互いの発話を、相手に受け取られることを意図したものであると認識している。すなわち、双務的な仕方で会話に参加する聞き手は、単に①話し手の言葉を理解している（understand）だけではなく、②その言葉を話し手が受け取ってほしいと意図するとおりに受け取ることによって、話し手が意図したとおりのことを伝達したと言えるための条件をも満たしている。（強調は引用者による）

　ホーンズビーによると、双務性条件は発語内行為が成功しているかどうかを読み解く助けとなるものである[1]。双務性は、話し手の言葉を理解し、さらに話し手がその言葉を使って何をしようとしているのかを理解することを聞き手に要求する。「言語的やりとりの成功」についてのホーンズビーのモデルは、発語内行為に関する彼女の見解に基づいており、そして、その見解はポルノと女性の声が封殺されることを関連づける彼女の研究のまさに延長線上にあるものだ（Hornsby 1994; Hornsby and Langton 1998）。しかし彼女の洞察は、証言の認識論の観点から、声を封殺する現象を探究する際にも重要である。ホーンズビーは、コミュニケーションにおける双務性について、話し手と聞き手の間の依存関係に訴えた捉え方を提示している。すなわち、話し手は、言語的やりとりの「途上で」、聞き手が彼らの努力に「応えて」くれることを必要とするというのである。聞き手側が話し手に対してもつ依存関係については、証言の認識論のなかでこれまで多くのことが語られてきた。例えば、よい情報提供者に関する理論や、証言的知識のために必要とされる、話し手の信頼性（trustworthiness）や能力についての理論が提供されている（Fricker 1994, 1995; Craig 1999; Faulkner 2000; Fricker 2002; Faulkner 2006）[2]。これに対して、ホーンズビーの理論が的確に強調しているのは、話し手が何かを伝えることに成功するかどうかは究極的には聞き手に依存するという点である。

1　認識的コミュニティにおける双務性の重要性については、以下も参照のこと。Townley 2003; 2006; Fricker 2007.

コミュニケーションのうちにこうした依存関係があると考えることで、任意の言語的やりとりにおいて話し手が「聞いてもらう」ために満たされねばならない条件に目を向けることができるようになる。実際、ホーンズビーにとって、双務性に関して問題の核心であると思われたのは「聞いてもらう」ことであった。彼女によれば、「双務性の存在は実際のところ非常にありきたりな事実である。双務性が成り立っているとは、要するに、話し手が有意味な思考を口に出せるだけでなく、聞いてもらうことができるということなのである」（Hornsby 1995, 134）。さらに、「聞いてもらう」必要があるということは、もちろん話し手が聞き手に依存すると言われるときの一つの重要なポイントであるのだが、単にそのような仕方で話し手が聞き手に依存するという以上のことを意味する。それはまた、話し手の聞き手に対する様々な依存関係に応じて、話し手が抱えているニーズのそれぞれが特定されることをも示しているのである[3]。つまり、あらゆる話し手は、言語的やりとりを成功させるために、ある種の双務性を必要としている。そして、任意の言語的やりとりのなかで当該の聞き手は常にそうした話し手が抱える様々なニーズを満たしてくれるとはかぎらないので、言語的やりとりにおいて、話し手は脆弱な存在なのである。「聞く」ということが、うまくいっている言語的やりとりのなかで聞き手が双務性の要請を満たすことを意味するとすれば、話し手は聞き手に自分の話を「強制的に聞かせる」ことはできない。もっとも、間接的な動機づけや「強制力」を用いることは可能であり、例えば権力の差を利用して、強要したり、動機づけを与えたりすることで、より弱い立場にある聞き手をより強い権力をもつ話し手に

---

2 話し手に関係する依存性は、証言の認識論分野においては一般にあまり扱われていない。実際のところ、話し手と聞き手の間にある数々の依存関係について論じているのは、例えば『認識的不正義』（Fricker 2007）を著したミランダ・フリッカーのような、フェミニスト認識論者たちである。また、レイ・ラングトンによるポルノと声の封殺に関する研究は、話し手の依存性についてのかなり多くの研究を促してきたが（Langton 1993; Jacobson 1995; Langton 1998; Maitra 2004; 2009）、そうした研究は証言の認識論分野にまだ十分に組み込まれていない状況である。そうした研究をめぐる議論では言語行為論に重点が置かれており、それらの研究と証言の認識論の間にある概念的隔たりを埋めるには、その点を明確な形でうまく取り扱う必要があるだろう。言語的やりとりに対するこの二つのアプローチを結び合わせる試みが必要であることは間違いないが、本論文でその作業に取り組むことはできない。

「真剣に向き合わせる」ことはできるかもしれない（Langton 1993, 314–15）。しかし、話し手が聞き手に話を「聞く」よう直接強制することはできない。直接的なコントロールができるとすれば、ある種のマインドコントロールをするしかないからである[4]。要するに、何かを伝えようとするときには、誰もがこちらの話を聞く意思と能力のある聞き手を必要とするのだ。そして、特定の集団がこの種の言語的双務性の要求に当然のごとく応じてもらえない可能性が高い場合において、〔次に説明する〕認識的暴力というものが起こることになる。

　証言における「認識的暴力」とは、聞き手が悪性の（pernicious）無知のせいで、言語的やりとりの際にコミュニケーションに必要な双務性に適った仕方でふるまうことを――意図的にであれ、非意図的にであれ――拒絶することである。ここで、悪性の無知とは、安定した（reliable）無知のうち、当該の文脈において、他の人（または人々の集団）に害を与えるものを指す。また「安定した無知」とは、一貫した無知、言い換えれば認知的リソースに予測可能な認識的欠落があることから生じる無知である。この定義に従えば、安定した無知は、必ずしも有害であるとは限らない。例えば、無知が単に知識のなさを意味するとすれば、3歳児はミシガン州の選挙制度について、通常、安定して無知であ

3　ホーンズビーと同様にラングトンは、声の封殺に関する研究のなかで、言語的やりとりを行なう際の話し手側のニーズを強調している。ラングトンは、3種類の声の封殺――発語行為レベル、発語媒介行為レベル、発語内行為レベルでの封殺――を区別することで、言語的やりとりの成功のために、話し手が聞き手に発話を受け止めてもらうことを必要とする様々な仕方に焦点を当てている（Langton 1993, 315）。彼女はまた、あらゆる話し手が聞き手に対して依存関係にあることは、あらゆる話し手が言語的やりとりをうまく行なう能力の有無について等しいレベルにあることを意味しないとも述べている。ラングトンは次のように言う。「ある人がもつ言語行為を遂行する能力は、その人がもつ政治的権力を示す基準になりうる。……反対に言えば、その人が本来ならば遂行したいと思うような発話行為を遂行できないことは、無力さを示す一つの指標になる」（314）。たとえあらゆる話し手が言語的やりとりにおいて脆弱さを抱えているとしても、政治的・社会的権力は、自分の発話が自分の意図した通りに適切に受け止めてもらえる可能性を高めてくれるのだ。

4　本論文の主要な関心は、聞き手の関与を突き止めることによって声の封殺を突き止める方法を明らかにすることであるので、ここでは話し手の脆弱性についてさらに細かく考察することはしない。ここで示したいのはただ、言語的やりとりにおいて話し手は脆弱であるがゆえに、聞き手の関与が不可欠であるという点である。本論文での私の全体的な目的は、特定の封殺の実践が生じていることを示すような、言語的やりとりにおける聞き手側の不履行を突き止める方法を提示することであり、話し手がもつ様々な種類の依存性自体に光を当てることではない。

る。つまり、そうした事柄についての無知は、まだ知識主体（knower）になっていない3歳児について当然予想できるような知識の欠落である。しかし、そうした3歳児の安定した無知は必ずしも有害であるわけではない。単に安定して無知な状態にあることは、それ自体としては、有害ではないのだ。それゆえ、安定した無知のうちでも、有害なものを特定するには、文脈を調べることが必要になる。実際、言語的やりとりのなかで聞き手が話し手の依存性に応え損ねる原因となる悪性の無知を特定する作業は、個々の文脈に則した作業となる。すなわち、悪性の無知を特定するには、聞き手が言語的やりとりの成功のために話し手の依存性に応えることを日常的に妨げているような無知を特定する必要があるだけではない。それに加えて、その特定の状況に見出される無知を有害なものにしている、権力関係やその他の文脈的要因を分析することも必要となるのである。

　認識的暴力がどのような種類の害を生み出すのかを見極める際にも、個々の文脈を考慮することが必要である。認識的暴力から生じる害が認識的な事柄に限られることはほとんどない以上、言語的やりとりを妨げる悪性の無知によってもたらされる害を明らかにするためには、個々のケースごとに分析を行なう必要がある。実際、ある特定の社会的位置づけと権力レベルにある認識主体にとっては悪性でない無知が、別の認識主体にとっては悪性のものになりうる。つまり、ある状況下では、安定的だが必ずしも有害でない無知の発露が、別の状況下では、安定的かつ有害なものになるかもしれないのである。特定の事柄についての無知が悪性の無知であるかどうかは、その無知の種類や、無知である人に落ち度がある（culpable）かどうかという点によってのみ決められるべきではなく、その無知が有害な実践——ここでは、声を封殺するという有害な実践——を引き起こしたり、それらに寄与したりする仕方によって決められるべきである。以上をまとめると、認識的暴力とは、悪性の無知のせいで対話者がコミュニケーションに必要な双務性の要求に応え損ねることから、言語的やりとりが失敗している場面で生じるものである。

　認識的暴力についての以上のような理解に対して、少なくとも三つの反論がすぐに思い浮かぶだろう。その三つにそれぞれ答えていくことで、認識的暴力についてさらにしっかりとした理解を与えることにしたい。第一に、無知はす

べて有害だと考えたくなる傾向から、悪性の無知という概念に反対する者がいるかもしれない。たしかに、私の主張は、どんな無知にも有害になる可能性は・・・・・・あ・るものの、無知が有害になるのは、それが実際に害を生じさせる特定の状況においてのみであり、かつ実際に害を生じさせる程度においてであるということ〔つまり、すべての無知が有害というわけではないということ〕を前提としている。しかし、あらゆる無知が有害であるという〔上記の反論が依拠する〕考えは、維持できない立場であるように思われる。というのも、ある種の無知は、おそらく不可欠なものだからである。例えば、無知は学習を促進する力になるかもしれない（Merton 1987; Proctor 2008）。また、シンシア・タウンリーが主張するように、責任ある認識的行ないのためにはある種の無知が必要とされる（Townley 2006）。したがって、無知が害になる可能性は常にあるということはたしかに主張できるとしても、無知が常に有害であるわけではないように思われる。

　第二に、とりわけ悪性の無知が帰結主義的に捉えられている点を踏まえて、先ほどの認識的暴力の定義は広すぎるのではないかと言う人がいるかもしれない〔つまり、ドットソンの定義によれば、悪性の無知——当該の文脈で結果的に害をもたらす安定した無知——のせいで双務性の要求に応えないことが認識的暴力だとされているが、しかし、悪性の無知のせいでそのようなふるまいをしていても、認識的暴力とは言えないケースもあるのではないか、という反論がなされるかもしれない〕。この反論を詳しく検討するために、〔悪性の無知から生じているが認識的暴力ではないと言われるかもしれないケースとして〕ミシガン州の投票実践について無知である３歳児の例を再び考えよう。しかし先ほど説明したように、この種の無知は、単に知らないというだけのことである場合、安定しているが有害ではない〔したがって、悪性の無知ではない〕。それが有害ではないのは、一つには、３歳児がミシガン州で投票することはできないからである。その状況で、３歳児がミシガン州の投票実践について無知であることから有害な帰結が生じる可能性は、もしあるとしても、ごくわずかだろう——仮に３歳児に投票が認められたとすれば、この種の安定した無知が実際に有害なものになる可能性はあるかもしれないが。しかし、３歳児の安定した無知が有害になるケースを思い浮かべることはできる。例えば、火が引き起こす事柄について３歳児

が安定して無知であると想像するのは容易い。さらに、この3歳児が安定した無知のせいで、火についてやりとりする際、コミュニケーションに必要とされる双務性の要求に応え損ねる可能性も、容易に想像できるだろう。このときこの子どもは、安定して無知であり、かつ潜在的な火の危険性について注意を受けるやりとりの際、コミュニケーションに必要とされる双務的なふるまいをし損ねているので、認識的暴力を働いている可能性があるというわけだ。だが、この3歳児のふるまいが本当に認識的暴力であるかどうかは、その安定した無知が実際に、特定の言語的やりとりにおいて害をもたらすことになるかどうかに依存する。ここで、この子どもの無知が有害なものになる仕方を少なくとも一つ考えることができる。この子どもは、火によって生じる悲惨な結果について無知であることで話し手の声を封殺し、それによって話し手に害を与える可能性があるのだ。しかし、いったいどのような状況下で、実際にこのような害が生じると考えられるだろうか。子どもの無知が話し手の声を封殺することによって話し手に害を与えるかどうかは、文脈に即して見定められることである。大人が3歳児に火について注意する場合、子どもがそれを無視しても大人は腹を立てたりしないだろう。むしろそうした行動は子どもにありがちなことで、だからこそ私たち大人は、火の周りにいる子どもたちを注意深く監視するのである。警告を与えるだけでは足りない場合もあるのだ。それゆえ、3歳児の聞き手と大人の話し手の間の場合、言語的なやりとりの失敗につながる安定した無知が、害を引き起こしているということはまったく明らかではない。

　しかし、この例を組み立て直して、3歳児が火について安定して無知であることによって器物破損という害が生じるという設定にすることもできる。3歳児が火の危険性について無知であるせいで、やってはいけないと注意されていたにもかかわらず、火がきれいだからと何かに火をつけてしまい、害が生じるようなケースは想像に難くない。この場合、火によって引き起こされた器物破損は、まさに安定した無知から生じた害に当たる。しかし、このときその子どもは、火を起こさないようにと注意する話し手の言葉に耳を傾けないことで、認識的に暴力的なふるまいをしたと言ってもまったくおかしくないと私は思う〔したがって、この事例は、「悪性の無知から生じているが認識的暴力ではないケース」にはならない〕。認識的暴力の定義が広すぎるという批判は、認識的暴力が

幅広い実践であるという現実を認識し損なっている。私の考えでは、子どもが注意に耳を貸さないことで少なくとも認識的に暴力的なふるまいをしていると言うことはまったく理にかなっている。認識的暴力は、行為者が意図や能力をもつことを必要としない。必要とされるのは、ただ、悪性の無知を原因とする、コミュニケーション上のやりとりの失敗である。いまの事例の場合、子どもは火の影響について注意してくれた話し手の声をまさに封殺しており、それによってコミュニケーション上のやりとりの失敗を促しているが、それに加えて、より重要なのは、この文脈で働いている安定した無知が事実有害であるということなのだ。

　第三に、認識的暴力とは何であり、またそれが声を封殺する実践によって引き起こされる害とどのように関係するかに関する先ほどの説明に対して、次のような反論があるかもしれない。それは、声の封殺の個別例はすべて有害なものであるのに、証言の場で起こる認識的暴力に関する私の定義はそうした現実を捉えていないという反論である（この種の批判を含む立場として Maitra 2009 を参照のこと）。この想定される反論は、証言における認識的暴力の必要条件に「悪性の無知」が入っていることの含意を読み解くことで出てくるものだ。すなわち、認識的暴力の必要条件に悪性の無知を含めると、声の封殺の個別例が安定した無知に由来していない場合に、それら個別例は〔認識的暴力を含まないので〕有害でないということを示唆してしまうのではないかというわけである。たしかに、私は声の封殺の個別例と声の封殺の実践を暗黙のうちに区別してきた。私の説明によれば、声の封殺の個別例は、聞き手が話し手の依存性に応じ損ねる一回きりの事例に関わるものである。他方で声の封殺の実践は、より広範にわたる無知のせいで、聞き手が話し手の依存性に応じ損ねることが、安定した仕方で繰り返し生じるという事態に関わっている。声の封殺の個別例は害を生じさせることがあるし、その一回の声の封殺が起こることは予測可能な場合も予測不可能な場合もある。しかし、声を封殺する実践と個別例は、聞き手が言語的やりとりに失敗することを引き起こす無知の種類によって区別することができる。すなわち、声の封殺の実践は安定した無知によって引き起こされねばならないが、声の封殺の個別例の場合はそうではないのだ。ここで「安定した〔無知〕」が意味するのは、ある知識領域に関する、「反事実的無能

力（counterfactual incompetence）」である。そして、〔反事実的無能力と対比される〕反事実的能力とは、ある命題 p の真理を追跡することに関わる能力であり、現在の認識的状況に「近接した」可能世界において、「仮に p が真でなかったら、主体 S は p と信じず」、「仮に p が真であったならば、S は p と信じるだろう」という仕方で S が信念をもつ能力である（Nozick 1981, 255）。したがって安定した無知は、ある情報領域について反事実的無能力を示すような認識状態である。つまり、反事実的無能力は、ある領域の知識に関する真理に適切に反応できないことに関わっている。このような無能力は、単に、S が「仮に p が真であったならば、S は p と信じないだろう」かつ／または「仮に p が真でなかったら、S は p と信じるだろう」という仕方で、ある一つの命題の真理を追跡し損なう状態にとどまらない——たとえそのような状態が可能であるのだとしても。そうではなく、安定して無知である人は、ある領域の知識全般に関して、真理に反応することができず、真理を検知することに悉く失敗してしまうのである。つまり、安定した無知は、認識主体がある一連の真理を一貫して追跡し損なうであろうことを保証するような状態である。そしてこの真理追跡の失敗がたまたま害をもたらすものでもある場合、それは悪性の無知になる。私の説によれば、言語的やりとりの失敗を引き起こす悪性の無知が認識的暴力を構成するのは、それが単に結果として人に害を与えるからだけではなく、認識的暴力が声を封殺する実践を確立させるからである。何も対処がなされない場合、認識的暴力と、その結果として生じる声の封殺の実践は継続するが、声の封殺の個別例は一回きりで二度と生じないかもしれない。もちろんここで言っているのは、声の封殺の個別例が有害でないということではなく、認識的暴力は有害でかつ安定的な、声を封殺する実践に関わるものだということである。

　こうしていまや、認識的暴力というものにしっかりとした特徴づけを与えることができる。すなわち認識的暴力とは、言語的やりとりの際に、聞き手が悪性の無知によって、意図的であれ非意図的であれ、コミュニケーションに必要な双務性の要求に応え損なうことである。そして悪性の無知とは、当該の文脈において有害であるような安定した無知、あるいは反事実的無能力である。子どもも悪性の無知を示すことから免れていないので、認識的暴力に該当する仕方でふるまうことから免れていない。聞き手に意図や落ち度があることは証言

における認識的暴力を決定づけるものではない。認識的暴力の決定要素となるのはまさに、安定した無知と害、そして言語的やりとりの失敗それ自体なのである。次に、聞き手が話し手に認識的暴力を働く仕方や、聞き手が悪性の無知ゆえに話し手の依存性に応じない（つまり、言語的やりとりの成功のために必要な双務性の要求に十分応じない）仕方を描き出すことで、私たちは初めて声の封殺という実践をより詳細かつ正確に突き止められるようになる。そこで以下では、「証言を無音化すること」と、「証言を飲み込むこと」という声を封殺する二つの実践の内実を明らかにしたい。私は、聞き手がどのように話し手に対して異なる形の認識的暴力を働くのかを示すことを通して、それらの実践の内実を明らかにするつもりである。

声を封殺する実践──証言に関わる二つの抑圧

　証言に関わる第一の抑圧は、パトリシア・ヒル・コリンズの著作に描かれている種類の声の封殺である──こちらを「証言の無音化」と呼ぶ。証言の無音化という問題は、聞き手が話し手を知識主体とみなし損ねるときに生じる。話し手は、証言を提供するために、聞き手によって知識主体として正しく認識されるか、あるいは、少なくとも知識主体であると思われることを必要とする。証言に対するこの種の抑圧は有色の女性たちの著作のなかで長く議論されてきたものだ[5]。黒人女性の信用性が低く見積もられていることに関して、パトリシア・ヒル・コリンズの著作で行なわれた有名な分析を例に挙げよう。コリンズは、著作 *Black Feminist Thought*（Collins 2000）において、自分が米国の黒人女性であるせいで、知識主体として体系的に過小評価されていると主張した。コリンズや他の黒人女性たちが受けるこうした過小評価はまさに、彼女たちが話

---

[5]　有色女性たちは百年以上もの間、知識主体として適切に認識されないことから生じる声の封殺を問題にしてきた。例えば、以下を参照のこと。Williams 1905; Carby 1982; Lugones and Spelman 1983; Lorde 1984; Mohanty 1984; Aziz 1992; Oyewumi 1997; Cooper 1998; Green 2007. このリストは、決して網羅的なものではないとはいえ、いかに広範囲の有色女性たちが、証言の無音化や、証言に対するその他の種類の抑圧を分析してきたのかを示すいくらかの証拠となるだろう。

し手として抱えている依存性に応じたふるまいをしてもらえない仕方の一つに
ほかならない。黒人女性の話し手を過小評価することは、彼女の知識主体とし
ての身分を、適切と考えられるレベルより低く見ることである。コリンズの主
張の一つによれば、黒人女性が〔知識主体としての〕能力があるとみなされに
くくなっているのは、聞き手が、黒人女性を集団としてスティグマ化する「統
制イメージ（controlling image）」に惑わされることなく、信用性の有無を識別す
ることができないせいである。黒人女性についての一連のステレオタイプが、
黒人女性に対する不公平な扱いや否定的評価を、「自然かつ普通で、不可避的
な、ありふれた事柄の一部」だと思わせる役割を果たしているのである
（Collins 2000, 69）。コリンズは、黒人女性に対する社会的知覚を統制する四つの
イメージを挙げている。すなわち、彼女たちは、乳母、家母長、
生活保護家庭の母親、あばずれとして知覚されるのである（72–81）。この特定
のステレオタイプが的確であるかどうかはともかく、コリンズの分析で重要な
のは、黒人女性がモノ化された社会集団に属しており、そのことによって知識
主体として知覚されにくくなっているという見方である。

　認識的暴力に関係する点として、コリンズは黒人女性の「統制イメージ」の
せいで引き起こされる無知について説明している。すなわち、そうしたイメー
ジによって、人々は黒人女性を日頃から知識主体として認識しなくなり、その
ために、言語的やりとりをしようとする黒人女性の話を聞く際に、コミュニケ
ーションに必要な双務性の要求に応え損ねるという事態が常態化しやすくなる
というのだ。ここでの安定した無知は、単なる知識の欠如ではなく、チャール
ズ・ミルズ（Mills 1999, 18）が言うところの、知らないでいるという能動的実
践として理解されねばならない。「議論の余地なく」知識主体とみなされる能
力を特定の社会集団から奪い去るようなステレオタイプに基づいて、その社会
集団を理解することは、ある種の安定した無知の結果であり、またその無知を
さらに助長する原因になる。ナンシー・トゥアナはこの種の無知を「認識的に
劣ったアイデンティティが構築されることによって生み出される無知」と呼ん
でいる（Tuana 2006, 13）。トゥアナによると、ある種の社会的アイデンティテ
ィは、信用性の欠如を示すものとして作り上げられてしまうことがある。彼女
は次のように述べている。「このような〔認識的に劣ったものとされるアイデン

ティティが〔当のアイデンティをもつ人に対する〕無知を生み出すような〕場合には、ただ単に、事実や出来事、実践、技術が知られないものとされるだけではなく、個人や集団が「知識主体ではない者」にされてしまうのである（13）。

　コリンズは、「統制イメージ」を明確化することを通じて、「黒人女性」という社会的アイデンティティがいかにして認識的に劣ったアイデンティティにされてしまうのかを詳しく描き出している。しかし、〔黒人女性が〕そのように認識的に劣った者とされてしまうのは、すべての話し手が、潜在的な証言者ないし知識主体として認識してもらうことに関して、聞き手に依存しているからにほかならない。話し手が知識主体として適切に扱われないことから生じる害にはいくつかの種類がある。例えば、ミランダ・フリッカーは、「知的勇気」に対する害を挙げている（Fricker 2007, 49）。また、シンシア・タウンリーは「認識的主体性」に対する害を（Townley 2003, 109）、さらに、コリンズは集団全体の知的伝統に対する害を挙げている（Collins 2000, 3–8）。私の説明によれば、証言の無音化からどんな種類の害がもたらされるのかを確定する作業は、文脈依存的なものとなる。例えば、特定のアイデンティティの人が、社会的に知覚される仕方の結果として、日々「知識主体でない者」とみなされ、そのことによって知的勇気を失うことになるような状況を想像することができる。あるいは、ある人の認識的主体性が証言の無音化を通じて損なわれるような状況を想像することもできる（Townley 2003; Maitra 2009）。また、米国において「押さえつけ」られてきた黒人女性たちの知的伝統に関してコリンズが指摘している事柄も、間違いなく証言の無音化から生じる害を構成しうるものだ。様々な害をどのように特定するのかという点については、本論文の範囲を超えるような多くの文脈の分析が必要となる。とはいえ、証言の無音化がなされる個別の実践においてもたらされる害がどのような形で特定されるとしても、そうした出来事の際に生じている認識的暴力は次の点に見出されるべきである。すなわちそれは、相手に誤ったネガティブなステレオタイプを帰属させるような種類の悪性の無知のせいで、聞き手が話し手を知識主体として正しく認定し損ない、それによって言語的やりとりの際にコミュニケーションに必要な双務性の要求に応え損ねるという点である。私の説明に従うならば、コリンズはまさに、米国の黒人女性に関して認識的暴力が生じている状況を描き出しているのである。

　証言に対する第二の種類の抑圧は、話し手が目の前の聞き手を、自分の証言をきちんと受け止める気のない、もしくは受け止めることのできない者として知覚することで生じる。この種の封殺を「証言の飲み込み」と呼ぼう。証言を飲み込むというのは、つまるところ、話し手が自分の証言を切り詰めることで、聞き手が証言受信力を示している内容だけが証言に含まれるようにすることである[2]〔後述されるが、「証言受信力」とは、聞き手が証言を理解できることを相手に示す能力のことである〕。証言の飲み込みは、複雑な社会的かつ認識的な懸念が満ち溢れているような証言のやりとりの場面において見られる。証言を飲み込むということを説明するために、以下ではその個別例が生じるときに通常成り立っている三つの状況を明らかにする。これらは実際には互いに結びついていて、別々に分析することが難しいものだが、ここではあえてそれを試みてみたい。その三つの状況とは以下である。①証言の内容が安全ではなくリスクを伴うものである。②当の証言内容について、聞き手が証言受信力のなさを話し手に対して示している。③証言受信力のなさが、悪性の無知から生じている、あるいは生じているように見える。これら三つの状況の結果として、話し手は自分の証言を自ら「飲み込む」ことになるのである。しかし、このような声の封殺は、〔話し手が自ら証言を飲み込むことではあるが、〕強制的な声の封殺の一種として理解されるべきである。強制的な声の封殺は、多くの場合、話し手側がある種屈服してしまうこと、あるいは自ら声を封殺することを必要とする。証言を飲み込むことは、そのような強制された声の封殺のうちの単なる一種である。以下では、この三つの条件の各々について説明していこう。

　〔第一に、〕証言の飲み込みを促しうる言語的やりとりは、証言が「安全でなく」——すなわち、聞き手が十分に把握可能なものとして受け取ることができないという事態が容易に起こりうるような証言であり——、しかもその証言が

〔訳注2〕ここで「証言の飲み込み」と訳したのは原語の "testimonal smothering" である。証言を飲み込み、言いたいことを控える主体は（潜在的な）話し手自身であることを踏まえると、声の封殺という聞き手側の行為の一種として証言の飲み込みが挙げられるのは、少し収まりが悪く感じられるかもしれない。この点に関する著者の解説によると、証言の飲みこみはたしかに直接的には話し手側の行為である一方で、同時に、聞き手側の（潜在的な）行為によって強いられたものでもあるという両義的な性格をもつとのことである。

社会的、政治的、物質的害を引き起こしうる誤った信念を形成させるリスクが
あるような状況に関わっている。つまり、証言を飲み込むことにおいては、安
全でなく、しかもそのせいでネガティブな影響をもたらすリスクのある証言が
控えられるのである。キンバリー・クレンショーは、有色の女性たちが
家庭内暴力の起きている周辺で沈黙（silence）していることを指摘したが、
彼女はその際、歴史的にどういう証言が一部の「非白人」コミュニティにおい
て、安全でない、リスクのある証言だとみなされてきたのかを明らかにしてい
る。クレンショーは、「非白人コミュニティ」における家庭内暴力とレイプに
関する「公の場での沈黙」に光を当てることで、そうした例を与えている。

> 人種もまた非白人コミュニティにおける家庭内暴力の問題を隠蔽する原因
> の一つとなるものだ。有色の人々は、往々にして、世間に広まっている歪
> んだ認識を強化する可能性のある厄介な事態を避けることへの関心と、コ
> ミュニティ内の問題を認識し、対処する必要性を秤にかけることを迫られ
> る。だが、そのような隠蔽に伴うコストが認識されることはほとんどない。
> その理由の一端は、家庭内暴力に関する議論がなされないことによって、
> そもそもこの問題がどれほど深刻であるかに関する認識が形成されるとい
> う点にある。（Crenshaw 1991, 1256）

例えば、家庭内暴力についての証言は、想像上の「暴力的な」黒人男性に関す
るステレオタイプを裏づけるような仕方で理解される可能性が高いため、アフ
リカ系アメリカ人コミュニティでの家庭内暴力はしばしば沈黙のうちに包み隠
されることになる。そうやってアフリカ系アメリカ人は常々「この種の「人種
差別的ステレオタイプ」をかわすために、リスペクタビリティ・ポリティクス[3]
を行なってきたのである（White 2001, 36）。一部の――もちろん、すべてでは
ないが――アフリカ系アメリカ人たちは、家庭内暴力やレイプのような特定の
種類の出来事に関する証言が、その結果として、アフリカ系アメリカ人コミュ

〔訳注3〕「リスペクタビリティ・ポリティクス」とは、マイノリティの人々が自分たちの存在を
　　マジョリティの人々に認めてもらうために、模範的なふるまいをすること、あるいはそうした
　　ふるまいを求められること。

ニティ全体に損害をもたらすと考えたわけだが、そのことによって、家庭内暴力やレイプに苦しむ人たちはしばしば犠牲を強いられてきたのだ（Crenshaw 1991, 1256–57）。このようにそうした話題について沈黙しているべきだという圧力が生じるのは、特定の文脈における家庭内暴力の証言は安全でなくリスクを秘めていると考えられるせいである[6]。ある種の情報が、様々な異なる文脈において、リスクを含む、安全でない証言になることは珍しくない。しかし、このように話し手が、安全でない、リスクのある証言を持ち出してはいけないという圧力に屈する場合、証言の飲み込みや他の種類の強制的な声の封殺が生じている可能性があると言える[7]。

　証言を飲み込むことの内に存在する二つ目の状況は、潜在的な証言の内容に関して、聞き手が証言受信力のなさを示しているという状況である。この状況を説明するために、「正確な把握力（accurate intelligibility）」と、「証言受信力（testimonial competence）」という二つの用語を導入することにしよう。まず、「正確な把握力」が指しているのは、差し出された証言の内容を理解する聞き手の能力と、それに加えて、証言の内容を理解することに失敗した場合にそうと気づく聞き手の能力とを合わせたものである。言い換えれば、何らかの証言について、ある聞き手が正確な把握力の要求する条件を満たすというのは、その証言が、当の聞き手にとって、明瞭に了解可能（comprehensible）であり、なおかつ、阻却可能な形で把握可能（intelligible）である〔つまり、特別の事情（阻却要

6　家庭内暴力やレイプのような問題について沈黙を守るという姿勢は、黒人コミュニティ内において議論を呼ぶものであり続けている（Hine 1989 を参照のこと。また、Lorde 1984; Hill 1997; White 2001 も参照のこと）。これらの問題について沈黙を守ることに反対する声は常に存在してきたが、だからと言って、黒人に対する世間の認識を考えたときに、ある種の証言が安全でない、リスクを含んだものであるという現実が取り去られるわけではない。

7　証言を飲み込むことは、様々な種類の強制的な封殺のうちの一つにすぎないという点に注意してほしい。家庭内暴力と黒人女性に関して、クレンショーが指摘したような規模の「公の場での沈黙」が存在する可能性は、証言を飲み込むこと以外にも、数々の強制的な声の封殺が起こっていることを示唆する。そうした異なる種類の強制的な封殺を突き止めるには、認識的暴力に関する異なる説明が必要である。証言の飲み込みが関わる言語的やりとりは、直接的な対話という形のやりとりのなかで、話し手が自身の証言を飲み込むというものに限られる。クレンショーによれば、「非白人コミュニティ」内の家庭内暴力に関して声の封殺が強制される仕方が他にもあることはたしかである。

因）があれば、把握可能性は取り消されうる〕ということである[4]。差し出された証言を受け取るための、これら二つの要求を聞き手が満たすことができる場合、その証言は当の聞き手にとって正確に把握可能な（accurately intelligible）ものとなる。他方、話し手の視点から見た場合に、ある領域の知識に関して聞き手が「証言受信力」を示すのは、聞き手が差し出された証言を、明瞭に了解可能で、なおかつ、阻却可能な形で把握可能なものとして受け取る能力を示しているときである。ここで、正確な把握力という用語は、言語的なやりとりにおける聞き手の状態を表している。またこの分析では、証言受信力という用語は、潜在的な証言を正確に把握可能なものとして受け取る聞き手の能力について、話し手が下すポジティブな評価を表している。以上より、差し出された証言が聞き手にとって正確に把握可能である場合には、聞き手はその証言を明瞭に了解することができて、なおかつ、必要であれば、自分自身の了解の不正確であるかもしれない点に気づくことができるであろう。そしてまた、ある証言をめぐるやりとりにおいて聞き手が証言受信力をもつ場合には、聞き手は、差し出された証言を正確に把握可能なものとして受け取ることが自分にはできるということを、話し手に対してすでに示しているということになる。〔正確な把握力と証言受信力については以上のとおりだが、〕同様に、「正確な把握力のなさ（inaccurate intelligibility）」は、聞き手が差し出された証言を正確に把握可能なものとして受け取り損ねることを指し、また、「証言受信力のなさ（testimonial incompetence）」は、聞き手が話し手に対して、自分は差し出された証言を正確に把握可能なものとして受け取るであろうということを示し損ねることを指す[8]。

　正確な把握力によって私が意味することをさらに説明するために、一つ例を挙げることにしよう。例えば、私は一人の素人として、原子物理学に関する専門的な証言を聞き、その証言のある部分を了解することができるが、その際私は常に、当の証言を正確に把握可能なものとして受け取る私の能力がうまく働

〔訳注 4〕著者の解説によると、証言が「了解可能（comprehensible）」であるとは、証言の一般的な意味がわかることを指し、他方、証言が「把握可能（intelligible）」であるとは、そのような意味で了解した証言をさらに「正しく受け止めること（accurate uptake）」ができるということ——それには、当の証言が、聞き手自身の信念や前提やコミットメントの体系に対して、いかなるインパクトを与えるものであるかを正確に見て取ることが含まれる——を指す。

かないことへの警戒を怠らないであろう。その証言から得られた情報は、私が必要な専門知識を備えた講演者や対話者とさらに対話を重ねるならば、知識になるかもしれないし、ならないかもしれない。しかし、私がこれらの事例において頼るのは、自分が「わかって（getting it）」いないときにそうと気づく私の能力である。残念ながら、自分の把握力に欠落部分がある場合に、いつでもそんなふうにはっきりと気づくことができるわけではない。とはいえ、私が原子物理学の専門的な講義を聞いているときに生じる把握力の欠落部分は、原子物理学に関する私自身の知識が限られており、なおかつ、自分にこの領域の知識が欠けていることに対して適切に反応する能力を私がもっているなかで生じたものである。原子物理学のトピックに関する、土台となる多くの背景的情報や信念を私はもっていない。それゆえ、原子物理学に関する証言を理解することについて自分がいつ無能力を示しているかは、私にとって比較的明らかである。そのようなときには、私は差し出された証言にそもそも「意味を見出す（make sense）」ことができないのだ。また、私が原子物理学に関する証言をどうにか了解している場合にも、私は自分の了解に対して慎重である。「自分は本当にこのことを正しく理解しているのだろうか」と私は心の中で考えるかもしれな

8　「証言受信力」は一般的な用語であり、それ自体では、特定の集団のメンバーをターゲットとする語ではない。すると、次のような懸念が生じるかもしれない。すなわち、ある言語的やりとりが行なわれる特定の環境——例えば、人種差別的かつ性差別的な環境——のもとでは、黒人女性たちが、人種差別と組み合わさった性差別をめぐる黒人女性の経験に関して証言受信力がないと話し手からみなされるかもしれない、という懸念である。この例では、黒人女性が——当人もおそらく人種差別と組み合わさった性差別のターゲットになりうるはずであるのに——証言受信力を欠いていることが示される可能性も十分にある、ということになってしまうのである。つまり、この例が示している危惧は、ここで提起された、証言受信力とその欠如の条件を用いた場合、差別のターゲットとなりうる脆弱な集団の一員であり、その点を踏まえれば、〔差別の実態について〕「よりよく知っている」はずの人々を、証言受信力を欠いているとみなすことができてしまうのではないか、というものである。このことは、表面的には問題であるかのように見えるかもしれない。しかし、実際には、この例は単に、社会のなかで抑圧された地位から証言を提供するのは困難なことだ、ということを示しているにすぎない。何らかの集団の一員であることによって、自動的に、ある領域の知識に関して証言受信力をもつことが示されるわけではない。ある人が抑圧されている集団の一員であるからといって、それによって、その人に認識的特権が与えられ、そしてその特権は、当の集団に属する人々が直面している一連の社会的現実に関する証言受信力へと自動的に変換される、ということはないのである。

い。この疑いは、私の最初の理解に対する阻却要因になりうるが、この阻却要因が生じるのは、原子物理学の専門講義を完全に把握可能なものとして受け取るのに必要な背景的情報や信念の欠如に対して、適切に反応する能力を私がもっているからである。〔それゆえ、〕私は、多くの場合に、原子物理学に関する証言を完全に把握可能なものとして受け取るわけではないけれども、それでも、原子物理学に関する証言は私にとって〔先ほど説明した意味で〕正確に把握可能だと言うことができる。なぜなら、私は、それらのケースにおいて、原子物理学の証言について正確な把握力をもつための条件を満たしているからである。すなわち、私は、差し出された証言に対して〔完全でなくても、ある程度の〕理解を形成し、そして、（最初の理解が阻却されるおそれがきわめて強い場面では、）自分の最初の理解に対する阻却要因に適切に反応する能力を働かせることができるのである。このように、聞き手が証言を完全に把握可能なものとして受け取ってはいないが、それでも正確な把握力に関する条件は満たしている、ということもありうる。

　聞き手が、自身に証言受信力があることを、話し手に対して示さないことがある。つまり、聞き手はそのような場合、潜在的な証言を正確に把握可能なものとして受け取ることができないように見えるのである。潜在的な証言に関して、聞き手が証言受信力を示し損ねる仕方は数多くある。例えば、一部の社会心理学者たちは、人種に関するマイクロアグレッションの存在を支持する、ますます多くの証拠を挙げるようになっている（Solorzano, Ceja, and Yosso 2000; Shacht 2008; Sue, Capodilupo, and Holder 2008; Sue et al. 2009; Sue 2010）。回避的人種差別の一種としての人種に関するマイクロアグレッションは、「黒人系アメリカ人に向けられる、短くてありふれた、日々の会話や、行動、環境を通じてなされる軽視や侮辱であり、しばしば無自覚かつ非意図的に行なわれる」ものと定義される（Sue, Capodilupo, and Holder 2008, 329）[9]。米国内で人種について交わさ

9　「人種に関するマイクロアグレッション」という用語は、もともとは、アフリカ系アメリカ人に対する、さりげない形の人種差別を説明するために用いられたものであるが（Pierce et al. 1978 を見よ）、人種に関するマイクロアグレッションは、現在では、米国内の他の人種的集団に対してどのような影響をもたらしているのかという点からも研究されるようになってきている（Solorzano and Bernal 2001; Sue et al. 2009; Sue 2010）。

れる会話のなかで、聞き手がアフリカ系アメリカ人の話し手に対してマイクロアグレッションを行なうならば、その会話は、関連する人種的話題をめぐってなされうる証言の内容について、聞き手が証言受信力のなさを示している一つの事例となるであろう。

　「私にはできない会話（Conversations I Can't Have）」という論説のなかで、カサンドラ・バイヤーズ・ハーヴィンは、米国の文脈内で交わされる人種に関する会話に加わることへの抵抗感を表明している。彼女がそのように感じるのは、「人種の話」が、米国の公の言説のなかである仕方で枠にはめられて（framed）きたためである。彼女は、O. J. シンプソンに関して会話を交わしたり、人種について同僚たちと率直に語ったりすることを避けたい気持ちがあることを打ち明け、その気持ちは、そうした会話のなかで聞き手が見せるであろう「傷つきの感情、驚き、防御」のせいであるとしている（Harvin 1996, 16）。彼女は、公共の図書館で、「50 代前半に見える」ある白人女性と遭遇したエピソードについて述べている。何をやっているのか、とその女性はハーヴィンに尋ねる。そこで、ハーヴィンは、「この社会のなかで黒人の男の子を育てること」(16)についてリサーチしているのだと答える。すると、その白人女性はすぐさま、「それって、白人の男の子を育てることとどう違うんですか」と尋ねる。ハーヴィンの指摘によれば、この質問は、米国内の人種をめぐる闘いに対するある種の認識の欠如を示している点で問題である。しかし、それだけではなく、その質問のトーンにも問題があるという。なぜなら、そのトーンからは、ハーヴィンが「火のないところに煙を立てている」(16)とその白人女性が信じていることが見て取れたからである。ハーヴィンは、その状況から逃れるために、失礼にならないよう、時間がないふりをすることで質問に対処したと述べている。これはまさに、人種に関するマイクロアグレッションを通じて、潜在的な証言の聞き手が証言受信力のなさを示した状況である。人種に関わるマイクロアグレッションには、いくつかの異なる形態がある。その一つは、マイクロインバリデーション〔invalidation ＝無効化〕である。マイクロインバリデーションは、「有色の人の、心理的な事柄に関する考え方や、感情や、経験してきた現実を、排除したり、否定したり、無価値化したりするコミュニケーションを特徴とする」（Sue et al. 2007, 274）。米国の文脈内で黒人の男の子を育てること

と、白人の男の子を育てることの間にありうる違いについて、不必要に懐疑的な質問をすることは、多くの有色の人たちが経験してきた現実を事実上否定するよう働く可能性がある。その問いそのものだけでなく、問いのトーンによっても遂行された侮辱は、米国の文脈のなかで黒人の男の子を育てる難しさに関する潜在的な証言への受信力のなさを示している。ハーヴィンがこの白人女性との遭遇について述べているように、議題になりえたはずの事柄に関する聞き手の証言受信力のなさを知覚したことで、この遭遇は「私にはできなかった会話」の代表例となったのである。これは、私の説明によれば、まさに証言を飲み込むことの一例である。

　ハーヴィンの事例をさらに分析することで、証言を飲み込むことの内に存在する三つ目の状況の明確化に取りかかることができる。〔まず、ここでいったんハーヴィンの事例に即して一つ目の状況から振り返っておくと、〕「黒人の男の子を育てること」に関する証言が、安全ではない、リスクのある証言だというのは、ほとんど疑いの余地のないことである。若者であれ、年配者であれ、米国の黒人男性については、あまりにも多くのネガティブな「統制イメージ」が存在しているため、彼らに関わる何らかの困難について証言することで、それらのネガティブなイメージを強化してしまうリスクがないとは考えられないのである。それゆえ、ハーヴィンの経験したことの内には、証言を飲み込むことに含まれる一つ目の状況が存在していたとみなすことができる。また、〔二つ目の状況に関しては、〕すでに説明したとおり、人種に関するマイクロインバリデーション——それは十中八九無意識的になされたものである——の存在から見て取れるように、ハーヴィンの聞き手は、黒人の男の子を育てることに関わる証言に対して、証言受信力をもっていなかった[10]。ここで次に、三つ目の状況が浮かび上がってくる。その状況は、「それ〔黒人の男の子を育てること〕って、白人の男の子を育てることとどう違うんですか」という例の質問の「トーン」に付随するものである。すなわち、ハーヴィンの聞き手は、彼女が実際にこの質問をしたときのようなトーンでこの質問をすることで、証言受信力のなさだけではなく、さらに、米国では人種によって育児の際に経験することが異なるということ（すなわち、そもそも米国での子育てには人種による違いがあるという事実）に関する無知を示しているのである。

　証言を飲み込むことの内に存在する三つ目の状況は、話し手が〔聞き手の内に〕見て取る証言受信力のなさが、聞き手の悪性の無知からの結果である、あるいは、結果であるように見える、という状況である。ハーヴィンの例では、聞き手のした質問は、まず間違いなく無意識に遂行された、マイクロインバリデーションを発信するものとなっている。私の考えでは、この無意識的なマイクロインバリデーションは、状況による無知（situated ignorance）と呼ばれる類のものから帰結している。状況による無知は、ある領域の知識に関連する、主体の社会的地位および／または認識的位置づけから生じる。それは、「知らないでいる」という実践の一種であり、この実践を促しているのは、多様な集団の間の重大な認識的差異を助長するような社会的立ち位置である。ここでの認識的差異というのは、リサ・バーギンによると、「世界に関する異なる理解や、現実に関する異なる知識を生み出すような、異なる社会的状況（つまり経済的、性的、文化的状況など）」によって引き起こされる、異なった世界観の間のギャップのことである（Bergin 2002, 198）。現実に関する人々の理解は、社会のなかで人々が占める地位によって与えられる。そして、それらの理解には、その特徴として目立った認識的優位性がある一方で、また重要な認識的限界もある。社会的地位が知識に対してもたらす影響を説明する試みのなかで、ロレイン・コードは次のように述べている。「異なる社会的地位は、様々な形で実在を構築し、世界に対する異なったパースペクティブを提供するものであるから、［知識主体は］彼らが置かれた位置づけの特異性によって、制限を受けると同時に、能力を与えられもするのである」（Code 1993, 39）。

　認識的差異を構成するのは、主体の社会的、経済的、民族的、性的立ち位置

10　ただし注意しなければならないのは、ハーヴィンの聞き手が証言受信力のなさを示したということは、〔もしハーヴィンが証言を行なったとしたら、〕聞き手は実際にハーヴィンの証言を正確に把握できないものとして受け取ったであろうということを意味するわけではない、という点である。むしろ、ハーヴィンの聞き手は、証言を正確に把握可能なものとして受け取ることができないように見えたのであり、そしてそれゆえに、証言受信力のなさを示したのである。ハーヴィンの評価は、証言を正確に把握可能なものとして受け取る聞き手の実際の能力に関わるのではなく、その能力がハーヴィンに対して効果的に伝達されたかどうかに関わるものである。つまり、この種の評価は、聞き手が証言受信力を話し手に伝達することに成功したか否かにかかっている。そして、このケースでは、聞き手はそのことに成功しなかったのである。

などに関係する、様々なレベルの認識的優位性と限界である。ここで、認識的優位性は、ある領域の知識に関して、認識的によいものとなりうる立ち位置にのみ関わるものとして理解すべきであり、他方、認識的限界は、それと比較して、ある領域の知識に関して悪い認識的地位からなるものである。状況による無知は、主体の社会的な立ち位置から生じるものであり、〔当の立ち位置に伴う〕認識的限界からの結果である。そして、その認識的限界は、当の限界をもつ者ともたない者との間にある、ある種の認識的な隔たりを助長してしまうようなものである[11]。この種の無知は、ほとんど当人の落ち度とは言えないような無意識的なものでありうるが、しかしまた安定した無知でもあるということは、ほとんど間違いのないことである。〔自身の内にある〕この種の無知に対処するには、特別の努力を払わなければならない。自分が属する社会的位置づけの内にいるということが、この種の無知を促す主要な要因となっているのだから、ただ自身の社会的位置づけの内に居続けていても、この無知に対処することはできないのだ。以上のような状況による無知のせいで、証言を正確に把握可能なものとして受け取り損ない、話し手に対して証言受信力のなさを示すに至るというのはありうることであり、また実際に起きていることである。ハーヴィンの例における聞き手は、黒人の男の子を育てることと、白人の男の子を育てることの違いに関する懐疑を表明していた。ハーヴィンの対話相手が白人女性であったことからすると、これまで彼女に米国内で黒人の男の子を育てる機会が一度でもあったというのはまずありそうもないことだ。だが、彼女が示している状況による無知は、おそらく、それよりももっと根底的な欠如から生じている。すなわち、彼女はまず間違いなく、米国内で白人の男の子を育てることと、黒人の男の子を育てることの間にどれだけの認識的隔たりがあるのかを見積もらなければならない状況に置かれたことがないだろうし、また、その

11　無知の認識論のなかでは、無知がただ単に「知らないという状態（not-knowing)」であることなどほとんどない、ということが重要な研究によって明らかにされつつある。無知はむしろ、逆説的だが、知識を生み出すことを目的としたメカニズムによって生み出されるのである。問題をある仕方で枠にはめることは、当の問題の理解に至るために役立つとされているが、しかし、それはまた無知を生み出す方法でもあるのだ。知らないでいるという実践の産物としての無知については、以下の文献を見よ。Marilyn Fry, "To Be and Be Seen" in Frye 1983; Campbell 1994; Mills 1999; Tuana 2004; Ortega 2006; Tuana 2006; Alcoff 2007; Bailey 2007; Mills 2007.

隔たりから見て取れる認識的差異にもまるで気づいていないであろう。

　ウマ・ナーラーヤンは、状況による無知の一つの例を与えている。彼女は、「ダウリー殺人」〔インドにおける結婚持参金である「ダウリー」が少ないという理由で、花婿やその家族が花嫁を殺すこと〕をめぐる問題が、米国の文脈においてある仕方で枠にはめられ、それによって、インド人女性たちが「文化による死」に苦しめられているという〔誤った〕示唆がなされるに至った様子を分析しているのである（Narayan 1997）[5]。彼女は、「異文化理解」が、以下の要因によって困難となる様子を詳しく分析している。①各国の状況、②各国の異なる状況に置かれた物事〔例えば、インドの「ダウリー殺人」と米国の「家庭内暴力」〕をいかに「結びつけて考える」かの決定に対して、それぞれの国の状況が影響する仕方、③「有色の人々のコミュニティ」を「文化的な説明」によって理解しようとする試みの結果として、上記のように〔問題が〕枠にはめられるようになる仕方（Narayan 1997, 86–87, 邦訳 151–153）。状況による無知はしばしば複雑な仕方で生じる。ナーラーヤンは状況による無知がいかにして生み出されるのかを描き出している。それによれば、問題が当の国の状況によって特定の仕方で枠にはめられ、そのことによって、ある証言——例えば、ダウリー殺人に関する証言——の内容を正確に把握可能なものとして受け取ることがほとんどできないような聞き手たちが生み出される仕組みを通じて、そうした無知は生み出されるのである。ナーラーヤンによれば、議論のなかでダウリー殺人の問題がある仕方で枠にはめられていることによって、米国の聞き手たちはこの問題に関して証言受信力がないという証拠を与えている。そして私の説明によれば、問題がそのような仕方で枠にはめられていることは、まさにある種の状況による無知を示しているのである。彼女はまた、米国においてダウリー殺人が欠陥のある仕方で枠にはめられている結果として、対話を通じてこの問題に取り組むことで、しばしば、第三世界における女性抑圧に関する〔誤った〕ネガティブな認識が強化されてしまうおそれがある、という点についても説明して

〔訳注5〕特に同書の第3章を参照のこと。そこでナーラーヤンは、ダウリー殺人が、インドに特有の「文化による死」などではなく、米国でも起きている家庭内暴力の末の殺人に類したものであるにもかかわらず、なぜその事実が多くの人々に見えなくなっているのかについて論じている。

いる——そのようなネガティブな認識によれば、〔第三世界では〕女性たちの「文化による死」が日々習慣のように繰り返されているというのである（Narayan 1997, 103, 邦訳 177）。状況による無知や、証言受信力のなさや、安全でなくリスクを含んだ証言の内容で満ち溢れているような証言のやりとりのなかへと入っていくという状況は、しばしば、この上なく社交的な人の声をも封殺してしまうのに十分な力をもつ。ナーラーヤン自身も、ある時点で、ダウリー殺人に関する「対話」に加わるのはもうやめようと決意したと述べている（Navayan 1997, 84, 邦訳 149）。ナーラーヤンが、これからも著作のなかではダウリー殺人というトピックに取り組むつもりであるにもかかわらず、彼女が表明しているような理由から、米国の文脈のなかでダウリー殺人に関する「対話」を続けることに息苦しさを感じているというその事実によって、対話を避けようとする彼女の態度は証言を飲み込むことの一例となっている[12]。

　ここでもう一度思い出しておくと、証言を飲み込むというのは、自分自身の証言を切り詰めることで、聞き手が証言受信力を示している内容だけが証言に含まれるようにすることである。そして、証言のやりとりのなかで証言を飲み込むことは、次の三つの状況を含むものとして特定されるのであった。すなわち、①証言の内容が安全でなくリスクを含んでいる、②当の証言内容について、聞き手が証言受信力のなさを話し手に示している、③証言受信力のなさが悪性の無知から生じている、あるいは、生じているように見える、という三つである。私がこれまで証言を飲み込むことの例として示してきたのは、①安全でなくリスクのある証言内容を含み、②聞き手が証言受力のなさを示しており、そ

12　証言を飲み込むことは、ラングトンによって理解された発語行為の封殺と似ている。彼女の説明によれば、「権力を欠いた集団のメンバーは、威嚇されていたり、あるいは、誰も自分の言うことを聞いてくれないだろうと信じていたりするために、沈黙しているかもしれない。彼らはまったく抗議しないが、それは、抗議しても不毛だと彼らが信じているからである……こうした話し手たちは、発語行為すら遂行し損ねるのである（Langton 1993, 315）。証言を飲み込む話し手たちは、必ずしも〔何も言わないという意味で〕沈黙しているとは限らないが、たしかにある種の発語行為を生み出し損ねる。つまり、空虚なおしゃべりによってその場を満たすか、あるいは、ただ沈黙し続けるかのどちらかが、公の場での沈黙に顕著な特徴となっているのである。また、〔証言の飲み込みを〕生じさせる要因は、必ずしも威嚇であるとは限らない。ある文脈のなかであるタイプの証言を与えることは不毛だという感覚が、証言の飲み込みのあらゆる実行に共通するとは言えるかもしれないが。

して、③証言受信力のなさが状況による無知から生じている、という例であった。そこで、次に、ハーヴィンやナーラーヤンの事例に見出される状況による無知が、いかにしてまた悪性の無知でもあるのかを簡単に示すことにしよう。

　ハーヴィンの例に見出される状況による無知の結果として、様々な方面で害が生じうる。マイクロアグレッションが絶え間なく繰り返されることが、米国で黒人として生きる「ストレス」の一部となっている、と主張する人もいる（Pierce 1995）。しかし、ハーヴィンが経験したマイクロインバリデーションは、それ自体として有害なものであった。その出来事は、ハーヴィンが自身の証言を封殺し、またより重要なことに、自身のフラストレーションや徒労感についてコメントを書き記すことになるほどに、有害だったのである。こうした出来事から「立ち直る」のに費やされるエネルギーや、このようなマイクロアグレッションが示している侮辱的なメッセージは、様々な影響をもたらすものである（Sue, Capodilupo, and Holder 2008）。また、ナーラーヤンが、第三世界の女性たちは「文化による死」が起こりうるような文脈のなかにいるのだという暗黙的なメッセージの存在を明らかにするとき、彼女はマイクロアグレッションの一例を提示している、と主張することができる。そのような暗黙のメッセージが示しているのは、マイクロインサルト〔insult ＝侮辱〕という形態のマイクロアグレッションである。マイクロインサルトは、「無礼さや鈍感さを相手に伝え、ある人の人種的伝統やアイデンティティを貶めるコミュニケーションを特徴とする。マイクロインサルトは、しばしばやった本人も気づかないような形で、ごくさりげなく蔑みを表すが、しかし、有色の受け取り手に対しては、隠された侮辱的なメッセージをはっきりと伝える」（Sue et al. 2007, 274）。米国においてダウリー殺人が特定の枠にはめられ、インドの女性たちが「文化による死」に直面しているという思い込みが広まっていることに対する、ナーラーヤンのフラストレーション——それはほとんど頭痛の域にまで達している——は、そのように問題を特定の枠にはめることのなかに「隠された」マイクロインサルトへの彼女の反応を示している。そうした形で問題を枠にはめること——それこそが、米国の文脈においてダウリー殺人に関する異文化理解に到達する難しさを増大させているのだが——を「解明する」プロセスは容易な仕事ではなかった、と彼女は述べている（Narayan 1997, 105, 邦訳180）。そのような

努力のために必要となるエネルギーや時間、また、それらのやり方で問題を枠にはめることによってほのめかされるメッセージは、すべて有害なものでありうる。マイクロアグレッションは多数の害や有害なメッセージをもたらすのであり、経験的な研究はそのことをようやく明らかにし始めたばかりである。

　証言を飲み込むことに関する以上の理解を踏まえて、証言を飲み込むことに含まれる認識的暴力を明らかにすることにしよう。まず、ここでの認識的暴力とは、言語的やりとりのなかで、聞き手が悪性の無知のために、意図的であれ非意図的であれ、コミュニケーションに必要な双務性の要求に応え損ねること、として定義されていたことを思い出そう。そして、証言の飲み込みにおいて話し手が自身の証言を飲み込むのは、まさに悪性の無知のせいで、聞き手が安全でないリスクを含んだ証言に対して証言受信力を示し損ねるときなのであった。しかし、そのように証言の内容が安全でないリスクを含んだものである場合には、言語的やりとりのなかで悪性の無知のせいで証言受信力を話し手に示し損ねることは、言語的やりとりのなかで悪性の無知のせいでコミュニケーションに必要な双務性の要求に応え損ねること〔つまり、認識的暴力を行使すること〕に等しい。安全でなく害をもたらしかねない証言の内容について、支障のない「対話」や証言のやりとりを始めるために、話し手は〔通常のコミュニケーションに必要な要求に加えて〕さらなる要求を追加したはずであり、聞き手はそれらの要求に応える必要がある。私の提案によれば、そのようなさらなる要求のうちの一つは、話し手になろうとしている人に対して証言受信力を示す必要に関わっている。すなわち、安全ではないリスクを含んだ内容に関する言語的やりとりのなかでは、証言受信力を示すことは、コミュニケーションに必要な双務性の要求に応えるために聞き手に課せられる要求の一部なのである。証言受信力を示さなければ、聞き手は、話し手に対して認識的暴力を行使したことになるのだ[13]。

結論

　声を封殺する実践を突き止めることに伴う困難の一つは、声を封殺するということの本性からして、その実例を見つけ出し、それらがたしかに声の封殺の

実例であることを明らかにするのが難しいという点にある。証言の無音化の場合のように、ある人の言葉が適切に受け止めてもらえないことによって声の封殺が引き起こされる場面では、そのような声の封殺が存在していることをはっきりさせるために、どんな証拠が求められるのかは明らかでない。また、証言の飲み込みが生じる場合のように、声の封殺がある種の強制された自己封殺という形をとるに至るときには、声を封殺する実践が存在することを裏づける証拠をどうやって提示するのかという問題は、よりいっそう難しいものとなる。証言の無音化の事例では目撃者が生み出されるかもしれないのに対して、〔話し手が自ら証言を封殺する〕このような場合には、それと同じ仕方で目撃者が存在する余地はないだろうからである。声を封殺する実践の大部分において、封殺の実践の存在を示す立証責任を果たすことは不可能であるように見えるかもしれない。これに対して、証言における認識的暴力をここで概説してきたような仕方で理解することは、声を封殺する実践を特定するための助けとなりうる。この理解によれば、話し手と聞き手の間で生じる封殺の実践の存在を示す立証責任が、声を封殺されてきた話し手だけに負わされる負担ではなく、〔声の封殺が生じる社会全体が負うべきものとして〕分散化されるからである。つまり、

13　本論文の目的はただ、証言における認識的暴力を突き止めることが、声を封殺する実践の実態を描き出す助けとなりうる、ということを示すことにある。そして、私はあえてこの分析のなかに、その存在を特定することがきわめて困難な封殺の実践——すなわち、証言の飲み込み——を含めることを選んだ。だが、話し手に対して証言受信力を示すことが聞き手に要求されるという〔証言の飲み込みに関わる私の〕主張については、受け入れがたいと思う人もいるであろう。というのも、聞き手がそのような能力を示さなくても、言語的やりとりが成功することもあるからである。もちろん、これに対しては、この種の双務性はすべての言語的やりとりの内に存在するわけではなく、ただ、安全ではないリスクのある証言に関わる言語的やりとりが成功するために要求されるものなのだ、という補足説明によって応じることができる。抑圧的な文脈において有色の人々が「口をつぐんでいる」という話を聞くのは珍しいことではない。マリア・ルゴネスは簡潔に次のように述べている。「私は口をつぐむ。白人のフェミニストたちからは、幾度となく自分自身をさらけ出し開示しなければならないと言われるけれども、私は口をつぐむ。私たちの秘密を公開することは、私たちの生存を脅かすのだ」（Lugones 2003, 11）。証言が話し手の「生存を脅かす」ような題材に関わるものである場合には、言語的やりとりの成功のために、話し手と聞き手の双方により高い要求が課されるであろう。そして、そのような場合に、聞き手に課される要求の一つは、話し手に対して証言受信力を示すことであるというのが、私がここで示そうとしていることだ。

声を封殺する実践を突き止めるために必要とされる活動は、その実践の被害者に関わるものであるよりも、声の封殺が生じる社会 - 認識的環境に関わるものとなるのである。

　まとめると、私は以上で、証言を与えるということに関わる言語的やりとりにおいて、聞き手が悪性の無知のせいでコミュニケーションに必要な双務性の要求に応え損ねる結果として生じる、声を封殺する二つの実践を明らかにしてきた（それらの実践とは、すなわち、話し手を知識主体として認め損なうことと、証言受信力を示し損ねることである）。加えて、聞き手がそのように、悪性の無知のせいで言語的やりとりの成功のために必要となる双務性の要求（あるいは、話し手が抱える脆弱性）に応え損ねることは、認識的暴力にあたることを私は確認した。また、そのような暴力は、聞き手当人の落ち度であることも、そうでないこともあるような悪性の無知から生じうるのであった。最後に、証言における認識的暴力という概念——それは、とりわけ不成功に終わった言語的やりとりにおける、聞き手の不履行に注意を向けるものである——を発展させることで、異なった形の封殺の実践を特定することができる、ということを示すよう私は努めてきた。

参考文献

Alcoff, Linda. (2007) "Epistemologies of Ignorance: Three Types." *Race and Epistemologies of Ignorance*, ed. Shannon Sullivan and Nancy Tuana. Albany: State University of New York Press.

Aziz, Razia. (1992) "Feminism and the Challenge of Racism: Deviance or Difference?" *Knowing Women: Feminism and Knowledge*, ed. H. Crowley and S. Himmelweit. Cambridge, UK: Polity Press.

Bailey, Alison. (2007) "Strategic Ignorance." *Race and Epistemologies of Ignorance*, ed. Shannon Sullivan and Nancy Tuana. Albany: State University of New York Press.

Bergin, Lisa. (2002) "Testimony, Epistemic Difference, and Privilege." *Social Epistemology* 16 (3): 197–213.

Campbell, Sue. (1994) "Being Dismissed: The Politics of Emotional Expression." *Hypatia* 9 (3): 46–65.

Carby, Hazel. (1982) "White Woman Listen! Black Feminism and the Boundaries of Sister-Hood." *The Empire Strikes Back: Race and Racism in 70s Britain*, ed. The Centre for Contemporary Cultural Studies. London: Hutchinson.

Code, Lorraine. (1993) "Taking Subjectivity into Account." *Feminist Epistemologies*, ed. Linda Alcoff and Elizabeth Potter. New York: Routledge.

Collins, Patricia Hill. (2000) *Black feminist thought: Knowledge, Consciousness, and the Politics of Empowerment.* 2nd ed. New York: Routledge.〔以下に本書第 3 章が訳出されている。パトリシヤ・ヒルコリン

ズ「黒人フェミニズム——労働、家族、黒人女性の抑圧」富岡明美訳、城西大学『日米女性ジャーナル』第 14 号、1993 年、53–78 頁〕

Cooper, Anna Julia. (1998) "The Higher Education of Women." *The Voice of Anna Julia Cooper: Including A Voice from the South and Other Important Essays, Papers, and Letters*, ed. Charles Lemert and Esme Bhan. New York: Rowman and Littlefield.

Craig, Edward. (1999) *Knowledge and the State of Nature*. New York: Oxford University Press.

Crenshaw, Kimberlé. (1991) "Mapping the Margins: Intersectionality, Identity Politics, and Violence Against Women of Color." *Stanford Law Review* 43: 1241–99.

Faulkner, Paul. (2000) "The Social Character of Testimonial Knowledge." *Journal of Philosophy* 97 (11): 581–601.

———. (2006) "Understanding Knowledge Transmission." *Ratio* 19 (2): 156–75.

Fricker, Elizabeth. (1994) *Against Gullibility. In Knowing from Words*, ed. Bimal Krishna Matilal and Arindam Chakrabarti. Dordrecht: Kluwer Academic Press.

———. (1995) "Telling and Trusting: Reduction and Anti-Reductionism in the Epistemology of Testimony." *Mind* 104: 373–83.

———. (2002) "Trusting Others in the Sciences: A Priori or Empirical Warrant?" *Studies in the History and Philosophy of Science* 33 (2): 373–83.

Fricker, Miranda. (2007) *Epistemic Injustice: Power and the Ethics of Knowing*. New York: Oxford University Press.〔ミランダ・フリッカー『認識的不正義——権力は知ることの倫理にどのように関わるのか』佐藤邦政監訳、飯塚理恵訳、勁草書房、近刊〕

Frye, Marilyn. (1983) *The Politics of Reality: Essays in Feminist Theory. Freedom*. Calif.: The Crossing Press.

Green, Joyce, ed. (2007) *Making Space for Indigenous Feminism*. London: Zed Books.

Harvin, Cassandra Byers. (1996) "Conversations I Can't Have." On the Issues: *The Progressive Woman's Quarterly* 5 (2): 15–16.

Hill, Anita. (1997) *Speaking Truth to Power*. New York: Doubleday.〔アニタ・ヒル『権力に挑む——セクハラ被害と語る勇気』伊藤佳代子訳、信山社出版、2000 年〕

Hine, Darlene Clark. (1989) "Rape and the Inner Lives of Black Women in the Midwest." *Signs* 14 (4): 912–20.

Hornsby, Jennifer. (1994) "Illocution and Its Significance." *Foundations of Speech Act Theory*, ed. Savas L. Tsohatzidis. New York: Routledge.

———. (1995) "Disempowered Speech." *Philosophical Topics* 23 (2): 127–47.

Hornsby, Jennifer and Rae Langton. (1998) "Free Speech and Illocution." *Legal Theory* 4: 21–37.

Jacobson, Daniel. (1995) "Freedom of Speech Acts? A Response to Langton." *Philosophy and Public Affairs* 24 (1): 64–79.

Langton, Rae. (1993) "Speech Acts and Unspeakable Acts." *Philosophy and Public Affairs* 22(4): 293–330.

———. (1998) "Subordination, Silence, and Pornography's Authority." *Censorship and Silencing: Practices of Cultural Regulation*, ed. R. Post. Los Angeles: Getty Research Institute for the History of Art and the Humanities.

Lorde, Audre. (1984) *Sister Outsider: Essays and Speeches*. Trumansburg, N.Y.: Crossing Press.

Lugones, Maria. (2003) *Pilgrimages/Peregrinajes: Theorizing Coalition Against Multiple Oppressions*. Lanham, Md.: Rowman & Littlefield.

Lugones, Maria and Elizabeth V. Spelman. (1983) "Have We Got a Theory for You! Feminist Theory, Cultural

Imperialism, and the Demand for 'the Woman's Voice.'" *Women's Studies International Forum* 6 (6): 573–81.

Maitra, Ishani. (2004) "Silence and Responsibility." *Philosophical Perspectives* 18 (1): 189–208.

———. (2009) "Silencing Speech." *Canadian Journal of Philosophy* 36 (2): 309–38.

Merton, Robert K. (1987) "Three Fragments from a Sociologist's Notebooks: Establishing the Phenomenon, Specified Ignorance, and Strategic Materials." *Annual Review of Sociology* 13: 1–28.

Mills, Charles. (1999) *The Racial Contract. Ithaca*. N.Y.: Cornell University Press.〔チャールズ・W・ミルズ『人種契約』杉村昌昭・松田正貴訳、法政大学出版局、2022 年〕

———. (2007) "White Ignorance." *Race and Epistemologies of Ignorance*, ed. Shannon Sullivan and Nancy Tuana. Albany: State University of New York Press. Kristie Dotson 255

Mohanty, Chandra Talpade. (1984) "Under Western Eyes: Feminist Scholarship and Colonial Discourse." *Boundary* 2 12 (3): 333–58.〔モハンティ・チャンドラ・タルペード「フェミニズム研究と植民地主義言説──西洋の目」ホーン川嶋瑶子訳、城西大学『日米女性ジャーナル』第 15 号、1993 年、91 - 120 頁〕

Narayan, Uma. (1997) *Dislocating Cultures: Identities, Traditions, and Third World Feminism*. New York: Routledge.〔ウマ・ナーラーヤン『文化を転位させる──アイデンティティ・伝統・第三世界フェミニズム』塩原良和監訳、川崎浩平・冨澤かな・濱野健・山内由理子訳、法政大学出版局、2010 年〕

Nozick, Robert. (1981) "Knowledge and Skepticism." *Epistemology: An Anthology*, ed. Ernes Sosa, Jaegwon Kim, Jeremy Fantl and Matthew McGrath. Malden, Mass.: Blackwell Publishing.

Ortega, Mariana. (2006) "Being Lovingly, Knowingly Ignorant: White Feminism and Women of Color." *Hypatia* 21 (3): 56–74.

Oyewumi, Oyeronke. (1997) *The Invention of Women: Making an African Sense of Western Gender Discourses*. Minneapolis: University of Minnesota Press.

Pierce, C. (1995) "Stress Analogs of Racism and Sexism: Terrorism, Torture, and Disaster." *Mental Health, Racism and Sexism*, ed. C. Willie, P. Rieker, B. Kramer and B. Brown. Pittsuburgh: University of Pittsburgh Press.

Pierce, C., J. Carew, D. Pierce-Gonzalez and D. Willis. (1978) "An Experiment in Racism: TV Commercials." Television and education, ed. C. Pierce. Beverly Hills, Calif.: Sage.

Proctor, Robert. (2008) "Agnotology: A Missing Term to Describe the Cultural Production of Ignorance (and its Study)." *Agnotology: The Making and Unmaking of Ignorance*, ed. Robert Proctor and Londa Schiebinger. Stanford: Stanford University Press.

Schacht, Thomas E. (2008) "A Broader View of Racial Microaggression in Psychotherapy." *American Psychologist* 63 (4): 273–85.

Solorzano, Daniel and Dolores Delgado Bernal. (2001) "Examining Transformational Resistance through a Critical Race and Latcrit Theory Framework: Chicana and Chicano Students in an Urban Context." *Urban Education* 36 (3): 308–39.

Solorzano, Daniel, Miguel Ceja and Tara Yosso. (2000) "Critical Race Theory, Racial Microaggressions, and Campus Racial Climate: The Experiences of African American College Students." *Journal of Negro Education* 69 (1/2): 60–73.

Spivak, Gayatri. (1998) "Can the Subaltern Speak?" *Marxism and the Interpretation of Culture*, ed. Cary Nelson and Lawrence Grossberg. Urbana: University of Illinois Press.〔ガヤトリ・スピヴァク『サバルタンは語ることができるか』上村忠男訳、みすず書房、1998 年〕

Sue, Derald Wing. (2010) *Microaggressions in Everyday Life: Race, Gender, and Sexual Orientation.* Hoboken, N.J.: Wiley.〔デラルド・ウィン・スー『日常に埋め込まれたマイクロアグレッション——人種、ジェンダー、性的指向：マイノリティに向けられる無意識の差別』、マイクロ・アグレッション研究会訳、明石書店、2020 年〕

Sue, Derald Wing, Jennifer M. Bucceri, Annie I. Lin, Kevin L. Nadal and Gina C. Torino. (2009) "Racial Microaggressions and the Asian American Experience." *Asian American Journal of Psychology* S (1): 88–101.

Sue, Derald Wing, Chrstina M. Capodilupo and Aisha M.B. Holder. (2008) "Racial Microaggressions in the Life Experience of Black Americans." *Professional Psychology: Research and Practice* 39 (3): 329–36.

Sue, Derald Wing, Chrstina M. Capodilupo, Gina C. Torino, Jennifer M. Bucceri, Aisha M.B. Holder, Kevin L. Nadal and Marta Esquilin. (2007) "Racial Microaggressions in Everyday Life: Implications for Clinical Practice." *American Psychologist* 62 (4): 271–86.

Townley, Cynthia. (2003) "Trust and the Curse of Cassandra (An Exploration of the Value of Trust)." *Philosophy and the Contemporary World* 10 (2): 105–11.

———. (2006) "Toward a Revaluation of Ignorance." *Hypatia* 21 (3): 37–55.

Tuana, Nancy. (2004)" Coming to Understand: Orgasm and the Epistemology of Ignorance." *Hypatia* 19 (1): 194–232.

———. (2006) "The Speculum of Ignorance: The Women's Health Movement and Epistemologies of Ignorance." *Hypatia* 21 (3): 1–19.

White, E. Frances. (2001) *Dark Continent of Our Bodies: Black Feminism and the Politics of Respectability.* Philadelphia: Temple University Press.

Williams, Fannie Barrier. (1905) "The Colored Girl." *The Voice of the Negro* 2 (6): 400–03.

8

なぜスタンドポイントが重要なのか

アリソン・ワイリー

飯塚理恵・小草泰訳

　スタンドポイント理論（Standpoint Theory）は、明らかに社会的で、また政治的な認識論的立場である[1]。スタンドポイント理論の中心にあり、この理論を動機づけている洞察は、次のような反転テーゼとしてまとめられる。「支配構造のもとに置かれ、その構造によって一貫して周縁へと追いやられ迫害されている人々が、実は、重要な点で認識的に特権的な位置にいることがありうる」。つまり、そうした人々は、彼らが典型的に経験する事柄や、また彼らが自らの経験を理解する仕方のおかげで、（社会的・政治的には）より特権的な位置にいる人々とは異なる事柄を知ったり、あるいは、ある事柄について特権的な人々よりもよりよく知ったりすることがありうるというのだ。フェミニスト・スタンドポイント論者の主張によれば、ジェンダーは、認識に関してそのような違

〔訳注 1〕standpoint は一般に「観点」「立脚点」などと訳される言葉であるが、ここでは、「スタンドポイント」と訳すことにする。先行研究においてもこの訳語が用いられている前例があり（二瓶真理子「科学における価値と客観性に対するフェミニスト科学哲学のアプローチ――フェミニスト経験主義とフェミニストスタンドポイントの展開」、『松山大学論集』第 33 巻第 1 号、2021 年、吉田敬『社会科学の哲学入門』勁草書房、2021 年など）、また、著者がこの語に込めている独特の意味合い（「社会的に状況づけられた主体が、自身の状況を反省的に意識することを通じて形成する観点」というほどの意味合い）にぴったり合う日本語表現が見つからなかったため、「スタンドポイント」という専門用語として訳出してしまったほうがよいと判断したからである。

いを生み出しうる社会的分化の一側面である。これらの論者のねらいは、以下
の双方のことを成し遂げることにある。すなわち、第一に、権威あるとされる
知識につきまとう体系的な偏り——具体的には、それらの知識に見出される男
性中心主義や性差別主義——がいかにして生じるのかを理解すること、第二に、
周縁的なスタンドポイント（特にフェミニスト的なスタンドポイント）から問題
に取り組む人々が、その偏りに対抗する際にどのような建設的な貢献を果たす
のかを説明することである。

　科学的知識に適用される場合には、スタンドポイント理論は、科学における
価値の役割をめぐる長期の論争のなかで生み出された、両極の立場を仲裁する
見込みがある。この点で、スタンドポイント理論は、相当数の科学哲学者たち
の関心と合致する。というのも、かなり多くの科学哲学者が、科学的探究は根
本的に社会的な本性をもつものであるという点を理解しつつ、しかし、認識的
特権や権威を認めるいかなる規範的主張をも不可能にしてしまうような類の構
築主義的批判には屈しない、という立場にコミットしているからである[1]。さ
らにスタンドポイント理論は、ある種の多様性（文化、人種、ジェンダーに関わ
る多様性）が、〔科学の〕認識的公正性（epistemic integrity）を損なわないばかり
か、むしろ科学的探究をはっきりとより豊かなものにしうるのはいかにしてな
のか、という問題を理解するための枠組みも与えてくれる。この問題は、哲学
的に関心を引く問題であるだけでなく、実践的および政治的にも急を要する問
題となっている。しかし、以上のような見込みにもかかわらず、フェミニス
ト・スタンドポイント理論は、これまでずっと科学哲学のメインストリームに
対して周縁的なものであり続けてきた——それどころか、科学論一般に対して
周縁的なものであり続けてきた——のであり、また、フェミニスト理論家たち
の間でも決してすんなりと受け入れられてはこなかったのである。そこで、本

1　私が念頭に置いているのは、近年出版された以下の四つのモノグラフである。これらはいず
　れも、それぞれかなり異なる仕方で、上記のような仲裁を中心的な目標としている。Joseph
　Rouse, *Engaging Science: How to Understand Its Practices Philosophically* (Ithaca, N.Y.: Cornell University
　Press, 1996); Helen Longino, *The Fate of Knowledge* (Princeton, N.J.: Princeton University Press, 2002);
　Philip Kitcher, *Science, Truth and Democracy* (Oxford: Oxford University Press, 2001); Miriam Solomon,
　Social Empiricism (Cambridge, Mass.: MIT Press, 2001).

論文では、まず、こうした矛盾を抱えた論争の歴史を解きほぐし、そこからフェミニスト・スタンドポイント理論の有望な核心部分と私がみなすものを取り出すことを目指す。そして、そのうえで、科学の実践に関するスタンドポイント理論的な分析のための枠組みを概略的に定式化することを目指す。その枠組みは、哲学的な科学論における最も刺激的な新展開のいくつかを補完するものとなるだろう。

〔次の節では、まず、スタンドポイント理論とその多様な解釈をめぐるこれまでの論争について解説が行なわれる。その後、スタンドポイント理論はしばしば、「本質主義テーゼ」と「自動的な認識的特権テーゼ」という問題のある二つのテーゼと結びつくものとして捉えられてきたが、スタンドポイント理論の有望なバージョンは、それらのテーゼからは独立のものであることが確認される。〕

スタンドポイントをめぐる論争

知識と科学に関する第二波フェミニズム思想の歴史は25年から30年にわたるが、そのなかで提案され議論されてきた理論のうちで、スタンドポイント理論は最も論争を巻き起こした理論の一つに位置づけられるだろう。スタンドポイント理論の出自や、理論としての身分、また決定的に重要な点として、知識に関する現在のフェミニズムの考え方に対するこの理論の重要性について、その批判者たちだけでなく、支持者たちも同様に激しく意見を戦わせている。『サインズ（*Signs*）』誌によって刊行されたスタンドポイント理論の特集号のなかで、ヘックマンはスタンドポイント理論を、1980年代中頃の短い間は影響力を誇ったものの、その後見る影もなく失墜し、10年後には「素朴な時代のフェミニズムが生み出した過去の遺物」[2] として大方捨て去られるに至ったもの、として描き出している[2]。しかし、ヘックマンの分析によれば、90年代の後半までには、スタンドポイント理論が復活するための機は熟したのである。

2　Susan Hekman, "Truth and Method: Feminist Standpoint Theory Revisited," *Signs* 22(2) (1997): 341（以下本文で言及する際は "Truth and Method" と記す）.

いまや新たな支持者たちがこの理論を再構成しつつあり、また、もとからの支持者たちもスタンドポイント理論に改めて関心を抱くようになっている。ヘックマン自身も（彼女は新たな支持者の一人なのだが）、この理論をフェミニズムの新たなパラダイムの先駆けとみなしている。

　ヘックマンの見解に対して、現在のより標準的な形のスタンドポイント理論に与する人々——最も直接的には、ハートソック、ハーディング、スミス、コリンズ[3]——は厳しい反論を向けてきた。しかし、いくつかの点では、これらの批判者たちどうしの間にも、ヘックマンと批判者のいずれかとの間にあるのと同じくらい大きな見解の相違がある。そもそも「スタンドポイント理論」というような〔単一の理論と言える〕ものが本当に存在するのかと問う者もいる。すなわち、スタンドポイント理論というのは、おそらく、ハーディングが〔フェミニスト認識論という〕分野を定義する際に用いた認識論的立場の分類[3]を実体化しただけのものであり、フェミニスト経験主義とその対極にあるポストモダニズムの間に位置する、不安定な（仮説上の）立場にすぎないだろうというのである[4]。また、何か特定の立場や実践がスタンドポイント理論の一例であるとされるときには、そうした立場や実践は本当に認識についての（epistemic）理論なのか、それとも、当事者に寄り添うというフェミニズムの方法論なのか、という問いが生じる。スタンドポイント理論がそうした方法論であるとすれば、スタンドポイント理論フェミニストとして社会科学に携わるということは、つまり、内部者（インサイダー）のパースペクティブから探究に取り組むこと、専門的な社会科学

〔訳注2〕『サインズ』誌（*Signs: Journal of Women in Culture and Society*）は、フェミニズム研究、ジェンダー研究、クィア理論を主題とする、1975年創刊の学術誌である。本文で言及されているスタンドポイント理論の特集号（1997, Vol. 22, No. 2）には、スタンドポイント理論に関するスーザン・ヘックマンの論文と、それに対するパトリシア・コリンズ、ナンシー・ハートソック、サンドラ・ハーディング、ドロシー・スミスのコメンタリー、そしてさらに、それらのコメンタリーに対するヘックマンの応答が掲載されている（詳しい文献情報は、原注2, 3を参照のこと）。ヘックマンは当該の論文において、スタンドポイント理論の重要性を強調する一方で、従来のスタンドポイント理論には不十分な点があり、特に、「女性のスタンドポイントから得られる知識がなぜ客観的で正しいものと言えるのか」という認識論的な問いに対して、従来のスタンドポイント理論は十分に答えられていない、という趣旨の主張をしている。これを受けて、それまでスタンドポイント理論を展開してきた、コリンズ、ハートソック、ハーディング、スミスが、ヘックマンに対して再批判を行なっている、というのが大まかな論争の構図である。

や、管理的な官僚制度や、支配的なエリート層らが生み出した、外的なカテゴ
リーを内部者に押し付けないことにほかならない、ということになる⁵。スタ
ンドポイント理論を知識の理論として〔つまり、方法論ではなく認識的な理論と

3　コリンズ、ハートソック、ハーディング、スミスはいずれもヘックマンへの応答を公表して
　　おり、それらの応答はヘックマンの論文とともに掲載されている。Nancy C. M. Hartsock,
　　"Comments On Hekman's 'Truth and Method': Truth or Justice?" *Signs* 22.2 (1997): 367–74 (以下本文で
　　言及する際は、"Truth or Justice" と記す)．Patricia Hill Collins, "Comment on Hekman's 'Truth and
　　Method': Where's the Power?" *Signs* 22(2) (1997): 375–81. Sandra Harding, "Comment on Hekman's 'Truth
　　and Method': Whose Standpoint Needs the Regimes of Truth and Reality?" *Signs* 22(2) (1997): 382–91.
　　Dorothy Smith, "Comments On Hekman's 'Truth and Method'," *Signs* 22(2) (1997): 392–8.
　　　加えて、同年サリー・ケニーとヘレン・キンセラは、*Women and Politics* 18(3) (1997) において、
　　フェミニスト・スタンドポイント理論の特別号を編集した。これは後に以下の書籍として出版
　　されている。*Politics and Feminist Standpoint Theories* (New York: The Haworth Press, 1997) (以下本文で
　　言及する際は、*Politics* と記す)．スタンドポイント理論によって生じた議論の評価については、
　　特に以下を参照せよ。Kenney, "Introduction," in Kenney and Kinsella (eds.), *Politics*, 1–6; Katherine
　　Welton, "Nancy Hartsock's Standpoint Theory: From Content to 'Concrete Multiplicity'," in Kenney and
　　Kinsella (eds.), *Politics*, 7–24; Nancy J. Hirschmann, "Feminist Standpoint as Postmodern Strategy," in
　　Kenney and Kinsella (eds.), *Politics*, 73–92; また、これらに対する、以下のハートソックの応答論文
　　も参照のこと。"Standpoint Theories for the Next Century," in Kenney and Kinsella (eds.), *Politics*, 93–102
　　(以下本文で言及する際は "Next Century" と記す)．さらに、次の文献も見よ。Nancy C. M.
　　Hartsock, "The Feminist Standpoint Revisited," in *The Feminist Standpoint Revisited and Other Essays* (Boulder,
　　Colo.: West- view Press, 1998), 227–48（以下本文で言及する際は、*Standpoint Revisited* と記す）．これ
　　らの議論のなかで焦点となっているのは、ハートソックによるフェミニスト・スタンドポイン
　　ト理論の初期の定式化である。Nancy C. M. Hartsock, "The Feminist Standpoint: Developing the
　　Ground for a Specifically Feminist Historical Materialism," in S. Harding and M. B. Hintikka (eds.),
　　Discovering Reality: Feminist Perspectives On Epistemology, Metaphysics, Methodology and Philosophy of Science
　　(Boston: Reidel, 1983), 293–5（以下本文で言及する際は "Historical Materialism" と記す）．
〔訳注 3〕ここで言及されている「認識論的立場の分類」とは、ハーディングが *The Science Question*
　　in Feminism において提示したものである。そこでハーディングは、「なぜフェミニスト的なア
　　プローチによって、客観的な認識に到達できると言えるのか」という問いに対する異なる取り
　　組みとして、(1)フェミニスト経験主義、(2)フェミニスト・スタンドポイント（the feminist
　　standpoint）、(3)フェミニスト・ポストモダニズム、という三つを挙げている（文献情報と参照
　　箇所については、原注 4 を見よ）。そして、この分類に関連して、（ヘックマンの批判者の一人
　　である）ドロシー・スミスは、そこで挙げられている「フェミニスト・スタンドポイント」と
　　いうのは、実際には、それぞれ独立に研究を進めてきた理論家たちの多種多様な見解の寄せ集
　　めにすぎなかったにもかかわらず、ヘックマンは誤ってそれを単一の理論的な立場であるかの
　　ようにみなしてしまっている、と主張しているのである（Dorothy Smith, "Comments On
　　Hekman's 'Truth and Method'," *Signs* 22(2) (1997): 392–3)。

して〕理解している人々の間でも、次のような問いをめぐってさらなる対立が存在する。すなわち、スタンドポイント理論は第一義的に記述的理論なのか、それとも規範的理論なのか、つまり、何かを知っているという主張（knowledge claims）〔以下、「知識主張」と訳す〕がいかに生み出されるかの説明ではなく、それらの主張の正当化を目指しているのかどうかという問いである。さらには、こうした様々な種類のフェミニスト・スタンドポイント理論のどれもが、スタンドポイント理論が活発に論じられてきた15年の間に、実質的な変化を被ってきたというのも広く認められていることである。ハートソックが述べるように、「スタンドポイント理論は、本質的に論争的なものとして捉えられなければならない」のである（"Next Century," 93）[6]。

4　Sandra Harding, *The Science Question in Feminism* (Ithaca, N.Y.: Cornell University Press, 1986), 24–29 (以下本文で言及する際は、*The Science Question* と記す)。また、次の著作も見よ。Sandra Harding, *Whose Science? Whose Knowledge? Thinking From Women's Lives* (Ithaca, N.Y.: Cornell University Press, 1991), ch.5.

5　Dorothy E. Smith, "Women's Perspective as a Radical Critique of Sociology," *Sociological Inquiry* 44 (1974): 7–14; "A Sociology for Women," in J. Sherman and E. T. Beck, eds., *The Prism of Sex: Essays in the Sociology of Knowledge* (Madison, Wisc.: University of Wisconsin Press, 1979), 137–87. Reprinted in Dorothy Smith, *The Conceptual Practices of Power: A Feminist Sociology of Knowledge* (Toronto: University of Toronto Press, 1990).

6　ウェルトンは、ハートソック自身のスタンドポイント理論の特徴づけのなかでも、強調点が重要な仕方で移り変わってきたことを指摘している。その移り変わりのなかで、フェミニスト的スタンドポイントの実質的な内容や、他のスタンドポイントとの相違の概要を、女性たちの経験に共通して見出される特徴に基づいて描き出すということから、スタンドポイントの実際の内容は強調することなく、スタンドポイントの機能をより形式的な形で理解することへの移行がなされてきたのというのである (Welton 1997, 7)。この点は、ハーシュマンによっても指摘されているが、ただし、ハーシュマンが述べるところでは、ハートソックの著作のなかでは一貫して、「方法論としてのスタンドポイント概念」と、また「スタンドポイントを発展させるプロセス」に共通する特徴が——そのプロセスから生じるスタンドポイントの内容よりも——強調されてきたのであり、その強調は Historical Materialism 以前にまでさかのぼる。当のハートソック自身は、批判的な注目を集めてきた数々の問題を列挙したうえで、それらが「次世紀の」スタンドポイント論者たちによってさらに分析されることを要求している。そうした分析に含まれるのは、例えば、経験の身分と、またとりわけ集団的な経験という概念を分析すること、異なる集団に特徴的な経験を構成する（労働に加えた、その他の）諸要因を評価しなおすこと、「経験がどのようにして媒介されたものとなり、そしてスタンドポイントへと変容するのか」についてのより詳細な説明を発展させること、であるとされている ("Next Century," 95)。

　しかし、こうした近年の論争が厄介な状態から抜け出せていない一方で、誰もが同意している点もある。それは、スタンドポイント理論は、どのような形をとることになるにせよ、維持可能な理論であるとするならば、しばしばこの理論に結びつけられる二つの特徴的なテーゼ〔本質主義テーゼと、自動的な認識的特権テーゼ〕を含意したり前提したりしてはならない、という以下の２点である。

　　第一に、スタンドポイント理論は、認識的に重要なスタンドポイントを特徴づけるために、社会的カテゴリーや集団に言及する際に、それらのカテゴリーや集団に関するいかなる本質主義的な定義も前提してはならない。

　　第二に、スタンドポイント理論は自動的な認識的特権テーゼに与してはならない。つまり、スタンドポイント論者は、ある特定のスタンドポイント（通常、支配や抑圧のもとに置かれ、周縁へと追いやられたスタンドポイント）を占める人々が、その社会的・政治的な位置づけのおかげで自動的に何かをより多く、あるいは、よりよく知っていることになるのだ、などと主張することはできない。

1970年代から80年代にかけてのフェミニスト・スタンドポイント理論は、特定のジェンダーに顕著に結びついたスタンドポイントがもつ認識的な性質に関わる理論とみなされることが多かった。そのスタンドポイントとは、つまり、女性全般がもつスタンドポイント、または、女性のスタンドポイントを理論化するフェミニストたちによって定義されるスタンドポイントであり、そして、そこでは、この〔女性のスタンドポイントという〕特定のジェンダーに結びついた社会的位置づけは、生物学的ないし精神分析学的に所与のものとされていた。つまり、そのようなスタンドポイントは、社会的な、（ハッキングの用語によれば）[7]「相互作用する（interactive）」種[4]であるとはされているけれども、そのな

7　Ian Hacking, *The Social Construction of What?* (Cambridge, Mass.: Harvard University Press, 1999), 100–24〔イアン・ハッキング『何が社会的に構成されるのか』出口康夫・久米暁訳、岩波書店、2006年、231–72頁〕.

かでは、「無反応な（indifferent）」自然種に可能な限り最も近いものとみなされ
ていたのである。「女性の知り方」を掲げるこのようなタイプのフェミニス
ト・スタンドポイント理論に帰属されるのは、女性たち（あるいは、女性とし
てのアイデンティティを批判的に問いただす人々）は、彼女らのジェンダー・ア
イデンティティのおかげで特別な形の知識をもつことになるのであり、そして、
その知識には常に安定した価値が認められるべきだ、という主張である。

　これまでスタンドポイント理論を知識の理論や、あるいは〔当事者に寄り添
うという方法論に基づいた〕研究実践として提唱してきた人のなかに、果たして、
本質主義や自動的特権テーゼにコミットした人がいたかどうかは不明である。
例えば、ハートソックとスミスは、明らかにマルクス主義的な自分たちの議論
が本質主義的に解釈されているのを目にして愕然とした（Hartsock, "Truth or
Justice," *Standpoint Revisited*, 232; Smith 1997）。というのも、私たちの生の社会的お
よび物質的条件によって、私たちが何を知ることになるかが形作られるという
〔ハートソックやスミスのマルクス主義的な〕主張のポイントは、まさに、私たち
が知識とみなすものの偶然的で歴史的な性格を浮き彫りにし、知識が生み出さ
れるに至るプロセスに注目することにあったからだ。スタンドポイント理論に
ついて論評する人々の多くがマルクス主義の素養を欠いていたために、この理
論を支持する初期の議論は絶えず誤解され続けてきたという点に関して、ハー
トソックは完全に正しい[8]。私ならこの分析をさらに推し進めて、こう言いた

〔訳注4〕「相互作用する種」とは、当の種に属するものとして分類される対象を変化させるとと
　もに、またその結果として、それらの対象によって変化させられうる――つまり、自身のメン
　バーと相互作用しうる――ような種である。例えば、ハッキングによれば、子どもを分類する
　際に用いられる ADHD（あるいは、それに歴史的に先立つ、「落ち着きがない」、「多動」、「注
　意欠陥」）という種は、相互作用する種である。なぜなら、一方で、ADHD（や、それに先立
　つ種）に分類された子どもたちは、当該の種に分類されたことによって様々な影響を受けるこ
　とになり（その影響は、子どもたち自身がそのように分類されていることに気づくことによる
　ものかもしれないし、あるいは、そうではなく、例えば、その子どもたちに対して何らかの処
　置――「刺激なし」の教室で授業を受けさせるなど――が行なわれることによるものかもしれ
　ない）、そしてまた他方で、その結果生じた子どもたちの変化によって、当の ADHD という種
　（に基づく分類法）自体が変化しうるからである。これに対して、例えば、クォークという種
　は、この種に属するものとして分類される対象と上記のような仕方で相互作用するものではな
　い。ハッキングはこのような種を「無反応な種」と呼ぶ（Hacking 1999, 102–6、邦訳 236–42）。

い。ハートソックが応答しているこれらの誤解が多くの人によって決まったように繰り返され、その意味で、頑ななものとなっているというまさにそのことが、批判者たちが否定するテーゼの正しさを反映しているのだ、と。つまり、批判者たちが置かれている社会的位置づけによって（その位置づけは、意識のうえで明確に言語化されたスタンドポイントではないにせよ——この区別についてはまた後で立ち戻ることにしよう）、〔私たちの知識を規定するものとして批判者たちが考えつく事物の〕カテゴリーは、支配的な個人主義的イデオロギーに由来するものへと制限されてしまっているように見えるのである。スタンドポイントという概念を個々人の社会的位置づけへと還元しようとする、繰り返されてきた傾向に対して、ハートソック、コリンズ、ハーディング、スミスらはいずれも反対している。だが、社会構造や、社会制度、また組織の内で形成された役割や関係が、認識主体が何を知ることができるかを規定するのに十分なほど確固とした力をもちうるということが（批判者たちには）理解できないのであれば、このような〔還元へと向かう誤った〕動きに陥らざるをえなくなるであろう[9]。そして、このような〔批判者たちによる〕想定のもとでは、自然的ないし準 - 自然的な力（例えば、生物 - 遺伝的なプロセスや、精神分析的なプロセス）によって、知識主体がもっている、スタンドポイントに特有の能力が固定されるのでなければ、スタンドポイントは無数の個々人のパースペクティブへと雲散霧消してしまい、スタンドポイント理論はアイデンティティ・ポリティクスに関わる相対主義に帰着してしまうのである[5]。

　ここで指摘しておかなければならないのは、ハートソックは、ヘックマンや

8　ハートソックは、*Standpoint Revisited* (229, 233) において、Historical Materialism のなかで自らが提示したマルクス主義由来のスタンドポイント理論に言及しつつ、この点を指摘している。また、本質主義や普遍化へ向かう傾向が見出されるという批判が、様々な仕方で、スタンドポイント理論に関するハートソックの初期の定式化に対してアンフェアであるという、ハーシュマンの評価も見よ（Hirschmann 1997, 74–75）。

9　特に、この点に関するハートソックの議論を参照せよ。彼女は、スタンドポイント理論に対して共感的な論評を寄せる人たちでさえ、スタンドポイント理論を定式化する際に個人（個人のパースペクティブや主観性）を過度に強調し続けていると反論し、「知識を生み出すものとしての集団が、スタンドポイント理論的な分析を作り上げる際にもつ重要性」（"Next Century," 94）をより明確に認識するよう求めている。

その他の様々な批判者たちに対して反論する際に、自身が初期の著作のなかで
精神分析理論（対象関係論）を用いていたことにはほとんど言及しない、とい
う点である。彼女は以前にはその理論を用いることで、個々人がどのように性
的分業（特に再生産に関わる分業）やそれに伴うジェンダー役割から構成される
権力関係を内在化していくのかを説明していたのである[10]。もし本質主義が
〔スタンドポイント理論の〕どこかに潜んでいるとすれば、それはハートソック
のオリジナルの議論のこの精神分析学的要素のなかであり、また、最も厳しい
批判を招いてきたのもこの点である[11]。例えば、1986 年にハーディングが異議
を唱えたのも、まさに対象関係論を用いて科学と知識に関するフェミニスト理
論を作り上げることに対してであった。その際、ハーディングは、〔幼少期に
おける〕女性ケア労働者との相互作用が引き起こす精神分析学的プロセスなる
ものがあって、女性に帰属される認識的な傾向は、そのようなプロセスがもた
らす安定的で普遍的な結果であるなどということはありえない、と主張したの
である。というのも、女性に特有であるとされる特徴は、パン・アフリカ主義
的世界観の支持者たちによって、〔アフリカの〕女性だけでなく男性にも典型的
であると主張された特徴と非常によく似ているからである（The Science Question,
167–79, 185）。しかし、ハーディングのこの批判を受けても、スタンドポイン
ト理論の中心にあり、この理論を定義づけている（マルクス主義的な）発想は、
ハートソックによって明確に言語化された形のまま依然として成り立つ[12]。実
際、ハーディング自身も、次のような権力関係がもつ構造的な特徴に注意を向
けているのである。その権力関係とは、ある与えられた文脈の中で、何であれ
規範的とされるものに反する（あるいは、そこから排除される）有標化されたカ
テゴリーを構成するような関係——例えば、植民地におけるエリート層と被支
配層との、また、男性と女性（または、非‐男性）との対比のうちに見出され

〔訳注 5〕「スタンドポイントが個々人のパースペクティブへと雲散霧消し、スタンドポイント理
　論はアイデンティティ・ポリティクスに関する相対主義に帰着する」ということで著者が言わ
　んとしているのは、スタンドポイント理論によって、同じスタンドポイントを共有するとされ
　た人々（例えば、女性たち）の間でも、人種、階級、教育……などの違いによって、アイデン
　ティティ集団はどこまでも細分化されていき、その結果、それぞれの主張を掲げる無数の立場
　の分裂や対立を調停できなくなる、という事態だと考えられる。

る関係——である。ハーディングは、これらの権力関係は、支配的な社会集団

10　ハートソックが "Historical Materialism" で展開したマルクス主義的‐フェミニスト分析のなか
では、精神分析理論は次のような役割を担っていた。すなわち、女性たちが共有する（ジェン
ダー特有の）経験から引き出されうる、フェミニスト的スタンドポイントに特徴的な内容を説
明する、という役割である。その後、対象関係論は〔ハートソックの議論のなかで〕中心的な
役割を担わなくなっていくのだが、それは、彼女が上記のような普遍化を含む主張〔女性全般
が何らかの経験を共有し、それがフェミニスト的スタンドポイントの内容を決定するという主
張〕への批判に対して応答する間に、フェミニスト的スタンドポイントの内容への関心よりも、
そのようなスタンドポイントが形成されるに至る諸々のプロセスの間の類似性を強調すること
に重きを置くようになったからである——この変遷については、ウェルトンがその概略を示し
ている（Welton 1997）。ウェルトン、ハーシュマン、そして、その他の Kenney and Kinsella
(1997) への寄稿者たちは、スタンドポイントが形成されるに至るそうしたプロセスを、本質的
に社会的かつ政治的なものとして描き出している。すなわち、まずは共有された経験が、集団
のアイデンティティと、またそれに結びつくスタンドポイントを形成するための基礎となり、
そして、今度は〔そうやって形成された〕スタンドポイントが、経験を概念的に構成しなおし
て、スタンドポイントに特有の仕方で世界を理解するための顕著な手がかりへと作り変えるこ
とを可能にする、というのである。この説明において、経験は、特定のスタンドポイントの自
律的な基礎として登場するわけではないが、しかし、一部のポストモダン批評家たちが主張し
てきたような、完全に概念的な構築物であるわけでもない。この点についてハーシュマンは、
「経験は言説の内に存在するものだが、しかし、言説が経験のすべてであるわけではない」と
主張している。つまり、スタンドポイントが形成されていくプロセスのなかで経験が再解釈さ
れる可能性は、「経験のうちには、言語では捉えられない何か、または前‐言語的でさえあ
る何かがあるに違いない」ことを示唆しているというのである (Hirschmann 1997, 84)。オリリ
ーはこの論点をさらに推し進めて、アイデンティティよりもむしろ経験こそが、スタンドポイ
ントの形成において主要なものとして扱われるべきだと論じている。というのも、集団のアイ
デンティティの形成を支えているのも、共有された経験を明確に言語化するという本質的に解
釈的なプロセスにほかならないからである。Catherine M. O'Leary, "Counter identification or
Counterhegemony? Transforming Feminist Standpoint Theory," in *Politics and Feminist Standpoint Theories*,
ed. Sally J. Kenney and Helen Kinsella (New York: Haworth Press, 1997), 65.

11　ここには、ケラーのケースとの興味をそそる一致が見出される。ケラーも、科学の実践に見
出されるジェンダー的特性について論じた初期の議論のなかで対象関係論を用い、そして敵対
的な反応を招いたのである。Evelyn Fox Keller, "Gender and Science," *Psychoanalysis and Contemporary
Thought* 1.3 (1978): 409–33; "A World of Difference," in *Reflections on Gender and Science* (New Haven: Yale
University Press, 1985), 158–79. ケラーのプロジェクトに対する共感的な評価については、以下を
参照のこと。Jane Roland Martin, "Science in a Different Style," *American Philosophical Quarterly* 25(2)
(1988):129–40.

12　私は以下の書評論文のなかでこの議論をより詳細に展開している。"The Philosophy of
Ambivalence: Sandra Harding on 'The Science Question in Feminism,'" *Canadian Journal of Philosophy*,
Supplementary Volume 13 (1987): 59–73.

との関係において「他者」として指定された人々の生に対して、偶然的であれ、重大な実質的変化をもたらすと主張したのだ。こうしたヒエラルキー構造を伴う不平等な関係を築き上げたのは、正確に言ってどのような歴史的プロセスなのか、また、現在こうした関係を維持しているのは、どのような物質的条件であり、また、どのような社会 - 政治的構造や、象徴的ないし心理的メカニズムであるのか、といったことは経験的な手法によって解決されるべき問いである。しかし、これら〔権力関係を築き維持する様々なもの〕こそまさに、社会的分化がもたらす確固とした力であり、組織の権力関係のうちに埋め込まれた認識主体が何を経験し何を理解することになりそうか、ということに違いをもたらしてもおかしくないような種類の力にほかならない。たしかに、対象関係論が描き出す幼少期の社会化プロセスは、〔権力関係を築き維持することに関して〕重要な役割を果たしているかもしれない。しかし、同様に、生産や再生産に関わる継続的な関係——人々が生涯を通じて携わる、様々に異なった種類の賃金労働や性的 - 感情的（sex-affective）労働——もまた、重要な役割を果たしうるのであり、そして、ハートソックの認識理論やスミスの社会学的な実践の中心を占めているのは、まさにこれらのものなのだ[13]。

　1990 年代の初めまでには、スタンドポイント理論の理論家や実践家の多くが、さらなる検討に値するのは、スタンドポイント理論のこのような歴史的で構造的な解釈であると明確に主張していた。本質主義的なコミットメントは、たとえ〔スタンドポイント理論のうちに〕受け入れられたり内在したりしたことがあったとしても、完全に否定されたのである[14]。本質主義について以上のようであるとすると、過去 10 年の間に有望視されてきたスタンドポイント理論の多様なバリエーションは、自動的特権を主張することへのコミットメントも背負いこむ必要はないということになる。スタンドポイント理論に関する本質主義的解釈の場合と同様に、自動的特権〔テーゼ〕がスタンドポイント理論に帰属され続けてきたのは、誰かが実際にそのような主張をしているからではな

13　例えば、Smith 1990 や、また "Historical Materialism" (286–90) と "Next Century" (95) におけるハートソックの議論を見よ。

14　これらの展開に関するレビューについては、以下を参照せよ。Helen E. Longino, "Feminist Stand-point Theory and the Problems of Knowledge," *Signs* 19(1) (1993): 201–12.

く、むしろ、ある根深い不安を払拭するためにそうすることが必要とされているからではないかと私は思う。その不安というのは、認識的権威を支持する強い規範的な主張を維持できない場合に、そのことから帰結することに関わるものである。すなわち、新たな——この場合社会的な観点から構築される——基礎づけ主義[6]を支持する根拠を与えられなければ、スタンドポイント論者は、知識主張を評価し正当化するためのあらゆる基盤を失う危険を冒すことになるという想定が、しばしば、スタンドポイント理論の見込みをめぐる議論を駆り立てているように見えるのである。スタンドポイントが、当のスタンドポイントに立つ人々によって生み出される知識に対して、特別の保証（warrant）を与えるのでなければ、スタンドポイント理論は破滅へと導く（いまや独我論的な）相対主義へと退行してしまうというわけである[15]。例えば、ヘックマンは次のように抗議する。スタンドポイント論者はいつも決まって、「女性たち——なかでも人種や階級によっても迫害されている女性たち——の生の現実を探究の出発点とすることで、社会的現実に関するより客観的な説明へ至ることができるだろう」と主張するにもかかわらず、最終的に、この理論家たちは「どうしてそうなのかについて、何らの論証も与えていない」（"Truth and Method," 355）。

〔訳注6〕「基礎づけ主義」とは、「認識的に基礎的な——つまり、他のいかなる正当化された信念にも依存することなく正当化される——信念が存在し、その他のあらゆる信念は基礎的信念に基づいて正当化される」と大まかにまとめられる認識論的立場である。そして、この立場の多くのバージョンでは、基礎的信念は、それ以上さかのぼって正当化される必要のない究極的な認識的基礎によって正当化されると考えられてきた。ここでワイリーが述べているのは、「女性のスタンドポイントという、ある特定のスタンドポイントを占める人々の信念が、なぜ正当化されたものと言えるのか」という認識論的問題をめぐる議論のなかでも、このような基礎づけ主義的枠組みがしばしば不当にも前提されており、そして、そのことがスタンドポイント理論に自動的特権テーゼを帰属させる誤りの原因になっている、ということである。すなわち、そのような枠組みのもとでは、女性のスタンドポイントに立つ人々は、当のスタンドポイントのおかげで自動的に認識的な特権をもち、それゆえ正当化された信念をもつことになるという具合に、スタンドポイントが正当化の究極的な基礎となるのでなければ、当のスタンドポイントに立つ人々の信念が正当化されたものとなることは不可能であるかのようにみなされている、というのである。

15　例えば、スタンドポイント理論に内在すると多くの人が想定してきた「断片化の論理」から生じる、相対主義の脅威に関するオリーリーの議論を見よ (O'Leary 1997, 57)。また、スタンドポイント理論に対する「普遍主義的」批判については、ハーシュマンの議論を見よ（Hirschmann 1997, 77）。

〔この点に関して、〕ハーディングは、偏りや歪みのより少ない、そして「より間違っていない」知識を生み出すようなスタンドポイントがもつ認識的利点に訴えるが、ヘックマンはそれに満足していない（"Truth and Method," 353–5; Harding 1991, 185–7）。また、ハートソックは、私たちがイデオロギー的な歪みによって覆い隠された根柢にある現実を見て取ることを可能にするようなスタンドポイントに言及しているが、ヘックマンはこれも即座に退ける（"Truth and Method," 346; Hartsock "Historical Materialism," 299）。その際のヘックマンの反論は、認識的正当化をしっかりと固定するのに十分なほど確固とした真理や客観性の概念をきちんと確保しておかなければ、よりよい知識やより悪い知識について語ることは意味をなさない、というものであるように思われる。つまり、〔ヘックマンによれば、〕スタンドポイント理論は、認識的な基礎の権威を持ち出してはきたが、認識的な基礎を実際に与えてみせることには失敗したというのである。

　私は、スタンドポイント理論の中心的主張に関して、〔ヘックマンとは〕別の解釈の仕方があると考えている。つまり、ある社会的位置づけやスタンドポイントに認識的利点を帰属させることを支持するような、非‐基礎づけ主義的で、非‐本質主義的な論証を与えることもできる（し、また実際に与えられてきた）のである——もっとも、そのような論証は、歴史や地域を超越した基礎がもたらす安全性を切望する人たちにとっては、満足のいくものにはなりそうにないのだが。だが、その解釈を軌道に乗せるには、いくつかの鍵となる認識的概念を再構成することと、また、スタンドポイント理論の中心に位置するある区別を強調しなおしておく必要がある。

　〔この節での考察を通じて、本論文の最終目標が明らかになった。それは、女性をはじめとする被抑圧者のスタンドポイントが認識的利点——より具体的には、客観的な知識を生み出すという利点——をもちうるという反転テーゼの正しさを、本質主義や自動的特権テーゼ（また、それと結びつく基礎づけ主義）に訴えることなく示すことである。次の二つの節では、この目標に向けた二つの準備——「社会的位置づけ」と「スタンドポイント」の区別に関する説明（次節）と、「客観性」概念の再構成（次々節）——が行なわれる。〕

状況づけられた知識 vs. スタンドポイント理論

　まずは、スタンドポイント理論の中心にある区別のほうから見ていこう。ヘックマンに対する応答のなかで、特に繰り返し主題とされてきたのは、スタンドポイント理論は、社会的位置づけ（*social location*）の認識的影響だけでなく、スタンドポイント（*standpoints*）がどのような影響をもたらし、またどのように人々を解放しうるのかにも関わっている、という主張である[16]。ここでスタンドポイントと言われているのは、知識がその下で生み出され、権威を認められることになる諸々の条件に対して、批判的な意識を向ける認識主体が努力して求めた結果、到達するもののことである。これまでの議論のやりとりのなかでは、この第二の意味でのスタンドポイントの重要性が強調されているのだが、私の考えでは、スタンドポイント論者は、そのような十全に作り上げられたものとしてのスタンドポイントだけでなく、（組織〔内のヒエラルキー〕という点から定義される）社会的位置づけの認識的影響にも関心をもつべきである。

　一つ目のミニマルな〔「社会的位置づけ」に関わる〕意味において、スタンドポイント理論的な分析の出発点となるのは、ある種の状況づけられた知識テーゼへのコミットメントである[17]。状況づけられた知識テーゼとは、社会的位置

16　これは、ハートソックが、スタンドポイントに関する彼女の最初期の議論のなかで強調した点である。「スタンドポイントは、単に（バイアスとして解釈されるような意味での）〔無自覚の〕利害関心を伴う立場ではなく、積極的な関与を行なうという意味で利害関心を有するような立場である」（"Historical Materialism," 285）。彼女はこの点を、"New Century" でも再び主張している。彼女はそこで、スタンドポイントを形成することは、「いかなる支配的な文化も自明に真であるとは考えない……対抗的意識」（96–97）を育むことであるという点を強調しているのである。さらに彼女は、"Truth or Justice" でも、ウィークスを引用しながら、「スタンドポイントはプロジェクトであって、継承されるものではない。それは到達されるのであり、与えられるのではない」（370）と述べている。Kathi Weeks, "Subject for a Feminist Standpoint," in Saree Makdisis, Cesare Casarino, and Rebecca E. Karle, eds., *Marxism Beyond Marxism* (New York: Routledge, 1996), 89–118. スタンドポイントを（集団の）到達点と考えるこの見方は、ケニーとキンセラによって編集された、〔ハートソックに対する〕共感的なコメンタリーにおいても中心的な位置を占めている (*Politics*)。この点については、特に以下を参照せよ。O'Leary, Hirschmann and Catherine Hundleby, "Where Standpoint Stands Now," in *Politics and Feminist Standpoint Theories*, ed. Sally J. Kenney and Helen Kinsella (New York: Haworth Press, 1997), 41.

づけが、私たちが何を知るのかを体系的に規定し制限するというテーゼである。このテーゼによれば、明示的な理解だけでなく、体験に基づく暗黙的な知識もまた、さらには、個々の具体的な認識内容だけでなく、私たちが知識をどういうものとみなすのかということまでもが、社会的位置づけによって規定され制限されるのである[18]。ここで、何が「社会的位置づけ」とみなされるかは、〔社会の〕構造に基づいて決定される。つまり、諸個人が何を経験し理解することになるかは、ヒエラルキー構造をなす権力関係のシステムのなかで諸個人が占める位置づけによって——具体的には、彼らの生の物質的条件や、彼らが携わっている社会的な相互作用を形作る生産および再生産関係、また、それらの関係を表象し解釈するために彼らが用いなければならない概念的道具立てによって——規定されるというのである。

　他方、スタンドポイント論者たちが特に関心を寄せている〔社会的位置づけと対比される〕意味でのスタンドポイントとは、知識生産に対する態度を形成し育て上げていくための〔それぞれの社会的位置づけに置かれた人々が獲得しうる〕特徴的な能力のことであり、その能力によって、ウィークスの言う「プロジェクト」（Weeks 1996, 101）とみなすことのできるような類の態度——すなわち、自らの社会的位置づけの本性と、その位置づけがもたらす認識的な影響を批判的に吟味する意識——が形成され育まれることになるのである。そして、スタンドポイント理論自体が、そのようなプロジェクトである。このプロジェクトは、内部者自身の理解を真剣に受け止めるような類の社会科学研究——例えば、女性たちの経験や生を探究の出発点とするフェミニズム研究（Smith 1990; Harding 1991）——を通じて遂行されるとともに、また、政治的に洗練された、そして、しっかりと社会的な視点を取り込んだ形の自然化された認識論や科学哲学の構築に熱心に取り組むフェミニスト哲学者たちによっても推し進められている。そのどちらにおいても争点となっているのは、権力関係がいかに知識を捻じ曲げるかという、経験的であるとともにまた概念的でもある問いである。つまり、異なる階級や集団に属する知識主体には、彼らが置かれた社

17　ミリアム・ソロモンは、このようなテーゼが様々に異なる仕方で解釈可能である点について、特に有益な説明を与えている。"Situatedness and Specificity"（著者所有の原稿、1997）.

会的位置づけによって、どのような体系的な制限が課されることになるのか、また、それぞれの階級や集団に属する知識主体には、こうした構造的な認識的偏りに関する理解を育むためのどんな潜在的な力が備わっているのかといったことが、そこでは問われているのである。

18　スタンドポイント理論は、（例えば、フェミニスト法哲学の分野において）規範的な問題への答えを発展させるためのリソースとして扱われたり、あるいは、（例えば、コミュニケーションや社会福祉に関わる分野において）「ポスト構造主義的な」リサーチプログラムを作り上げるためのリソースとして扱われたりしているが、そうした議論のなかでは、この第一の意味でのスタンドポイント――つまり社会的な位置づけとしてのスタンドポイント――がしばしば強調されている。Amy Ihlan, "The 'Dilemma of Difference' and Feminist Standpoint Theory," *APA Newsletter on Feminism and Philosophy* 94(2) (1995): 58–63; Mary E. Swigonski, "Feminist Standpoint Theory and the Questions of Social Work Research," *Affilia* 8(2) (1993): 171–83; Julia T. Wood, "Gender and Moral Voice: Moving from Woman's Nature to Standpoint Epistemology," *Women's Studies in Communication* 15(1) (1992): 1–24. これらの議論のなかでスタンドポイントは、特定のジェンダーに結びつけられた主体の地位として特徴づけられたり (Wood, 12)、あるいは、ある「社会的な位置づけ」であって、そこから物事を見ることで、「現実のある特徴が目立つ一方でその他の面は目立たなくなり……あるものを他のものに比べてより明らかに見て取ることが可能となる」ものとして特徴づけられたりする (Swigonski, 172)。さらに、スタンドポイント理論は、「知識はパースペクティブ的なもの……つまり、必然的に個人のパースペクティブによって形作られるものであり、そして、それら個人のパースペクティブを形作っているのは、個々人の生における経験や、他者との関係や、歴史的状況に関わる詳細である」という認識だとされる (Ihlan, 59–60)。また、スタンドポイント理論を、第一義的に、ある種の社会的なパースペクティブ主義として捉える、バット゠アミ・バーオン（Bat-Ami Bar On）の特徴づけも参照せよ。彼女によれば、「ジェンダーは経験を構成する一要素であり」、そして、「あるスタンドポイントは他のスタンドポイントよりも真実を明らかにしてくれる」のである（"Marginality and Epistemic Privilege," in Linda Alcoff and Elizabeth Potter, eds., *Feminist Epistemologies* (New York: Routledge, 1993), 83)。加えて、シスモンドによる次のような評価も参照せよ。「フェミニスト・スタンドポイント理論や、またスタンドポイント理論一般が主張しているのは、知識に対する特権的なパースペクティブを手に入れることができるような社会的位置づけが存在するということである」（"The Scientific Domains of Feminist Standpoints," *Perspectives on Science* 3(1) (1995): 49)。

　ヘックマンに応答している論者たちは、〔スタンドポイントに関する〕以上のような定式化に反論し、そのような定式化は、集団の到達点としてのスタンドポイントを構成している、権力の力学を不明瞭にするものであり、スタンドポイントを個々人に特有のパースペクティブへと還元し、スタンドポイント理論の政治的側面を放棄してしまうものだとしている。たしかに、社会的位置づけがもたらす認識的影響に関する分析だけで、スタンドポイント理論が提供すべきものが尽くされるわけではまったくない。しかし、そのような分析は実際に価値ある洞察を提供することができるし、また、それらの分析は必ずしも、個々の認識主体の限界や能力に関する、政治とは無関係な評価に帰着するとは限らないものである。

　このように理解されたスタンドポイント理論によれば、社会的位置づけおよび／またはスタンドポイントのどのような特徴が、特定の認識的プロジェクトにとって重要性をもつことになるかは、必然的にオープンな問いとなる。例えば、「ジェンダーを消し去る」ような、社会的位置づけやスタンドポイントはどんなものであれ疑わしいものであるはずだとしても[19]、ジェンダーだけが唯一、あるいは、根本的に、私たちの理解を形作ることに重要な仕方で関与しているのだとか、あるいは、フェミニスト的なスタンドポイントこそが、私たちが何を知ることになるかを規定する権力の力学を理解するための唯一のカギとなるだろうとかいったことを、あらかじめ前提してしまうことはできないのである。ただ批判的な意識を育むというプロジェクトだけが――それは経験的であるとともに、概念的でもあり、また政治‐社会的でもある企てなのだが――、個々の具体的な認識的プロジェクトに対して、あるスタンドポイント（それがどちらの意味であるとしても）がいかなる認識的重要性をもつかという問いに答える唯一の方法なのだ。

　しかし、そうすると、例の〔ヘックマンが提起した〕規範的な問いが再び立ち現れてくる。すなわち、特定の位置づけやスタンドポイントを占める人々によって生み出される知識を特権的なものとみなすべきだと主張することに根拠はあるのか、という問いである。社会的位置づけや、到達点としてのスタンドポイントがもたらす認識的影響を分析すれば、〔そのような主張に対する〕正当化のための根拠が与えられるのだろうか。それとも、そのような分析はむしろ、破滅へと導く相対主義を最終的に生じさせることになるような社会構築主義を強化してしまうのだろうか。ほとんどのタイプのフェミニスト・スタンドポイント理論を支えている反転テーゼは、スタンドポイントを考慮に入れるならば、認識に関わる形勢はしばしば逆転すると唱えるものであった。すなわち、経済的に恵まれず、政治によって虐げられ、社会の周縁へ追いやられている人々は、それゆえに、認識主体として信用できないとみなされがちである――教育がなく、無知で、当てにならない人々であるとして――けれども、実のところ、こうした人たちは、彼らが占めているスタンドポイントのおかげで、〔社会階級

19　Helen E. Longino, "In Search of Feminist Epistemology," *Monist* 77 (1994): 481.

の点で〕特権的な位置を占める人たちが通常は知らないこと、あるいは、特権的な人々が努めて知らないでいること（それどころか、努めて体系的に無視したり否定したりさえすること）を知る能力をもっているかもしれない、というのである。ヘックマンは、そのような〔社会的に低い位置に置かれた人々の〕スタンドポイントに対して、より多くの客観性を帰属させることを支持するいかなる議論も与えられていないと反論するのだが、そのとき彼女が異議を唱えているのは、まさにこのテーゼである。

〔以上、この節では、反転テーゼの正しさを示すという目標に向けた一つ目の準備として、社会的位置づけとスタンドポイントの区別が解説された。次の節では、二つ目の準備として、客観性概念の再構成が行なわれる。〕

認識的利点

「客観性」という語には（真理と同様に）いろいろな意味が詰め込まれすぎているので、そうした概念は捨て去ってしまうのが賢明かもしれない。しかし、私はここでの目的のために、〔「客観性」という語の意味に関する〕ある再構成を提案するつもりである。その再構成は、スタンドポイント論者が、本質主義や自動的特権テーゼを受け入れる〔という誤りに陥る〕ことなく、認識的特権性に関して何を主張しうるのかを明らかにするために役立つであろう。

〔第一に、〕ヘックマンの用法によれば、客観性は知識主張の性質である。〔第二に、〕標準的には、客観性は、認識主体がもつことが望ましいと従来されてきた性質を指すためにも用いられる。それらの性質とは、特定の探究テーマや研究プロジェクトに対して中立的で冷静であるという性質である。〔第三に、〕客観性は、知識の対象がもつ性質を指すために用いられることもある[20]。その場合には、客観的な事実や客観的な現実が、儚い主観的な構築物と対比されることになる。つまり、客観的な事実や現実は、ロイド（Lloyd 1996）の表現によ

20　この区別の詳細な明確化については、次を参照のこと。Elisabeth A. Lloyd, "Objectivity and the Double Standard for Feminist Epistemologies," *Synthese* 104 (1996): 351–81.

れば、「真に実在するもの（the really real）」——私たちから独立に、特定の性質をもって存在するような事物からなる広範なカテゴリー——を構成するのである。知識の対象のこのカテゴリーの中核には、おそらくハッキングが言う「無反応な」種が位置することになるであろう（Hacking 1999, 104–106, 邦訳 239–42）。〔第一の〕知識主張の性質とみなされる場合には、客観性は、緩やかに定義されたある一群の認識的な特長（virtue）を指しているように思われる。それらの認識的特長は、私たちが知識としての権威を認める主張において何らかの組み合わされ方で最大化されることが期待されるものである。クーン、ロンジーノ（1990）、デュプレ、エレシェフスキーといった多種多様な論者たちが、〔そうした認識的特長の〕標準的なリストを提示しているのだが、それらのリストに含まれるもののなかでひときわ目を引くのは、経験的十全性（empirical adequacy）という要件である。この要件は少なくとも次の二つの仕方で解釈されうる。すなわち、〔知識主張が〕限定された領域内で得られる一群の豊かな証拠と合致する度合い（つまり、経験的な深度）としてか、あるいは、問題となる主張が、広範な領域や適用範囲にまで拡張されうるものとして、（ダナ・ハラウェイの言い回しでは）「通用する」度合い（つまり、経験的な幅）として、解釈されるのである[21]。〔経験的十全性の要件に〕加えて、内的な整合性や、推論的堅固性（inferential robustness）[7]、〔当該の主張に〕相並ぶすでに定着している知識の集まりとの一貫性、さらに、説明力や、その他多くの実用的および美的な特長などの要件も、それぞれ個々別々に、あるいは寄り集まって、客観性の指

21　Helen E. Longino, *Science as Social Knowledge: Values and Objectivity in Scientific Inquiry* (Princeton, N. J.: Princeton University Press, 1990); Thomas S. Kuhn, "Objectivity, Values, and Theory Choice," in *The Essential Tension* (Chicago: University of Chicago Press, 1977)〔トーマス・S・クーン「客観性、価値判断、理論選択」、『科学革命における本質的緊張 新装版』安孫子誠也・佐野正博訳、みすず書房、2018年、第13章（415-47）〕; John Dupré, *The Disorder of Things: Metaphysical Foundations of the Disunify of Science* (Cambridge, Mass.: Harvard University Press, 1993). Marc Ereshefsky, "Critical Notice: John Dupré, *The Disorder of Things*," *Canadian Journal of Philosophy* 25(1) (1995): 143–58; Donna J. Haraway, "Situated Knowledges: The Science Question in Feminist and the Privilege of Partial Perspective," in *Simians, Cyborgs, and Women: The Reinvention of Nature* (New York: Routledge, 1991), 183–202〔ダナ・ハラウェイ「状況に置かれた知——フェミニズムにおける科学という問題と、部分的視覚が有する特権」、『猿と女とサイボーグ——自然の再発明 新装版』高橋さきの訳、青土社、2017年、第9章（349–87頁）〕.

標とみなされるだろう。

スタンドポイント理論が異議を唱えるのは、認識主体の中立性という、先ほどの第二の意味での客観性が、第一の意味での——つまり、認識主体が生み出す知識主張の——客観性を実現するための必要ないし十分条件である、というあらゆる想定に対してである。たしかに、条件や目的によっては、観察者の中立性——あえて感情の点で主題から距離を置く、非関与の姿勢（disengagement）——が、主題となっている事象を理解するのに必要とされる重要な事実を学び、原因結果の力学（causal dynamics）を把握するうえで、利点となるかもしれない。しかし同時に、利害関心を伴うスタンドポイントから探究に従事する人々にも、さらには公然と政治的関与（political engagement）を行なうスタンドポイントから探究に取り組む人々にさえ、相当の認識的な利点が生じるかもしれない。例えば、近年フェミニズムが社会科学や生命科学にもたらしてきた貢献の歴史は、この点を示すよい実例となっている。すなわち、その歴史は、そうした〔利害関心や政治的関与を伴う〕スタンドポイントが、これまで未検討だった前提に対してより厳しい経験的十全性の基準を課すことで、実りある結果をもたらしたり、また、検討される仮説の範囲を広げることで、最終的に説明力を向上させ、新規の探究を切り開いたりするといったことが、いかにして起こりうるのかを示しているのである[22]。

同様にまた、「真に実在する」ものではない〔つまり、第三の意味で「客観的」

〔訳注7〕あるデータの集まり D からある主張 S を導き出そうとする場面において、さらに、一連の競合する可能性のうちのどれかが成り立っているという、付加的な想定を行なう必要があるとする。この場合、それらの可能性のうちのどれが成り立っていると想定したとしても、S が D によってサポートされるなら、主張 S に対するサポートは「推論的に堅固である」と言われる。他方、どの想定を置くかによって、S がサポートされたりされなかったりする場合、S に対するサポートは「推論的に脆弱である (fragile)」と言われる。cf. Woodward, J. (2006) "Some Varieties of Robustness," *Journal of Economic Methodology*, 13 , 219–40.

22　このような議論は、近年出版された以下の 2 冊の本のなかで、様々な研究分野に言及しながら行なわれている。Londa Schiebinger, *Has Feminism Changed Science?* (Cambridge, Mass.: Harvard University Press, 1999)〔ロンダ・シービンガー『ジェンダーは科学を変える!?——医学・霊長類学から物理学・数学まで』小川眞里子・東川佐枝美・外山浩明訳、工作舎、2002 年〕; Angela N. H. Creager, Elizabeth Lunbeck, and Londa Schiebinger (eds.), *Science, Technology, Medicine: The Difference Feminism Has Made* (Chicago: University of Chicago Press, 2001).

ではない〕ような知識の対象について探究する場合——例えば、相互作用する社会的現象について研究する場合——には、経験的十全性、一貫性、説明力などの一連の特質がある組み合わされ方で実現されることはありえないのだと想定する必要もない。たしかに、そうしたケースにおける客観性は、はっきりと領域限定的なものとなるであろう。すなわち、相互作用する社会的な種は、探究が進むにつれて自らの形を変えていくものであり、そのような種に関する経験的に十全な知識は、それほど広い範囲で通用する〔「経験的な幅」をもつ〕ことはないだろう。しかし、そうであっても、そのような知識も客観的であることには変わりないのである。

　いま述べたこの点は、客観性を作り上げる性質としてどんなリストにも挙げられる諸々の認識的特長の間に、ある重要な特徴が見出されることを示唆している。それは、決して同時には最大化されえないという特徴である[23]。例えば、急速に変化していく相互作用する種を理解する際に、経験的十全性を最大化することにコミットするならば、経験的な幅の代わりに経験的な深度をとるトレードオフが要求される。同様に、説明力のためには、しばしば、局所的な経験的十全性を犠牲にすることが要求される[24]——どんな種類の理想化を行なう場合にも、そのことが要求されるように[25]。これらの〔経験的な幅、深度、説明力といった〕それぞれの要件をどのように解釈するのかは、終わりのない問題である。それらの要件は発展し続けていく実践上の基準なのである。また同様に、

23　これは、関連はするが異なった認識的特長のリストについて、ロンジーノが指摘した点である (Longino 1994, 479)。私は、ロンジーノのリストを改良し拡張することを、以下の論文で提案した。"Doing Philosophy as a Feminist: Longino on the Search for a Feminist Epistemology," *Philosophical Topics* 23(2) (1995): 345–58.

24　説明力と経験的十全性の間の緊張関係がとりわけ鮮明なものとなるのは、説明というものが統一主義的な仕方で理解される場合である。キッチャーは後に重要な点で立場を変えたのだが（Kitcher 2001）、しかし、彼の以前の説が要求しうるトレードオフへの懸念に対して、キッチャーが行なった応答は示唆的である。Philip Kitcher, "Explanatory Unification and the Causal Structure of the World," in *Scientific Explanation*, Minnesota Studies in the Philosophy of Science, Volume XIII, ed. P. Kitcher and W. C. Salmon (Minneapolis: University of Minnesota Press, 1989), 410–508. 私はこれらの緊張関係に関する分析を以下で行なった。"Unification and Convergence in Archaeological Explanation: The Agricultural 'Wave of Advance' and the Origins of Indo-European Languages," *The Southern Journal of Philosophy* 34 (1995): 1–30.

ある特長を他の特長とどのように比較衡量するべきかに関する決定も、常に交渉継続中の問題である。この問題は、特定の認識的プロジェクトや問いにおいて何が必要とされるかに言及することによってしか解決されないのだ。実際、第一の意味での〔つまり、知識主張の性質としての〕客観性を構成するものとして私がこれまで特定してきた特長はどれ一つとして、〔個々の認識的プロジェクトが遂行される具体的な〕文脈や実践から独立ではない。それらはすべて、私たちが特定の目的のために最大化するような特長なのである。とは言っても、私が言及するリストに含まれている認識的な特長は、きわめて広い範囲の企てにおいて——私たちが行動し相互作用する世界のなかで、何が実際に起きているのかを正確かつ詳細に理解することが成功のカギを握るような、ほとんどすべての企てにおいて——有用であることが判明してはいるのだが。

　ヘックマンの念頭にある客観性が以上のように理解されるならば——すなわち、私たちが知識としての権威を認める主張において（何らかの組み合わされ方で）最大化されるべき、一群の認識的な特長を指すものとして理解されるならば——、場合によっては、ある社会的な位置づけやスタンドポイントが、特定の認識的プロジェクトに関して、〔客観的な知識を生み出すという〕認識的利点を与えることになるのだと主張しても、何もおかしな点はないだろう。とりわけ、スタンドポイント（位置づけではなく）のなかには、次のような著しい利点をもつものがある。すなわち、それらのスタンドポイントに立つことで、批判的な意識をもつ知識主体が、自分自身や他者のもつ理解に対して権力関係がどのような影響をもたらしているのかを把握できるようになる、という利点である[26]。スタンドポイント（や位置づけ）に訴えることで得られる正当化というのは、ある特定の種類の知識が生み出される社会的条件を踏まえた場合に、

25　Nancy Cartwright, *How the Laws of Physics Lie* (Oxford: Oxford University Press, 1984); "Capacities and Abstractions," in *Scientific Explanation*, Minnesota Studies in the Philosophy of Science Volume XIII, ed. Philip Kitcher and Wesley C. Salmon (Minneapolis: University of Minnesota Press, 1989), 349–56; William C. Wimsatt, "False Models as Means to Truer Theories," in *Neutral Models in Biology*, ed. M. H. Nitecki and A. Hoffman (Oxford: Oxford University Press, 1987), 23–55. また、キッチャーが提唱した「重要性グラフ」を参照せよ。それは、一般性、正確性、十全性といった認識的特長を特定の仕方でトレードオフする原因となるような、発展し続けていく文脈的関心を捉えたものである (Kitcher 2001, 78–80)。

それらの知識がどれくらい信頼しうるものであることが見込まれるかということに関する、〔個々のケースの〕微妙な点をうまく捉えた、そして、しっかりと根拠づけられた（自然化された）説明がもたらす正当化にほかならない[27]。そのような正当化は、特定の種類の知識主体が抱える限界について——すなわち、それらの人々が偏っているとか、それらの人々の知識が重要な認識的特長を最大化しそこねるとかいったことがどれだけありそうかということについて——、経験に基づいたやり方で評価することから得られるものなのだ[28]。

　〔以上で、本質主義や自動的特権テーゼに陥ることなく反転テーゼを擁護するための準備が完了した。これらの準備を踏まえて、次の節では、「内部の部外者」と呼ばれる人々のスタンドポイントが、具体的にどのような認識的利点をもちうるのかを

26　これは、ハートソックが、ヘックマンやその他の近年の批判者に対して応答する際に強調する点である。彼女が述べるには、認識的利点を測定する際の重要な基準の一つは、ある特定のスタンドポイントのおかげで、そのスタンドポイントに立つ人がどの程度、「自身の社会的位置づけを構成する多様な決定要因の間の相互作用を把握」できるようになるかという点にあるのだ（*Standpoint Revisited*, 237–8）。

27　ハーディングは、ヘックマンの〔スタンドポイント理論に関する〕基礎づけ主義的解釈に反対し、批判的で自己反省的な意識を備えたスタンドポイントは、「強い客観性」に分類されるような認識的利点をもつと主張しているのだが、私の考えでは、ハーディングが主張するその認識的利点とは、まさに私がここで述べている類の正当化のことである（Harding 1991）。この点については、次の文献も参照せよ。Sandra Harding, "Rethinking Standpoint Epistemology: 'What Is Strong Objectivity'?," in Linda Alcoff and Elizabeth Potter, eds., *Feminist Epistemologies* (New York: Routledge, 1993), 49–82.

28　この提案は、〔あるスタンドポイントが〕認識的特権をもつという主張を、偶然的で、また〔当のスタンドポイントから〕独立の認識的特長に対して相対的な主張として扱おうとするものであるが、そのような提案はある問題を引き起こす。それは、ハーディングがスタンドポイント理論をフェミニスト経験主義とフェミニスト・ポストモダニズムの間の不安定な仲裁として特徴づけたとき以来論じられてきた問題であり、つまり、そのような解釈のもとでは、結局スタンドポイント理論は崩壊し、ある種の社会的経験主義へと行きつくことになるのではないか、というものである（*The Science Question*, 136–62）。ハンドルビーは、一部の著名なフェミニスト経験主義者たちによって提唱された還元的な議論〔スタンドポイント理論は経験主義に還元されるとする議論〕に対して応答する際に、この問題に取り組んでいる。彼女の提言は、スタンドポイント理論は洗練されたフェミニスト経験主義と明確に区別される、競合する立場というよりも、むしろそれを補完するような立場として理解されるべきだというものであり、私もこの提言に同意する（Hundleby 1977, 25, 33）。

解明し、それを通じて最終的に反転テーゼを擁護するという作業が行なわれる。〕

内部の部外者がもつ利点──分析のための枠組み

では次に、スタンドポイント理論を擁護するきわめて多様な人々が引き合いに出してきたある特定のタイプのスタンドポイントには、どのような種類の認識的利点が生じうるのかを考察することにしよう。その特定のタイプのスタンドポイントとは、人種、階級、ジェンダーの点で不利な位置に置かれた「内部の部外者（insider-outsider）」のスタンドポイントである。内部の部外者というのは、その社会的位置づけのために、特権的な人々の世界をうまく切り抜けることを余儀なくされており、そのために、規範となっている支配的な世界観を構成する暗黙の知識を正確かつ詳細に理解しなければならない一方で、同時にまた、当人が根差しているコミュニティは、その周縁的な身分のために、世の中の仕組みについて〔特権的コミュニティとは〕根本的に異なった理解を生み出している、という状況に置かれた知識主体のことである。このような内部の部外者が何を知っているのかを具体的に描き出すために、コリンズは使用人として働く黒人女性の叡知を引き合いに出している。また、フェミニズムの文脈において類似の議論は多数なされているし、社会学の文献にも先行研究が見出される[29]。しかし、「掃除婦たちの知っていること」[30] に関する最も説得力のある説明の一つとなっており、また、コリンズの中心的論点を支持しさらに拡張するものとなっているのは、物語を通じて与えられた説明、すなわち、バーバラ・ニーリイの殺人ミステリー『怯える屋敷（*Blanche on the Lam*）』である[31]。ニーリイの語るところによれば、〔主人公の黒人家政婦である〕ブランチは明らかに、社会的位置づけだけではなく、あるスタンドポイントにも立っている。ブランチは、自分を雇っている人々よりも、より多く、よりよく、そしてより速く知識を獲得することが要求される自身の生存条件について、辛辣かつ的確に分析しているのである。ニーリイの小説のなかできわめて明確に浮かび上がってくる、ブランチのスタンドポイントの認識的利点を考察してみよう。

ブランチは、ノースカロライナ州の裕福な白人一家のもとで働く臨時の使用人である。その家の家政婦は、一家が夏の別荘に滞在する間、休暇をとってい

たのである。殺人事件があったのだが、しかし、誰が死んだのかは話の後半になるまで読者には明かされない。ストーリーは、ブランチが臨時で雇われている一家の風変わりな点や、歴史や、最後には殺人に関する秘密をだんだんと知っていく、という形で進んでいくのである。ある時点でブランチは、一家のも

29　Patricia Hill Collins, *Black Feminist Thought: Knowledge, Consciousness, and the Politics of Empowerment* (New York: Routledge, 1990); "Learning from the Outsider Within," in Mary Margaret Fonow and Judith A. Cook, eds., *Beyond Methodology: Feminist Scholarship as Lived Research* (Bloomington Ind.: Indiana University Press, 1991), 35–9.

　　スタンドポイント理論に関するフェミニストたちの議論に先立つ社会学研究のなかでも、盛んな論争の的となってきたマートンの分析は著名である。彼の分析によって、人種の多様性が社会学者にもたらす認識的利点に関する検討が始まったのである。Robert K. Merton, "Insiders and Outsiders: A Chapter in the Sociology of Knowledge," *American Journal of Sociology* 78(1) (1972): 13. コリンズは、このマートンの議論に加えて、「異邦人」がどのような社会的洞察を与えうるのかに関するジンメルの説や、「知性ある周縁者」についてのマンハイムの特徴づけにも言及している (1991, 36)。Karl Mannheim, *Ideology and Utopia: An Introduction to the Sociology of Knowledge* (New York: Harcourt, Brace & Co., 1954〔1936〕)〔カール・マンハイム『イデオロギーとユートピア』高橋徹・徳永恂訳、中公クラシックス、2006年〕; Georg Simmel, "The Sociological Significance of the 'Stranger'," in Robert E. Park and Ernest W. Burgess, eds., *Introduction to the Science of Sociology* (Chicago: University of Chicago Press), 322–7. 内部の部外者たちが研究者としてどのような働きをしうるのかということを示す例としては、効果的な識字プログラムの制定のために必要な研究実践に関するフレイレの説明や、また、参加型アクションリサーチの実例を見よ。Paolo Freire, *Pedagogy for the Oppressed* (New York: The Continuum Publishing Company, 1982〔1970〕)〔パウロ・フレイレ『被抑圧者の教育学』三砂ちづる訳、亜紀書房、2011年〕; Elizabeth McLean Petras and Douglas V. Porpora, "Participatory Research: Three Models and an Analysis," *The American Sociologist* 23(1) (1993): 107–26.

　　内部の部外者のスタンドポイントがもたらす認識的影響については、数多くのフェミニストたちが議論してきた。以下の分析において、私は主としてウマ・ナーラーヤンに依拠している。Uma Narayan, "Working Together Across Difference: Some Considerations on Emotions and Political Practice," *Hypatia* 3(2) (1988): 31–48. また、以下の文献によって論じられている差異理論 (difference theory) も参照せよ。O'Leary(1997), Hartsock("Next Century"), Chela Sandoval, "U.S. Third World Feminism: The Theory and Method of Op-positional Consciousness in the Postmodern World," *Genders* 10 (1991): 1–24.

30　Louise Rafkin, "What Housecleaners Know," *UTNE Reader* (March–April 1995): 39–40.

31　Barbara Neely, *Blanche on the Lam* (New York: PenguinBooks,1992)（以下、本文中で言及する際は、*On the Lam* と表記する）〔バーバラ・ニーリイ『怯える屋敷』坂口玲子訳、早川書房、1995年。以下本書からの引用個所を訳出する際は邦訳に依拠にしたが、一部訳し直した箇所もある〕. バーバラ・ニーリイの他のミステリー小説、とりわけ *Blanche Passes Go* (New York: Penguin Books, 2001) も、この点に関連して重要である。

とで長年働く雑用夫の「ゴマすり」行為について思案し、「本心からやってるなら、哀れなもんだ」（*On the Lam*, 52, 邦訳 69）と言う。しかし、その後、「バカだったら、アメリカの黒人がそんな年まで生きられるはずがない」（*On the Lam*, 60, 邦訳 79）ことに彼女は気がつく。認識的に無能なふりをすることも仕事のうちというわけである。「教えられた通りのことを信じているかのようにふるまうべきときと、自分が知っていることを知っているようにふるまうべきときはいつなのかを知ること。そうやって、自分たちはこれまでずっとこの国で生き延びてきた」（*On the Lam*, 73, 邦訳 95）。特に、〔黒人は〕認識的に権威なき（epistemic *inauthoriy*）存在であるという〔雇い主側の〕思い込みに合わせてふるまうことは、役に立つ。コリンズが述べているように、「アフリカ系アメリカ人女性は、長きにわたって、白人社会の最も奥深くに隠された秘密の一部に通じてきた」（Collins 1991, 35）[32] のだが、それは、少なくとも一つには、黒人女性が認識的に無能扱いされているからである。ニーリイは、ブランチを通じて、その様子を詳しく描き出している。ブランチは、愚かでまるで取るに足らないと思われていたせいで、雇用主一家にとってほとんど不可視の存在となっていた[33]。そのために、ブランチがそこにいるにもかかわらず、まるで彼女が家具にすぎないかのような様子で取り交わされる会話や、彼女がきれいにする片付け物、捨てるごみ、行かされるお使いから、ブランチは（文字通りの意味でも比喩的な意味でも）自身の生存にとって決定的に重要な情報を幾度も収集することになる。まさしく、「雇い主一家にしてみれば、雇われ者は、考えたりせず、好奇心もなければ物を見ることもせず、火を見るよりあきらかな結論さえくださないものなのだ」（*On the Lam*, 185, 邦訳 234）。

　このような認識の非対称性のおかげで、ブランチは、白人コミュニティのメンバーであればほとんど誰も——たとえ肉親ですら——手に入れられないような、〔殺人事件に関わる〕経験的な証拠を手に入れることができる。しかし、ブランチは、一家を直接観察して知ったことによっては解決できない謎が生じると、彼女と共通する経験を数多くしてきた、他の内部の部外者からなる広範な

32　ブランチはこの点を次のように表現している。「家政婦と秘密を一つ屋根の下におくことはできやしない」（*On the Lam*, 95, 邦訳 122）。

ネットワークを動員する[34]。ブランチはミズ・ミニーにコンタクトをとるのである。

> ミズ・ミニーは黒人コミュニティについてよく知っていたので、白人コミュニティについてもたくさんの情報をもっていた。使用人を雇う人たちは、使用人たちが食事を作り、ベッドを整頓し、ゴミ箱を空にする間に、雇い主について一体どれだけ多くのことを学んでいるか分かっているのだろうか、とブランチは思った（*On the Lam*, 115, 邦訳 147）。

ブランチはそうして勤め先一家の歴史に関わる詳細を数多く知ることになる。

33　『怯える屋敷』のなかで、ニーリイは、ブランチの不可視性と、マムスフィールド——小説の主要な登場人物の従弟であり、成人したダウン症患者である——の経験を特徴づけている不可視性の間にある、一連の類似性を指摘している。

　　彼は続けて、一緒に教会へ通う知り合いたちの真似をした——彼らが他人について語る、とても親切とは言いがたい言葉も含めて。そうした言葉が彼の目の前で発せられるのは、彼の置かれた状況によって、マムスフィールドが透明人間扱いされているからだ——肌の色と職業によって、ブランチが同じ扱いを受けているように……私たちみたいな透明人間はみんな〔物事を理解していないと決めつけられることに対して〕敏感なのだろう（*On the Lam*, 103、邦訳 131-3）。

　　ニーリイは、〔のちの作品である〕*Blanche Passes Go* でも、この点について再び述べている。ニーリイはその際、二人の経験に共通するこれらの特徴の重要性を一定程度に抑えているのだが、そのやり方は、〔単なる〕経験の共有と、意識の上で明確化された集合的なスタンドポイントとの複雑な関係について、オリーリイやハーシュマン、ハートソックらが述べた論点を強化するものとなっている (O'Leary, Hirschmann, Hartsock 1997)。

　　ダウン症であることが原因で、彼は世界の大半から、ブランチと同様の扱いを受けていた。それゆえ、彼は、不可視の存在であること、部屋に置かれた人形とみなされること、自分自身の中の、自分ではコントロールできない部分のせいで笑われることなどが、どういうことであるのかを知っていた。この点は二人に共通点を与えた。しかし、ブランチは、ともに不当な扱いを受けているということだけで、二人の間に友情が築かれたのだとは思わなかった (Neely 2001, 62)。

34　ニーリイの後の作品 *Blanche Passes Go* では、黒人コミュニティのなかでブランチが助けを求めに行く多くの人々——ブランチが調査する裕福な白人家族のもとで働いている隣人や知り合いたち——が、実は、批判的な意識を伴うブランチのスタンドポイントを共有していないことが明らかになるというシーンが、重要な目玉となっている (Neely 2001, 87, 152)。

すなわち、一家が抱える金銭問題や、家庭内のもめごと、嫉妬心、奇癖、裁判沙汰、そして最も重要なことに、白人エリート社会における一家のポジション—— 一家のメンバーが仲間として頼れるのは誰なのか、また、誰と誰の間に長年にわたる確執が存在してきたのか——について、彼女は学ぶのである。こうした〔自分で直接見聞きして得た知識に〕相並ぶ一連の知識は、ブランチが自分自身の置かれている状況を理解するうえできわめて重要なものとなる。ブランチは、それらの知識が提供してくれるリソースのおかげで、観察した行動の端々を、隠れた動機づけや、張り巡らされた社会関係の証拠として解釈することができるようになり、また、限られた場面ですでに見出されている〔行動〕パターンがどれほど広範な状況で堅固に維持されるかをチェックし、それらのパターンを説明するために立てた仮説をテストすることもできるようになるのである。

　しかし、ブランチは、以上のように広範な経験的証拠を収集し照合することだけでなく、自身のスタンドポイントによって可能となった（そしてまた、必要となった）証拠の使い方についても多くのことを語っている。そして、そのような証拠の使い方は、内部の部外者たちに生じうる認識的利点のもう一つの側面を例示するものとなっている。ブランチのような地位に置かれた女性は、白人の雇い主たちの行動を駆り立てているかもしれない種類の動機づけに対処するために、一連の巧妙で精緻な推論的ヒューリスティックを身につける必要があるという点について、彼女は折に触れ述べている。ブランチは、権力や特権を伴う地位を占める人々に特徴的に見出される心理的特性を事細かく語っており、そして、それらの特性が、彼女自身が属するコミュニティのメンバーに典型的な心理的特性とは、いかに鮮やかな対照をなすものであるかを明らかにすることもある[35]。「相手の性格を読み取る能力で生計をたてている人間として」（*On the Lam*, 184, 邦訳 233）、このような批判的意識に基づく理解が絶対不可欠であることを、彼女は明確に認識している。ブランチは、観察した行動のなかにパターンを見出し、そのような行動の背後にある原因について説明仮説を

35　例えば、「そういう例は山ほど見てきたから、ブランチは驚かなかった——クビにされたり、家から追い出されたりする心配のない金持ちたちは、貧しい者なら努めて避けるような、破滅のもとを探し求めるものらしい」（*On the Lam*, 117, 邦訳 149）。

立て検証するという一連の作業を、電光石火の速さで、寸分の狂いもなく正確に行なうことができなければならないのである。

　ナーラーヤンがこの論点をさらに展開して述べているように、抑圧されている人々は「抑圧の下での日常生活を直接に知っているという点で認識的な特権をもつ」（Nalayan 1988, 36）だけではない。それらの人々は経験を通じて、抑圧を取り巻く力学に関して正確な推論を行なうという、相対的に特権的な生活を送る人々は身につける必要のない能力を育て上げるのだ。内部の部外者たちは、「自らに対する抑圧が……社会生活や精神生活を構成する大小の事柄にいかに影響を及ぼしているかについて、あらゆる細部に至るまで」（Nalayan 1988, 36）警戒の目を光らせている。内部の部外者たちは、権力関係の力学がほんのわずかに顕わになるときにもそのことを感知し、また、そのような力学が働く様々な文脈の間に結びつきを見て取るのだが、それらの結びつきは、特権的な人々には気づく理由のないもの、それどころか、気づかないでいるためのよい理由があるものなのだ。要するに、内部の部外者として生き延びるには、鋭く研ぎ澄まされたパターン検出の技能と、また、堅固な説明モデルの広範なレパートリーを育まなければならないであろう。そして、それこそが、従属的な位置に置かれた人々の利点であり、また、それらの人々に課せられる苦役でもあるのだ。

　しかし、この認識的利点は、自動的に得られるものでもなければ、あらゆる領域を包括するものでもないという点を認識することが重要である。たしかに、ブランチのような内部の部外者は、抑圧を至近距離から理解することに関して際立った利点をもっているだろうし、特に、〔例えば、ジェンダー＋人種のような〕複合的な差異に基づく抑圧が同時に働く様子を見て取る見込みが高いであろう[36]。だが、その一方で、きわめて多くの場合において、重要な認識的リソ

---

[36]　人種や階級の点で特権的な地位にいるフェミニストたちに比べて、ブランチのような〔ジェンダーに加えて、人種、階級など、複数の点で不利な位置に置かれた〕内部の部外者は、例えば、様々な差異のうちのどれか一つが根本的で本質的であるとは決めつけない傾向にある。この点は、コリンズ (1991) によってかなり詳しく議論されており、また、以下の文献でも雄弁に論じられている。Combahee River Collective, "A Black Feminist Statement," in Alison M. Jaggar and Paula S. Rothenberg, eds., *Feminist Frameworks* (Englewood Cliffs, N.J.: McGraw-Hill, 1984), 202–9.

ースに対して平等にアクセスできないという事態が、抑圧のとる一つの形態となっているのである。それらの重要な認識的リソースとは、つまり、ある種の情報、正規の教育を通して獲得される分析スキル、理論や説明のための一連の道具立てなどである。ナーラーヤンが述べているように、「抑圧されている人々が、教育と、それゆえ理論構築の手段（そのうちには、自らが被っている抑圧の歴史に関する詳細な知識や、その抑圧のメカニズムを分析するための概念的道具立てなどが含まれるであろう）へのアクセスを否定されていることが、抑圧の一部分となっているのだから」、当然予想されるように、「抑圧されている人々は、自身が被っている特定の種類の抑圧がどのような起源をもち、どのように維持されてきたのか、また、その抑圧が組織に内包されたどんな目的のために役立っているのかの全貌について、詳しい因果的分析や構造的分析を手に入れることはできないだろう」（Nalayan 1988, 36）。要するに、抑圧されている人々がある領域において認識的特権をもっていると認めることは、「それらの人々が抑圧の原因についてより明確でよりよい知識をもっているということを必ずしも含意しない」のである（Nalayan 1988, 35–36）。例えば、マキラドーラ[8]設置地域の工場労働者たちは、労働上の様々なルールがいかに利益を最大化するようコントロールされているかに関しては、直に触れて知っているであろう。しかし、これらの人々は、工場をウエストバージニアから自分たちの住む地域へ、また、インドネシアやタイの貿易無関税領域へ移す原因となっている、国際的な資本移動を理解するのに必要な背景知識や情報にはアクセスできないだろう。

　ブランチや、また、彼女が置かれているのと同様の位置づけがもたらすリソースを利用して、政治的－認識的なものとしての、内部の部外者のス・タ・ン・ド・ポ・イ・ン・トを育むような誰もに生じる認識的利点の最後の側面は、次の点にある。すなわち、特権的な地位から生み出され、特権的な地位に資する（つまり、それらの地位に根拠や正当化を与える）権威的な種類の知識に対して、批判的な視点をもちつつ距離を保っているという点である。ブランチにしてみれば、彼女の雇い主たちが当然視している世界観を努めて維持しようとする必要はない。

〔訳注8〕マキラドーラとは、輸出品を製造する工場において、原材料、部品、機械などを無関税で輸入し、製品を製造する制度である。メキシコのアメリカ国境付近など、労働力の安い地域の工場において実施されている。

雇い主たちは自分たちには認識的権威があると思い込んでおり、その思い込みが、自分たちは何かを知っていると彼らが考える際に抱く自信の支えとなっているのだが、ブランチはそのような思い込みを疑いの目で見ている。そして、まさにこのことによって、雇い主たちが自分たちの犯した殺人を隠蔽しようとするときも、ブランチは彼らよりうまく立ち回ることができるのだ[37]。ブランチのような内部の部外者たちは、複数の視点から世界がどのように見えるのかを知らざるをえないので、それらの見え方を比較し、それによって、支配的な世界観の根底にあり、その世界観を問題のあるものにしている諸々の前提を浮き彫りにすることができる。コリンズが、アカデミアにおける内部の部外者としてのスタンドポイントを記述する際に述べているように、彼女が一人の黒人女性として知っていることと、一社会学者として学んだこと——つまり「伝統的な社会学者たちがノーマルとみなす」前提——の間にある不協和によって、一般に権威ある知識として特権を与えられてきたものに備わる、状況依存的な性格や偏りが浮き彫りになるのである（Collins 1991, 49, 51）。

　ここでコリンズが注目するのは、スタンドポイント理論によれば、内部の部外者たちが様々な種類の体系的な経験的探究に対してもたらしてきた貢献をうまく説明できるという点である。すなわち、スタンドポイント理論が与えるリソースを用いれば、実践に携わる人々のある種の非中立性によって、ある研究活動が生み出す知識が自動的に損なわれるどころか、むしろ〔知識の〕客観性が大いに向上しうるのはいかにしてかということを説明できるのだ。先に引き合いに出した〔フェミニストたちによる社会科学や生命科学への貢献という〕例をさらに敷衍するならば、他の人たちが探し求めることもなければ重要だと考えることもなかった一連の証拠に注目したり、他の人たちが見向きもしなかったパターンを見出したり、それまで気づかれることもなく疑問視されることもなかった男性中心的で性差別主義的な枠組みに依拠した前提に疑問を突きつけた

37　ハートソックが述べているように、批判的な視点を伴うこの距離感は、〔ブランチのような内部の部外者が行なう〕複雑な分析の根底をなしている。「支配者集団によるものの見方は、誰もが参加せざるをえないような物質的な関係を作り上げており、それゆえ、そのような見方を単純に間違いとして退けてしまうことはできないという点は覚えておくべきだ」（"Next Century," 96）。

り、また、ときには、それまでとは異なる問いや、より拡張された説明仮説の
レパートリーによって、当該分野の研究議題を大幅に組み替えたりするようフ
ェミニストたちを動機づけているのは、ほかでもなく、彼女たちが様々な領域
に持ち込む政治的コミットメントなのである。

　内部の部外者という社会的位置づけを占める人々が、そのような境遇に置か
れていても、自身の社会的位置づけがもたらす認識的影響について批判的な自
己意識を育もうとはしない場合もある。しかし、たとえそのような場合であっ
ても、以上の認識的利点の一部はそれらの人々に生じうる。例えば、ここ10
年の間に形を成してきた「ジェンダーの考古学」に関する、急速に拡大しつつ
ある研究について考えてみよう。その研究の大部分は、女性やジェンダーに関
するこれまで顧みられることのなかった種々の問題に注目してきた女性たちに
よるものである。しかし、1989年に開催された第一回「ジェンダーの考古学」
会議に出席した人々の半数近くは、自らがフェミニズムに与していることを否
定しているのである[38]。そして、他分野のフェミニズムの文献に十分触れてい
なかったたせいで、彼女らによる研究の射程が狭められたのはたしかだが、そ
れでも〔考古学の〕「ジェンダー分野」[39]に携わる人々は、考古学研究の活気あ
るほとんどすべての領域に含まれていた、男性中心主義的で性差別主義的な前
提に対して異議を唱え、女性やジェンダーに関する問いを分野全体の研究議題
として導入することに成功したのだ[40]。私の見立てでは、これらの実践家たち
が置かれていた、男権主義的傾向のきわめて強い分野のなかの女性という位置
づけが、彼女たちがフェミニスト的なスタンドポイントを育む妨げとなった一
方で、同時にまたその位置づけが、社会学的な意味での決定的な断絶を彼女ら

38　Alison Wylie, "The Engendering of Archaeology: Refiguring Feminist Science Studies," *Osiris* 12 (1997):
　　80–99.
39　この用語は、女性やジェンダーに関する、現在発展中のこの非フェミニスト的な考古学研究
　　の伝統を指すためにコンキーとゲローが用いたものである。Margaret W. Conkey and Joan M.
　　Gero, "Gender and Feminism in Archaeology," *Annual Review of Anthropology* 26 (1997): 411–37.
40　私はこの論点を、以下の論文でさらに詳細に展開している。"Doing Social Science as a Feminist:
　　The Engendering of Archaeology," in *Science, Technology, Medicine: The Difference Feminism Has Made*, ed.
　　Angela N. H. Creager, Elizabeth Lunbeck, and Londa Schiebinger (Chicago: University of Chicago Press,
　　2001), 23–45.

にもたらすことになったのである。当の分野に彼女たちが存在していること自体が——もっと具体的に言えば、女性の参加比率が 20% を超えた考古学者の第一世代のなかで、彼女らの集団が示した存在感が（Wylie 1997, 95–96）——、考古学のなかで制度化されている実践だけではなく、この分野の概念枠組みをも根柢で支えている、ジェンダー役割に関する従来の前提を揺るがしている。このような不協和によって、一部の実践家たち（その大部分は女性であるが、女性だけではない）は、ジェンダー・スキーマ[9]が問題視されることなく存続していた間は決して検討されることのなかった、ジェンダーに関わる不平等やイデオロギーの問題へと目を向けるようになった[41]。そして、いくつかのケースでは、女性やジェンダーに関する問いに取り組む人々が、フェミニスト的なスタンドポイントを育むに至ったのである[42]。

　以上で展開してきた議論は、一言で言えば、ヘックマンに反して、（一部の）従属的なスタンドポイントに偶然的な認識的利点を帰属させることを支持している。すなわち、これらの議論は、従属的なスタンドポイントから探究が行なわれる場合に、客観性が高まり偏りが減じることがありうることを示しているのだが、ただし、ここで客観性が高まるというのは、歴史や文脈を超越した絶対的な基準に照らして測定されるような、抽象的な意味ではなく、客観性を構成するものとして私が特定してきたもっとありふれた特長の様々な組み合わせ

〔訳注 9〕「ジェンダー・スキーマ」とは、あるものを「男性的」とみなし、別のものを「女性的」とみなすというように、ジェンダーに基づいて様々な事象をカテゴリー化することを促す、認知的な枠組のことである。

41　私はジェンダー・スキーマという語を、ヴァージニア・ヴァリアンが詳述した意味で用いている。Virginia Valian, *Why So Slow? The Advancement of Women* (Cambridge, Mass.: MIT Press, 1999).

42　このことは、一連の新たな研究の流れが始まるきっかけとなったばかりでなく、考古学に顕著なジェンダー構造がいかにして作られ維持されてきたかに関わる、数多くの実践的および政治的な問いへの関心を喚起する効果を生んだ。それらの議論において焦点となったのは、様々な文脈での考古学に関わる労働の編成、雇用や報酬の仕組み、考古学における求人や訓練の典型的なパターン、といったものである。この点については、例えば、以下の文献への寄稿を参照せよ。"Gender and Practice," in *Gender and Archaeology*, ed. Rita P. Wright (Philadelphia: University of Pennsylvania Press, 1996), 199–280; また、次の文献への寄稿も参照のこと。Margaret C. Nelson, Sarah M. Nelson, and Alison Wylie (eds.), *Equity Issues for Women in Archaeology*, Archaeological Papers of the American Anthropological Association, No. 5 (Washington, D.C.: American Anthropological Association, 1994).

を基準とする意味で理解するべきなのである。例えば、『怯える屋敷』のなかで提起された複雑な謎解きに関して、ブランチは、彼女の勤め先の一家や、一家が属する白人エリート・コミュニティや、さらに、殺人事件の捜査機関の（ほとんどの）メンバーよりも、よりよい知識主体である。なぜなら、ブランチは、彼女の置かれた社会的位置づけと、内部の部外者としてのスタンドポイントのおかげで、物語のなかに出てくるほとんど誰よりも、より良い証拠をより多く手に入れ、より正確に動機を見て取り、より迅速に〔それぞれの文脈において行動の〕原因として働く要因の間に結びつきを見出し、そして、より広範囲にわたる説明仮説をテストし照合することができる位置にいるからである。また、ブランチのもつ知識は、彼女が従事している認識的プロジェクトに関して、権威あるものとして扱われるに値する。なぜなら、彼女は、（限定された領域での深度に関わるものとしての）経験的十全性を最大化し、〔当の知識に〕相並ぶ広範囲にわたる知識との整合性を確立し、批判的意識に基づく誠実さを際立って備えた説明理論を作り上げているからである。

結論

　ブランチの探究はフィクションであり、また、彼女の認識的プロジェクトは局所的で実用的なものではあるけれども、しかし、私がスタンドポイントの顕著な特徴に関して述べてきた中心的な論点は、社会科学の研究や、さらにより広い領域へと容易に拡張することができる。人々が従事する仕事の種類、人々が参入する社会的関係、それらの社会的関係における人々の相対的な権力、人々の自己理解、といったものに対して、社会的分化という仕組みによって体系的な違いがもたらされる場合にはいつでも、（集団として定義された）社会的位置づけがどのような認識的影響をもちうるかを問うことが有意義となるだろう。また、共有された位置づけと経験によって、社会的位置づけの影響に対する批判的な（対抗的）意識が生じる場合にはいつでも、一つの特有のスタンドポイントを見出すことができるであろう。そして、そのようなスタンドポイントは、とりわけ、支配者層の思考法に含まれる偏りを把握し、旧来の問題に新たな視点を投げかけ、経験的探究のための新たな問題を提起することに関して、

きわめて重要な認識的利点をもつのである。

　科学哲学の領域へと拡張される場合には、スタンドポイント理論は、社会的自然主義とプラグマティズムを補完する役割を果たす。社会的自然主義とプラグマティズムは、ますます多様性を増しつつある科学哲学者たちが提案している、ポスト実証主義的な科学哲学を再構成する取り組みのなかで顕著となっている立場である。例えば、ここで概説してきた意味でのスタンドポイント理論の擁護者たちの主要な関心は、ソロモンが特定したような種類の要因によって形作られる、集団的な企てとしての科学を理解することに向けられている（Solomon 2001）。また、スタンドポイント理論の擁護者たちは、社会的なものと合理的なものの二分法——この二分法は、互いにまったく異なる科学論の伝統を非常に奥深いところで形作っているのだが——を乗り越えようとする、ロンジーノのコミットメントを共有している（Longino 2002）。このようなコミットメントは、ラウズとハッキングが指摘したように、社会的なものや政治的なものによって形作られる関わり合いの場で展開していく、科学の（成果物よりもむしろ）実践に注意を向けるものである[43]。さらに、スタンドポイント論者たちは、科学の成功を明確に規範的で実用的な点から理解できるようにするために、客観性という理想を再構成することが必要であり、また可能でもあると考える点で、キッチャーと見解をともにする（Kitcher 2001）。ここで最も重要なのは、どのようなスタンドポイントが認識的な差異を生み出すのか、またそれらのスタンドポイントがどのような差異を生み出すのかという問いに対して、あらかじめ抽象的な形で答えることはできないことを、スタンドポイント論者は認めているという点である。そのような問いに答えるには、私たちがもつ最良の研究ツールを、知識の生産という営みそのものに対して二階のレベルで適用する必要がある[10]。そして、そのような作業は必然的に、個々の問題に特有の、オープンエンドなプロセスにならざるをえないのだ。

43　例えば、次の文献を見よ。Ian Hacking, "The Self-Vindication of the Laboratory Sciences," in *Science as Practice and Culture*, ed. Andrew Pickering (Chicago: University of Chicago Press, 1992), 29–64.

謝辞

アメリカ哲学学会（APA）の年次大会（東部部会、2000 年 12 月）の特別セッション、「科学、テクノロジー、多様性の哲学的探索」へ招待してくれたことについて、ナンシー・トゥアナに感謝する。このセッションは、APA 女性の地位委員会の後援と、国立科学基金（NSF）の支援を受けて開催されたものである。加えて、本論文と、またフェミニスト・スタンドポイント理論一般に関するきわめて有益な議論の機会を与えてくれた、APA/NSF プロジェクトの匿名査読者と、ノートルダム大学、ウェズリアン大学の同僚たちに感謝を捧げたい。

〔訳注 10〕通常の世界内の事物に関わる知識（例：「地球は丸い」という知識）のことを「一階」の知識と言い、多方、そうした一階の知識に関わる知識（例：「私は地球は丸いという知識をもっている」という知識）のことを「二階」の知識という。ここで著者が言っているのは、「どのようなスタンドポイントが客観的な知識を生み出しうるか」を明らかにするには、私たちがふだん世界内の事物に関わる（一階の）知識を獲得するために用いる最良の研究ツールを、〈スタンドポイントがもたらす知識についての知識〉という二階の知識を得るために用いなければならない、ということである。

編訳者解説

木下頌子

　本書は、分析フェミニズムの重要文献を集めた論文集である。「分析フェミニズム」という言葉は、「分析哲学」の伝統に属する「フェミニスト哲学」のことを意味する。分析哲学は、ごくおおざっぱには、概念の整理や明確な論証を重視する傾向をもつ、英語圏で主流となっている哲学的伝統のことであり[1]、分析フェミニズムは、こうした分析哲学において蓄積された手法に基づいて、女性や性的マイノリティが被る抑圧に関連する様々な問題を探究する分野だと言える。また、分析フェミニズムは分析哲学のあり方を問い直すという側面をもち、分析哲学において重視される概念や論じ方の偏りを是正することや、哲学の組織の多様性を高めるための働きかけを行なうことも試みられている[2]。

　分析哲学においては、1960 年代以降には一部の分野でフェミニズムに関わる問題が論じられていたものの、「分析フェミニズム」という呼称が使われるようになり、分野として確立したのは 1990 年代以降のことである。しかし、その後この分野は急速に発展し、現在では形而上学、認識論・科学哲学、言語哲学、政治哲学、倫理学、美学など幅広い領域に関わるフェミニズム的問題を論じる一大分野となっている[3]。また日本においても、特に近年分析フェミニズムに分類しうる論文や翻訳の刊行が進んでいる[4]。

　本書は、こうした分析フェミニズムにおいて大きな影響力をもつ論文を集めたものである。ただし、先に述べたように現在の分析フェミニズムは広大な分野であるため、本書ではまず形而上学（ジェンダーの形而上学）、フェミニズムにお

1　分析哲学とは何かについては、例えば飯田 2020 を参照。

2　分析フェミニズムのより詳しい成立経緯や特徴については、木下 2020a、2020b を参照。

3　『フィルカル』Vol. 5-3 で企画された「分析フェミニズム特集」のブックガイドでは、筆者を含む 11 名による、各分野の重要文献の紹介を読むことができる（和泉ほか 2020）。また、分析フェミニズムの様々なトピックについての議論状況が手際よくまとめられた最新の入門書として Mason 2021 が挙げられる。

4　例えば、江口 2011、和泉 2018、西條 2019、2020、マン 2019、Miki 2022 など。

ける重要トピックの一つ「性的モノ化」、そして認識論（証言的不正義、スタンドポイント理論）と大きく三つのテーマに関わる論文を収録することにした。それぞれ「Part I　ジェンダーとは何か？」、「Part II　性的モノ化」、「Part III　社会的権力と知識」と部分けされている。今回やむなく見送った言語哲学や美学などに関わる論文については第2巻を企画し訳出することを検討中である。

　本書に収録された論文の内容については以下で個別に解説するが、いずれの論文も、重要な概念に定義を与えたり、不正さの根拠を明らかにしたりすることを通して、フェミニズムに関わる議論に貢献しようとする点では共通している。その点で本書が、分析フェミニズムに興味をもつ読者だけでなく、フェミニズムの問題についての理解を深め、丁寧に論じたいと感じる読者にも役立つものであることを訳者としては願っている。以下では（紙幅の関係上かなり駆け足になるが）、各論文について概説していくことにしよう。

Part I　ジェンダーとは何か？

　フェミニズムの歴史において、ジェンダーとセックスを区別することは、男女の区別が単に「自然」な生物学的区別ではなく、社会的に構築される側面をもつことを認識できるようにした点で大きな意義をもっている。しかしその一方で、ジェンダーとは何かは難しい問題である[5]。ジェンキンズ論文の冒頭で述べられているように、フェミニズムは女性への抑圧を終わらせることを目指しており、そのためにはジェンダーとしての「女性」の集団を特定することは重要な課題になりうる。他方で、「女性」を定義づけようとする試みは、多様な女性の共通点を取り出すことが難しいだけでなく、定義することで一部の人々を周縁化し排除することにつながりかねないという問題がある[6]。本書では、こうした問題を踏まえつつジェンダーとは何かという問いに答える試みとして、現代の議論の参照点となるハスランガーの論文と、その代表的な批判であるジェンキンズの論文を訳出した。

5　ジェンダーとセックスをめぐる議論のサーヴェイとしては Mikkola 2022 を参照。
6　「女性」を定義することの意義と困難については、西條 2022 で詳しく論じられている。

1　サリー・ハスランガー「ジェンダーと人種」（2000）

　ハスランガーは、米国マサチューセッツ工科大学教授であり、形而上学、認識論、言語哲学を主な専門とする。ここで訳出した論文は、ハスランガーの最も影響力のある業績の一つであり、2000年の「年間最優秀哲学論文（Philosopher's Annual）」にも選出されている[7]。この論文はジェンダーと人種の両方に分析を与えるものだが（ともに社会構築されたカテゴリーとして類比的に分析される）、ここでは特にジェンダーに焦点を当てて解説することにしたい。

　上述のように、ハスランガーの論文の目的は、ジェンダー（や人種）とは何か、すなわち、女性や男性（あるいは人種）をどのような人々の集まりとして特徴づけるべきか、という問題に答えることである。そのためにハスランガーは、まずこの問いに答えるための方法論を明確化することから議論を始める。

　ハスランガーによれば、「Xとは何か」（「女性（男性）とは何か」）という問いに答えるための探究方法には三つのものが考えられる。すなわち、女性（男性）についての私たちの日常的理解を明らかにする概念的探究、女性（男性）の共通性を経験的手法を用いて明らかにする記述的探究、そして、私たちが「女性（男性）」という概念を使用するときの目的を考慮し、その目的に最も役立つ概念を特定する分析的探究である（分析的探究は、後に「改良的（ameliorative）」探究と呼ばれ、現在ではこちらの呼び方が一般的である）。これらのうち、ハスランガーは分析的探究を採用する。そのうえで、フェミニズム理論の最も重要な目的は、男女間に存在する不平等を理解しそれを是正することであり、その目的に最も資する概念こそが、私たちが求めるべき「女性（男性）」の概念だとハスランガーは論じる。

　こうした方法論に基づいてハスランガーが提示するジェンダー概念の分析は、おおざっぱには、(1)女性が男性に対して従属的な地位に置かれること、(2)女性や男性の分類が、人々がもつ（あるいはもつと推測される）セックスの違いに基づいてなされることの2点に注目するものである（詳細については論文を参照してほしい）。もちろん、時代や文化に応じて、女性が置かれる従属的地位や、女性と男性を区別するための身体的な目印は異なる。しかし、身体的な目印に基づいて女性と男性が分類され、女性が男性に対して従属的な位置に置かれるという共通のパターンは時代や文化を超えて存在するのであり、その共通のパターンを

7　ハスランガーの邦訳としてほかに、ハスランガー2021がある。

捉えるジェンダーの概念こそが、フェミニズム理論の目的にとって最も役立つものだとハスランガーは考えるのである。

　さらに、ハスランガーによれば、こうしたジェンダーの分析は、フェミニズム理論が「女性」や「男性」の概念を定義しようとするときに直面する二つの主要な問題を免れている。その二つの問題とは共通性の問題（女性や男性に共通の特徴があるのかという問題）と規範性の問題（一部の女性を特権化し、そこから排除される女性を周縁化するのではないかという問題）である。共通性の問題については、先述のように、女性が男性に対して従属的な地位に置かれるというパターンは一般的に見られ、ハスランガーの分析は、この共通性を捉えるものになっている。また、規範性の問題については、ハスランガーは自身の分析が、例えばエリザベス女王のように従属的な地位にない人々を女性から除外することを認める。しかし、こうした人々を女性から除外することは、男女間の不平等の是正を目指すフェミニズムの目的からは、必ずしも大きな問題とならないとハスランガーは考えている。

　以上のようなハスランガーの議論は、ジェンダー（や人種）とは何かという問題について方法論を含めて検討するものであり、現在もこの問題に関する最重要文献である。また、この論文で採用された「分析的探究（改良的探究）」という方法論は、フェミニスト哲学だけでなく現代の哲学方法論の研究にも大きな影響を与えている[8]。

2　キャスリン・ジェンキンズ「改良して包摂する」（2016）

　ジェンキンズは英国グラスゴー大学講師であり、専門は社会存在論である。ここで訳出した論文は、第1章のハスランガーの論文に対する代表的な批判論文の一つである。ハスランガーの論文を検討する試みは多数あるが、そのなかでもジェンキンズの論文は、ハスランガーの枠組みを大部分共有しつつ、より内在的な問題を指摘する点で重要である。

　先に述べたように、ハスランガーの論文は、分析的探究に基づいてジェンダーを定義しようとするものである。すなわち、男女間の不平等によって抑圧を受ける人々を捉えるという目的のもとで、その目的に最も適う「女性（男性）」概念を新たに定義することが目指されている。ジェンキンズは、こうしたハスランガ

8　例えば、Burgess, Cappelen & Plunkett 2020 を参照。

ーの方法論については基本的に賛同する。

　しかし、ジェンキンズによれば、分析的探究に基づいてハスランガーが実際に定義した「女性」の概念は、この目的に適うものになっていない。なぜなら、ハスランガーの定義に従うならば、一部のトランスジェンダーの女性は、（推測される）セックスに基づいて従属的地位に置かれるという条件を満たさないために、定義によって女性から排除されるからである。したがって、ハスランガーの定義は、トランス女性を女性に包摂することに成功していない。この問題は、トランス女性が経験している抑圧を、フェミニズムにとって周縁的なものとみなすことにつながりかねないために深刻なものである。

　この問題を回避するために、ジェンキンズはハスランガーの理論の修正を提案する。ハスランガーによれば、フェミニズム理論が捉えるべき「ジェンダー」概念は、男女間の社会的地位の違いを捉える「階級としてのジェンダー」の概念である。これに対してジェンキンズは、フェミニズム理論はこの概念に加えて、「アイデンティティとしてのジェンダー」の概念もともに重視すべきであると論じる（さらにジェンキンズは、ハスランガーの人種的アイデンティティの分析を参照しつつ、ジェンダー・アイデンティティについての興味深い分析も与えている[9]）。そのことでフェミニズム理論は、トランス女性を包摂しつつ、階級やアイデンティティに由来する抑圧を理解することが可能になるのである。

　こうしたジェンキンズの立場は、複数の「ジェンダー」の概念を認める点で、多元主義的なものである[10]。もちろん、こうした多元主義的立場にはそれ自体として固有の課題が存在する。例えば、両者の概念の関係をどのように捉えるべきか、私たちは言葉としての「女性」「男性」を、どちらの概念を表すものとして用いるべきなのかといった課題である。ジェンキンズは論文のなかでこうした課題についても丁寧に検討している。

　また、この論文については、学術ブログ peasoup 上で検討会が開かれ[11]、本書に論文が収録されているベッチャーやハスランガーを含む様々なフェミニスト哲学

9　Jenkins 2018 では、ジェンダー・アイデンティティについてのさらに詳細な定義が試みられている。

10　実際、ジェンキンズは後の論文（Jenkins 2022）で、自身の立場をジェンダーに関する多元主義として明確に特徴づけている。

11　http://peasoup.typepad.com/peasoup/2016/01/ethics-discussions-at-pea-soup-katharine-jenkins-amelioration-and-inclusion-gender-identity-and-the-.html［2022 年 10 月 6 日最終閲覧］

者のコメントに対して、ジェンキンズ自身が応答している。この論文のさらなる理解のために有益であるため、興味のある方はぜひご覧いただきたい。

Part II　性的モノ化

　「性的モノ化」はおおざっぱに「人を性的なモノとして扱う／みなすこと」を表し、フェミニズムの理論や運動のなかで、レイプやセクシュアル・ハラスメント、ポルノグラフィ、女性の性的部位を強調する写真やイラストを用いた広告など広範な現象を批判する文脈で用いられてきた概念である。Part II では、異なる抑圧や害の問題を扱いつつも、この性的モノ化というキーワードにゆるやかに関連する 3 本の論文を訳出した。まず、ユッテンの論文は、まさに上述の現象を批判する「性的モノ化」という概念が正確に何を意味し、それがなぜ不正であるのかという問いに答えようとするものである。ベッチャーの論文は、主題としては、トランスジェンダーの人々を抑圧するステレオタイプを問題にするものだが、ベッチャーはこのステレオタイプが、結局のところ女性を性的モノ化することを助長する文化的な枠組みに根ざしていることを指摘している。また、ゼンの論文は「イエロー・フィーバー」と呼ばれる、（主に白人男性の）アジア人女性に対する性的嗜好が、アジア人女性を性的対象とみなすステレオタイプを強化することにつながると論じている。これらの論文は性的モノ化について異なる側面を論じるものだが、どの論文も、性的モノ化の問題を単に個人的ないし個人間の問題とみなさず、より大きな社会的・文化的な文脈において理解しようとしている点は共通していると言えるかもしれない。

3　タリア・メイ・ベッチャー「邪悪な詐欺師、それでいてものまね遊び」（2007）

　ベッチャーは、現在、米国のカリフォルニア州立大学ロサンゼルス校教授を務めており、主な専門は、トランスジェンダーの哲学やフェミニスト哲学などである。この論文は、トランスジェンダーの哲学の古典的論文であり、公刊後に学際的なトランスジェンダー研究の論文集 *The Transgender Studies Reader 2* に再録されている[12]。

　この論文においてまずベッチャーは、トランスジェンダーの人々（以下「トラ

12　この論文について論じる日本語文献として山田 2021 がある。

ンスの人々」）は「自分の性別を偽る詐欺師である」とするステレオタイプが存在することを指摘する。ベッチャーがここで目指すのは、このステレオタイプが、トランスの人々に対する抑圧を生み出すとともに、より広い性差別的・人種差別的な文化と深く結びついていることを示すことである。

ベッチャーによれば、トランスの人々を「詐欺師」とするステレオタイプの根底にあるのは、外性器の形状こそが当人の本当のセックスを示す「実情」であり、服装のようなジェンダー表現は単なる「見かけ」であるという見方である。こうした見方はひどく素朴であるとしても、人々のうちに前理論的な常識（自然な態度）として根づいている。

ベッチャーは、こうした見方が、トランスの人々を苦しめるダブルバインドを生みだすことを指摘する。一方で、トランスの人々がトランスであることを周囲に明らかにせずに生きることを選ぶならば、本当のセックスを偽る「詐欺師」とみなされてしまう。この場合にはトランスの人々は、詐欺師や嘘つきとして摘発され、非難や暴力の標的になりやすい状況に置かれる。他方で、トランスであることを周囲に明確にして生きることを選んだとしても、女性（男性）ではないのに女性（男性）のふりをする「ものまね遊び」をする者とみなされてしまう。この場合にはトランスの人々は、自身のアイデンティティをまじめに尊重されずに見下され、やはり暴力の標的になりやすい立場に置かれる。

ベッチャーによれば、このダブルバインドが生み出されるのは、「見かけ」と「実情」を区別したうえで、「服装のような「見かけ」は、外性器の形状である「実情」を表象すべき」という見方が一般的になっているからである。ベッチャーは、この「見かけ」と「実情」とを一致させる表象の体系は、例えば男性が性的に利用可能な女性（ヴァギナをもつ人）を見つけやすくするように働く点で、女性に対する性的モノ化や性暴力を助長する文化の一部になっている（また、人種差別的な抑圧とも密接に関係する）と論じている。

もちろん、「実情」と「見かけ」を一致させる表象の体系は、私たちの文化に深く埋め込まれており、容易には変えがたい。しかし、この点を認めつつもベッチャーは、トランスのコミュニティにおいて、外性器の状態を表現しないジェンダー表現の可能性が示されていることに注目している。こうしたコミュニティの実践は、異なる表象体系のあり方が可能であることを教えてくれるのである。

4　ティモ・ユッテン「性的モノ化」（2016）

　ユッテンは、英国のエセックス大学教授であり、社会哲学および政治哲学を専門とする。ここで訳出した論文は、「性的モノ化」という重要概念を分析する従来の立場を整理しつつ、性的モノ化の内実とその不正さについて明確な説明を与えることを目指したものである。

　性的モノ化について現在最も影響力のある説明は、マーサ・ヌスバウムの「道具扱い説」である[13]。ヌスバウムの説はモノ化の様々な側面に光を当てているが、単純化すれば、性的モノ化とは相手を性的快楽のための「道具として扱うこと」であり、この意味での性的モノ化は、互いの間に適切な関係（親密であったり、対等であったりすること）が成り立っていないかぎりは不正だとする説である。しかし、ユッテンによれば、ヌスバウムの説は個人間の狭い関係にのみ注目するものであるため、より広い社会的文脈で生じる、性的モノ化に固有の不正を捉えることができていない。

　こうした問題を踏まえ、ユッテンはこの論文で、キャサリン・マッキノンらに由来する「意味の押しつけ説」を洗練させ、擁護することを試みる。この説によれば、性的モノ化とは、相手に対して特定の社会的意味（女性が男性の性的欲求を満たすための存在であるという意味）を押しつけるものである。

　ユッテンは、こうした社会的な意味の押しつけが不正であることを、デイヴィッド・ヴェレマンらによる「自己提示」に関する議論に基づいて説明している。ヴェレマンらが主張するように、私たちにとって、自分が周囲にどのように見られたいかを自分で決める（自分のパブリック・イメージを自己提示する）ことは重要である。しかし、性的モノ化は、女性の性的な側面だけを際立たせることで、自分がどう見られるかを女性自身がコントロールすることを困難にし、そのことで女性の自律性を脅かす。また、性的モノ化は女性を性的・社会的な従属物として表象することを含んでおり、そのことは女性の平等な社会的身分を損ねるのである。

　以上で骨格を示した「意味の押しつけ説」を、ユッテンはこの論文のなかでさらに洗練させるとともに、社会的意味づけがどのように生み出され再生産されるのか、そして女性が性的対象としての身分を積極的に引き受けることをどう理解

13　ヌスバウムの説の検討を含め、「モノ化」概念について考察した日本語文献として、江口2006、2019がある。

すべきかという論点についても論じている。

5 ロビン・ゼン「イエロー・フィーバーはなぜ称賛ではないのか」（2016）

　ゼンは英国のグラスゴー大学講師であり、倫理学、道徳心理学、フェミニスト哲学、社会哲学、政治哲学を横断する分野で研究している。この論文でゼンは、特にアジア人女性を対象とする性的嗜好である「イエロー・フィーバー」の道徳的問題を論じている。哲学で扱われることは少なかったものの[14]、こうした特定の人種に対する性的嗜好（人種フェチ）もまた、しばしば性的モノ化の例として問題になるものである。

　ゼンが批判するのは、「単なる好み論証」と呼ばれる、イエロー・フィーバー（を含む人種フェチ）には道徳的に問題がないことを示すために用いられる論証である。この論証は、（1）髪の色などに対する性的嗜好には道徳的問題はなく、（2）人種フェチはこうした性的嗜好と変わりがない、という二つの前提から、人種フェチには道徳的問題はないという結論を導くものである。

　この論文においてゼンは、この論証の第二の前提を否定することを試みる。ただし、ゼンは、第二の前提を批判する際によく用いられる議論をここでは採用しない。その議論によれば、アジア人フェチの人々は「アジア人女性は従順である」といった問題のある人種的ステレオタイプをもつがゆえにアジア人を好むのだから、他の性的嗜好とは異なり道徳的に問題があるとされる。ゼンは、こうした議論をある程度評価しつつも、仮にアジア人フェチの人々がこうした問題のあるステレオタイプをもたない場合であっても、そこには依然として道徳的問題があることを見逃すことになる点で不十分だと考える。

　この点を踏まえてゼンは、イエロー・フィーバーの不正を、人々がこうした性的嗜好をもつことの「社会的影響」の観点から明らかにしようとする。ここでのゼンの論点は多岐にわたるが、単純化するならば次のようにまとめられるだろう。イエロー・フィーバーやそれに結びついた人種的ステレオタイプ（アジア人女性は「従順である」、「エキゾチックである」等々）はすでに社会に浸透しており、そのせいで実際に多くのアジア人女性は誤った仕方で表象され、様々な心理的負

14　ゼンの論文中でも取り上げられているように、Halwani 2017 は人権を対象とする性的嗜好の倫理的問題を直接的に検討した数少ない哲学論文の一つであり、そのなかの長い注でゼンの議論に対する批判が提示されている。

荷を被っている。こうした状況において人種を理由にアジア人女性を好むことは、当人の動機がどうであれ、すでに存在する人種的ステレオタイプを強化することにつながらざるをえない。ゼンによれば、人種的ステレオタイプの強化につながる以上、イエロー・フィーバーは単なる好みの問題とは言えないのである。

Part III　社会的権力と知識

　最後の3本の論文は、フェミニスト認識論に分類される論文である。フェミニスト認識論は、おおまかには、知識の生産や獲得、伝達といった認識的実践や、知識に関わる様々な概念の理解に、社会的立場（ジェンダーや人種、階級など）がどのように影響するのかを研究する分野である。広範な話題が論じられる分野であるが、ここでは近年ミランダ・フリッカーが論じ、急速に注目を集めている「認識的不正義」に関係する2本の論文と、1970年代からフェミニスト認識論（およびフェミニスト科学哲学）において盛んに論じられてきた「スタンドポイント理論」に関する代表的な論文1本を訳出した[15]。

6　エリザベス・アンダーソン「社会制度がもつ徳としての認識的正義」（2012）

　アンダーソンは、米国ミシガン大学教授であり、政治哲学、倫理学、社会認識論を主たる専門としている。ここに訳出したアンダーソンの論文は、ミランダ・フリッカーの『認識的不正義（*Epistemic Injustice*）』（2007）[16] に対する代表的な批判論文である[17]。アンダーソンの議論は比較的平明であるため、以下ではその背景となるフリッカーの認識的不正義に関する議論を中心に解説することにしたい。

　女性をはじめとする社会的マイノリティは生活の様々な場面で不利益を被るが、認識的実践（知識を獲得したり、伝達したり、探究したりする実践）の場面も例外ではない。こうした認識的実践の場面における固有の不正義に注目したのが、フリッカーの代表著作『認識的不正義』である[18]。

　フリッカーは、認識的不正義として2種類の不正義を取り上げている。一つは、「証言的不正義」である。証言的不正義は、社会的属性に対する偏見が原因で、

15　フェミニスト認識論、および認識的不正義の展開については飯塚 2022 を参照。

16　*Epistemic Injustice* については、邦訳が近日刊行される予定とのことである。

17　アンダーソンの論文の邦訳としてほかに、アンダーソン 2018 がある。

証言の信用性が不当に割り引かれる場合に生じる（なお、この文脈での「証言」という言葉は、法廷での証言にかぎらず、他人に情報を伝達すること一般を指す）。例えば、女性や黒人の証言が、聞き手側の偏見のせいで信用性を割り引かれてしまうケースが、こうした証言的不正義の例である。もう一つの認識的不正義は、「解釈的不正義」である[19]。解釈的不正義は、物事を意味づける解釈実践から、特定の社会的属性をもつ人々が偏見によって排除されているために、自分の経験を理解したり語ったりすることができなくなる場合に生じる。例えば、「セクシュアル・ハラスメント」という概念が普及する以前には、女性たちはセクハラにあたる行為に遭遇していてもそれをうまく言葉にすることができなかった。このように自分の経験を解釈するリソースがないという状況は、誰にでも生じうることではあるが、こうした解釈的リソースの不足が、特定の社会集団（例えば女性）が解釈実践から排除されているせいで起きている場合には、解釈的不正義の例となるのである。

　以上がフリッカーによる二つの認識的不正義の概略であるが、アンダーソンの論文は、このフリッカーによる認識的不正義のモデルが「偏見」を基礎にしている点を批判するものである（ただし、アンダーソンの論文は、フリッカーの立場を否定するものではなく、その補完を意図したものであることには注意が必要である）。フリッカーによれば、証言的不正義や解釈的不正義は、究極的には個人の偏見によって生じるものであり、これらの不正義の解決も、自分の偏見を修正したり、偏見の影響を中和したりする「徳」を個人が涵養することに求められる。

　こうしたフリッカーの立場に対し、アンダーソンは次の2点を指摘する。第一に、認識的不正義は、無意識的な認知バイアスなどによって生じることがあり、その場合には個人が意識的に対処することは難しい。第二に、構造的な認識的不正義は、必ずしも個人の偏見に由来しない要因によって生じる場合があり、こうした場合も、個人が偏見を修正するだけでは対処が困難である。以上のことから、アンダーソンは、とりわけ構造的な認識的不正義については、制度的な解決が重要であると論じる[20]。

18　もっとも、こうした認識的側面での不正義は、近年フリッカーの著作によってフェミニスト哲学および認識論の中心的話題となったとはいえ、フリッカー以前から多くの黒人のフェミニストたちによって論じられてきたことである。ヴェロニカ・アイヴィーはこのこと自体が、アカデミックな世界での一種の認識的不正義だと指摘している（Ivy 2016, 438-9）。

19　解釈的不正義について論じた日本語の文献として、佐藤 2019 がある。

7　クリスティ・ドットソン「認識的暴力を突き止め、声を封殺する実践を突き止める」(2011)

　ドットソンは、米国のミシガン大学教授であり、認識論、メタ哲学、フェミニスト哲学を専門とする。また、ブラックフェミニスト哲学の第一人者としても知られる。フリッカーの『認識的不正義』出版以降、そこで挙げられた2種類以外にも様々な認識的不正義（あるいは認識的抑圧）があることが指摘され、理論化が試みられているが、ここで訳出した論文はそうした流れに位置づけられる代表的な文献である。

　この論文においてドットソンは、社会的マイノリティが「声を封殺される」、すなわち、自身の意見を伝えることができなくなる現象に注目する。ドットソンによれば、女性をはじめとするマイノリティが声を封殺されるという現象はこれまでよく指摘されてきたものの、その様々な形態に具体的な説明を与える試みはあまり進んでいなかった。この論文の目的は、こうした声の封殺が生じる際に働いている、聞き手による「認識的暴力」というものを明確化し、それに基づいて、声の封殺に2種類の形態があることを説明することである。

　そのためにドットソンは、証言における認識的暴力を一般的な形で分析することから話を始める。ドットソンはまず、ジェニファー・ホーンズビーの議論に依拠して、言語的コミュニケーションが、話し手と聞き手が相互に義務を果たす（「双務性」の要求に応える）ことで成立するものであることを指摘する。すなわち、話し手が何かを語るためには、話し手が単に言葉を発するだけでなく、聞き手が相手の話をきちんと聞く（ないしそのために必要なことをする）という義務を果たすことが不可欠なのである。聞き手がこうしたコミュニケーションに要請される義務を果たさない場合、話し手は聞き手に何かを語ることができなくなってしまう。

　ドットソンは、こうしたコミュニケーションの特徴を確認したうえで、「認識的暴力」を、聞き手が「悪性の無知」のせいで、いま述べたようなコミュニケーション上の義務を果たさないこととして定義する。この定義によれば、例えば、異なる集団に対する根深くまた有害な偏見や無理解によって、聞き手が相手の話を聞こうとしないために、話し手が証言に失敗してしまう場合、聞き手は認識的

20　フリッカー自身も後に、認識的不正義を緩和するための（個人の徳ではなく）制度的徳のあり方について考察している（Fricker 2010, 2021）

暴力を働いていることになるのである。

　ドットソンは、こうした認識的暴力によって引き起こされる2種類の「声の封殺」を区別する。その一つは、「証言の無音化」である。これは、聞き手が話し手を十分な知識をもつ主体であるとみなさないために、話し手の証言を聞こうとしなかったり、その信用性を割り引いたりすることである。ドットソンによれば、こうした無音化は、聞き手側が無知によってコミュニケーション上の義務を果たさないという認識的暴力によって生じるものである。そしてもう一つは、「証言の飲み込み」である。これは、聞き手（になるはずの人）に自分の話を聞く能力がないように見える（「証言受信力」がない）ことによって、話し手（になるはずの人が）自身の証言を控えることである。ドットソンは、こうした証言の飲み込みもまた、聞き手の側の認識的暴力によって生じるものとして分析している。つまり、話し手が自分で証言を飲み込む場合であっても、そのことが聞き手側の無知による能力の欠如によって生じているならば、それは「認識的暴力」によって生じていることなのである。

8　アリソン・ワイリー「なぜスタンドポイントが重要なのか」（2003）

　ワイリーは、カナダのブリティッシュ・コロンビア大学教授であり、社会科学・歴史科学の哲学、フェミニスト科学哲学、考古学史、考古学の哲学など幅広い分野を専門とする。この論文は、フェミニスト認識論ないし科学哲学の分野において激しい論争を呼んできた「スタンドポイント理論」を明確化し、擁護しようとするものである。

　スタンドポイント理論は、マルクス主義フェミニズムや社会科学分野における批判理論を背景に、1970年代頃に生まれた理論である[21]。スタンドポイント理論の中核となるのは、社会的に不利な立場に置かれた人々が、その立場にいるせいでむしろ認識的に有利である（より客観的な知識を生み出す）ことがありうるという「反転テーゼ」である。ワイリーによれば、このテーゼを主張するスタンドポイント理論は、文化や人種、ジェンダーの多様性を重視することがなぜ科学的探究に資するのかを理解可能にしてくれる点でも重要なものである。

21　フェミニスト科学理論におけるスタンドポイント理論の位置づけや、スタンドポイント理論の発展を論じた日本語文献として二瓶 2020、2021 がある。また吉田 2021 では、社会科学の哲学の文脈において、ワイリーやその他のスタンドポイント理論が価値と客観性と問題に対して果たす役割が解説されている。

他方で、スタンドポイント理論は、多くの批判に晒されてきた立場であることも間違いない。ワイリーの分析によれば、それらの批判の源泉となってきたのは、スタンドポイント理論が反転テーゼを擁護するために、問題含みの二つのテーゼに依拠することになるのではないかという疑念である。その一つが、「社会的に不利な立場に置かれた人々」である女性や人種という集団が特別な本質をもつという主張（本質主義テーゼ）である。そしてもう一つが、社会的に不利な立場に置かれた人々は、単にその社会的・政治的位置づけにあるだけで「自動的に他の人より多くを知る立場に立つ」という主張（自動的な認識的特権テーゼ）である。

　このような疑念に対して、これら二つのテーゼを持ち出すことなく、反転テーゼを擁護することは可能であることを、ワイリーは示そうとする。そのためにワイリーは、まず「スタンドポイント」という概念（と「社会的位置づけ」という概念の区別）を整理しなおし、また「客観性」の三つの意味を区分する。それを通じて、あるスタンドポイントに立つ人々は、様々な関心に対して中立的でないという意味では客観的でないけれども、しかし、それらの人々を取り巻く特定の社会的条件を踏まえれば、別の意味では優れて「客観的な」知識に到達しうることは十分にありうるのだ、とワイリーは主張する。ワイリーによれば、このような認識的利点は特定の社会的条件に基づく経験的で偶然的なものであり、ある人々にそれを帰属させるために、本質主義や自動的特権テーゼに依拠する必要はないのである。

　以上を踏まえてワイリーは、「内部の部外者（インサイダー・アウトサイダー）」と呼ばれる、社会的に不利なスタンドポイントに立つ人々が、具体的にどのような認識的利点を持ちうるのかを解明することで、反転テーゼの正しさを示そうとする。その際彼女が手掛かりにするのは、バーバラ・ニーリイの殺人ミステリー『怯える屋敷』である。主人公である黒人家政婦のブランチの語りや行動の分析を通して、内部の部外者たちが、いかにある事柄に関して多くの情報にアクセスし、またすばやく正確な推論を行なうなどの認識的利点を持ちうるかを（同時にまたその認識的利点が決して万能なものではないことと併せて）ワイリーは生き生きと描き出している。

本書の成立の経緯と謝辞

　本書の企画は、2019 年の春に、訳者の 1 人である木下が、慶應義塾大学出版会

の村上文さんとお話したことから始まった。当時ケイト・マンの『ひれふせ、女たち』の編集を担当されており、分析フェミニズムの普及を望んでいた村上さんと、ハスランガーの著作を翻訳したいと考えていた木下が話し合った結果、ハスランガーの論文を含む日本独自の論文集を作るという本書のアイディアが生まれたのである。

　翻訳論文の選定にあたっては、分析フェミニズムの入門書や英語圏の授業シラバスを参考にしつつ、引用数を調べることで訳者のなかで候補を絞った。さらに本書に論文が所収されている著者のキャスリン・ジェンキンズさんにも助言をいただき、最終的に決定している。ジェンキンズさんには、非常に細かく相談に乗っていただいたため、本書の構成はジェンキンズさんに負うところが大きい。

　また、本書の企画は、木下に加えて、以前よりブログ等を通じて分析フェミニズムを日本に紹介していた渡辺一暁さんと、認識論と倫理学の専門家であり、フリッカーの『認識的不正義』の翻訳にも携わっている飯塚理恵さんととも始まった。しかし、翻訳作業を進めるなかで、とりわけ3人の専門分野から外れるワイリーの論文（第8章）の翻訳に難航したため、途中から科学哲学の分野に詳しい小草泰さんに加わって頂いた。小草さんには、ワイリーの論文を仕上げるとともに力のこもった訳注を作成し、さらにドットソンの論文の翻訳についても主要な訳者としての役割を果たしていただいた。翻訳作業については、各自の訳文を全員で検討したが、最終的な解釈や訳語の選択は各自の責任で行なっている。また、索引は渡辺さんが中心となって作成した。

　本書の完成にあたっては、多くの方のお世話になった。まず、本書所収の論文の著者である、サリー・ハスランガー、タリア・メイ・ベッチャー、ティモ・ユッテン、ロビン・ゼン、クリスティ・ドットソン、アリソン・ワイリーの各氏には、論文の理解に関する訳者の問い合わせに対して丁寧にお答えいただいた。訳文に関しては、高田敦史さんには第1章と第5章を、森功次さんには第2章と第5章を、冨岡薫さん、中根杏樹さんに第6、7章を詳細にチェックしていただき、誤訳や読みやすさについて多くの的確な指摘をいただいた。また、和泉悠さん、伊從文さん、鈴木生郎さん、筒井晴香さん、堀田義太郎さんには第1章に関して、八重樫徹さん、吉川孝さん、萬屋博喜さんには第4章に関して、訳語の選定や原文の解釈を中心に相談し、専門的な観点から有益な助言をいただいた。さらに、第7論文を中心に登場する「声の封殺（silencing）」の訳語については、ハーマン・カペレン＆ジョシュ・ディーバー『バッド・ランゲージ』（葛谷潤、杉本英

太、仲宗根勝仁、中根杏樹、藤川直也訳、勁草書房、2022 年）の訳者の方々と検討させていただいた。こうした方々の協力によって訳文の質は大きく改善された。深く感謝を申し上げる。もちろん、いただいた意見のうちには十分に反映できなかった部分もあり、その点も含めた翻訳の不備の責任はすべて訳者に帰属する。

　解説については、各訳者に意見を伺いつつ木下が執筆し、冨岡さん、中根さんにも一部について内容の正確さや読みやすさをチェックしていただいた。また、鈴木さんには、解説全体にわたって、文章上のアドバイスをいただいている。

　最後に、編集を担当いただいた村上さんには、本書の論文選定から訳文のチェック、そして校正作業に至るまであらゆる過程で大変お世話になった。何度も締切を破りながらも無事出版に至ることができたのは村上さんのおかげである。格別の感謝を捧げたい。

参考文献

アンダーソン、エリザベス（2018）「平等の要点とは何か」、森悠一郎訳、広瀬巌編・監訳『平等主義基本論文集』勁草書房、65–129.

飯田隆（2020）『分析哲学　これからとこれまで』勁草書房.

飯塚理恵（2022）「認識的不正義」、『哲学の探求』49: 2–11.

和泉悠（2018）「総称文とセクシャルハラスメント」、『哲学』69: 32–43.

和泉悠ほか（2020）「分析フェミニズムブックガイド」、『フィルカル』5(3): 18–53、ミュー.

江口聡（2006）「性的モノ化と性の倫理学」、『現代社会研究』9: 135–50.

江口聡（2019）「性的モノ化再訪」、『現代社会研究』21: 101–4.

江口聡編・監訳（2011）『妊娠中絶の生命倫理——哲学者たちは何を議論したか』勁草書房.

木下頌子（2020a）「現実に立ち向かうための分析フェミニズム」、『現代思想 2020 年 3 月臨時増刊号総特集＝フェミニズムの現在』、48(4): 272–83、青土社.

木下頌子（2020b）「分析哲学を変えるフェミニズム」、『フィルカル』5 (3): 6–17、ミュー.

佐藤邦政（2019）「解釈的不正義と行為者性——ミランダ・フリッカーによる解釈的不正義の検討を中心に」、『倫理学年報』68: 247–261.

西條玲奈（2019）「人工物がジェンダーをもつとはどのようなことなのか」、『立命館大学人文科学研究所紀要』120: 199–216.

西條玲奈（2020）「シス特権とトランス嫌悪言説の分析——ジェンダー帰属の通時的固定性とジェンダー規範批判」、『メタフュシカ』51: 1–12.

西條玲奈（2022）「どのように「女性」は定義されるべきなのか——分析フェミニズムにおける女性の定義問題とインターセクショナリティ」、『現代思想 2022 年 5 月号特集＝インターセクショナリティ』50(5)、115–23、青土社.

二瓶真理子（2020）「フェミニスト経験主義における事実・価値ホーリズムの批判的検討」、『東北哲学会年報』36: 15–28.

二瓶真理子（2021）「（研究ノート）科学における価値と客観性に対するフェミニスト科学哲学の
　アプローチ——フェミニスト経験主義とフェミニストスタンドポイントの展開」、『松山大学
　論集』33 (1): 91–112.

ハスランガー、サリー（2021）「抑圧——人種的抑圧およびその他の集団抑圧について」木下頌
　子・堀田義太郎訳、『思想 2021 年 9 月号：レイシズム特集』1169: 8–41、岩波書店.

マン、ケイト（2019）『ひれふせ、女たち——ミソジニーの論理』小川芳範訳、慶應義塾大学出
　版会.

山田秀頌（2021）「可視化か不可視化か——トランスジェンダーのパスの経験におけるジレンマ」、
　『現代思想 2021 年 11 月号特集＝ルッキズムを考える』、49 (13): 67–76、青土社.

吉田敬（2021）『社会科学の哲学入門』勁草書房.

Burgess, Alexis, Herman Cappelen & David Plunkett. (2020) *Conceptual Engineering and Conceptual Ethics*,
　Oxford University Press.

Fricker Miranda. (2007) *Epistemic Injustice: The Power and Ethics of Knowing*. Oxford University Press.〔ミラ
　ンダ・フリッカー『認識的不正義——権力は知ることの倫理にどのように関わるのか』佐藤
　邦政監訳、飯塚理恵訳、勁草書房、近刊〕

Fricker, Miranda. (2010) "Can There Be Institutional Virtues?" *Oxford Studies in Epistemology (Special Theme:
　Social Epistemology)* Vol. 3, T. S. Gendler & J. Hawthorne(eds.), 235–52.

Fricker Miranda. (2021) "Institutional Vices: The Case of Inferential Inertia," in Ian J. Kidd, Heather Battaly,
　Quassim Cassam (eds.), *Epistemic Vice*, Routledge.

Halwani, Raja.（2017）"Racial Sexual Desires," in Raja Halwani, Alan Soble, and Sarah Hoffman, Jacob M.
　Hale (eds.), *The Philosophy of Sex: Contemporary Readings*, Seventh Edition, Rowman and Littlefield.

Ivy, Veronica（出版時は Rachel McKinnon）.（2016）"Epistemic Injustice," *Philosophy Compass*, 11(8): 437–
　46.

Jenkins, Katharine. (2018) "Toward an Account of Gender Identity," *Ergo* 5 (27): 713–44.

Jenkins, Katharine. (2022) "How to be a Pluralist about Gender Categories," in Raja Halwani, Jacob M. Held,
　Natasha McKeever and Alan Soble (eds.), *The Philosophy of Sex: Contemporary Readings*. 8th Edition,
　Rowman and Littlefield, 233–59.

Mason, Elinor. (2021) *Feminist Philosophy: An Introduction*, Routledge.

Mikkola, Mari. (2022) "Feminist Perspectives on Sex and Gender," *The Stanford Encyclopedia of Philosophy
　(Summer 2022 Edition)*, Edward N. Zalta (ed.)（https://plato.stanford.edu/archives/sum2022/entries/
　feminism-gender/［2022 年 8 月 1 日最終閲覧]）

Miki, Nayuta.（2022）"Transgender Experience and Aristotelian Essence," *Philosophia Osaka* 17: 19–28.（著
　者である三木那由他の Researchmap にて、邦訳「トランスジェンダーの経験とアリストテレ
　ス的本質としてのジェンダー」が公開されている。https://researchmap.jp/nayutamiki/published_
　papers/36196464［2022 年 10 月 6 日最終閲覧]）

出典一覧

Part I

1　Haslanger, Sally. "Gender and Race:(What) Are They? (What) Do We Want Them to Be?" *Noûs* 34(1), 2000: 31–55.

Used with permission of John Wiley and Sons, from Sally Haslanger, "Gender and Race: (What) Are They? (What) Do We Want Them To Be?" 2002; permission conveyed through Copyright Clearance Center, Inc.

2　Jenkins, Katharine. "Amelioration and Inclusion: Gender Identity and the Concept of Woman." *Ethics* 126 (2), 2016: 394–421.

Used with permission of University of Chicago Press, from Katharine Jenkins, "Amelioration and Inclusion: Gender Identity and the Concept of Woman," 2016; permission conveyed through Copyright Clearance Center, Inc.

Part II

3　Bettcher, Talia Mae. "Evil Deceivers and Make-Believers: On Transphobic Violence and the Politics of Illusion." *Hypatia* 22 (3), 2007: 43–65.

Used with permission of Cambridge University Press, from Talia Mae Bettcher, "Evil Deceivers and Make-Believers: On Transphobic Violence and the Politics of Illusion," 2007; permission conveyed through Copyright Clearance Center, Inc.

4　Timo Jütten. "Sexual Objectification." *Ethics* 127 (1), 2016: 27–49.

Used with permission of University of Chicago Press, from Timo Jütten, "Sexual Objectification," 2016; permission conveyed through Copyright Clearance Center, Inc.

5　Zheng, Robin. "Why Yellow Fever Isn't Flattering: A Case Against Racial Fetishes." *Journal of the American Philosophical Association* 2 (3), 2016: 400–19.

Used with permission of Cambridge University Press, from Robin Zheng, "Why Yellow Fever Isn't Flattering: A Case Against Racial Fetishes," 2016; permission conveyed through Copyright Clearance Center, Inc.

Part III

6　Anderson, Elizabeth. "Epistemic Justice as a Virtue of Social Institutions." *Social Epistemology* 26 (2), 2012: 163–173, reprinted by permission of the publisher Taylor & Francis Ltd, http://www.tandfonline.com

7　Dotson, Kristie. "Tracking Epistemic Violence, Tracking Practices of Silencing, Tracking Epistemic Violence, Tracking Practices of Silencing." *Hypatia* 26 (2), 2011: 236–57.

Used with permission of Cambridge University Press, from Kristie Dotson, "Tracking Epistemic Violence, Tracking Practices of Silencing," 2011; permission conveyed through Copyright Clearance Center, Inc.

8　Wylie, Alison. "Why Standpoint Matters." in *Science and Other Cultures*, Routledge, 2003, pp. 26–48, reprinted by permission of the publisher Taylor & Francis Ltd, http://www.tandfonline.com

人名索引

ア行

アイヴィー，ヴェロニカ（出版時はマッキノン，レイチェル）　68
アッピア，クワメ・アンソニー　4
アラウホ，グウェン　87–91, 94–95, 100, 106–108, 110, 115, 117
アルコフ，リンダ　197
アンダーソン，エリザベス　157, 171
アンダーソン，ジョエル　131
ヴァリアン，ヴァージニア　271
ウィークス，キャシー　252–253
ウィーバー，コートニー　167
ウィルカーソン，ウィリアム　180
ヴェイド，ディラン　106
ウェルトン，キャスリン　243, 248
ヴェレマン，デイヴィッド　129–132, 134–136, 151
ウォルシュ，ジョアン　167
ウォルドロン，ジェレミー　137–138, 146, 152
エアーズ，イアン　175, 177
エスピン，オリヴィア　172
エメンズ，エリザベス　178–180
エリス，トレイ　34
エレシェフスキー，マルク　257
オリリー，キャスリン　248, 250, 265

カ行

ガーフィンケル，ハロルド　97, 116
カント，イマヌエル　120, 126–127, 140
キッチャー，フィリップ　259–260, 273
キム，ビトナ　156–157, 162, 167, 173
キャレフ，ザック　88, 110, 112
キンセラ，ヘレン　242, 252
クレンショー，キンバリー　220–221
クロス，ウィリアム・E　67
クーン，トーマス　257
ケイ，アーロン　174

ゲイツ，ヘンリー　34
ケニー，サリー　242, 252
ケラー，エヴリン・フォックス　248
ゲロー，ジョーン　270
コーシー，スーザン　161
コード，ロレイン　227
コリンズ，パトリシア・ヒル　216–218, 241–242, 246, 262–264, 267, 269
コンキー，マーガレット　270

サ行

サイ，ジョン・オリヴァー　165
シェリダン，ニコレット　122, 142, 151
シスモンド，セルジオ　254
ジンメル，ゲオルク　263
スティッチ，スティーヴン　6
スピヴァク，ガヤトリ　206–207
スミス，ドロシー　241–242, 245–246, 249
ソーマン，マーク　89–90, 110
ソロモン，ミリアム　253, 273
ソーン，バリー　22

タ行

タウンリー，シンシア　212, 218
チャン，コニー　167
チュヤン，サプナ　165
チョウ，スミ　161–162
チョウ，ロザリンド　159, 166, 168, 173
デイヴィス，アンジェラ　113
ティーナ，ブランドン　95–96
テイラー，ポール　157
デジェネレス，エレン　4
デュプレ，ジョン　257
デルファイ，ハートマン　16
トゥアナ，ナンシー　217
ドウォーキン，アンドレア　120
トーマス，ローレンス　176
トレビルコット，ジョイス　180

ナ行

ナーラーヤン，ウマ　229–231, 263,
　267–268
ニーリイ，バーバラ　262–265
ヌスバウム，マーサ　120–126, 133, 135,
　142–143, 151–152, 165
ネーゲル，トマス　129–130
根本宮美子　159, 166
ノージック，ロバート　189

ハ行

ハーヴィン，カサンドラ・バイヤーズ
　225–228, 231
バーオン，バット＝アミ　254
バーギン，リサ　227
ハーシュマン，ナンシー　243, 246, 248,
　250, 265
ハスランガー，サリー　46–67, 69–70, 73,
　75–80, 83
ハッキング，イアン　64, 244–245, 257, 273
ハッチソン，スー　115
ハーディング，サンドラ　241–242,
　246–248, 251, 261
ハートソック，ナンシー　241–243,
　245–249, 251–252, 256, 265, 269
パパダキ，リナ　135
ハラウェイ，ダナ　257
ハルワニ，ラジャ　157, 163–164, 175
ハンキンソン，ジェームズ　125
ハンドルビー　261
ピルズ，リチャード　171
フライ，マリリン　19–22, 100
ブラウン，ジェニファー　175, 177
プラッソ，シェリダン　167, 173
フランクファート，ハリー　166
フリッカー，ミランダ　159, 189, 191–200,

202–203, 209, 218
フレイレ，パウロ　263
ヘイル，ジェコブ　100
ヘックマン，スーザン　240–242, 246,
　250–252, 254–256, 260–261, 271
ベッチャー，タリア　51
ホー，サイモン　166
ボーヴォワール，シモーヌ・ド　3
ボニラ＝シルヴァ，エドゥアルド　158
ホネット，アクセル　131
ボーンスタイン，ケイト　176
ホーンズビー，ジェニファー　137,
　207–210

マ行

マッキノン，キャサリン　16, 120–121,
　134, 140–141, 146–147
マートン，ロバート　263
マンハイム，カール　263
ミルズ，チャールズ　157, 163, 174, 217
モニク，ウィティック　16

ヤ・ラ行

ヤング，アイリス　19–20
ラヴィン，マイケル　98
ラウズ，ジョセフ　273
ラングトン，レイ　125, 137, 209–210, 230
リー，クリスティン　166
リー，ジーユン　172
リー，ハーパー　192
ルゴネス，マリア　233
ルモンチェック，リンダ　127
レイモンド，ジャニス　110
ロイド，エリザベス　256
ロールズ，ジョン　190–191
ロレンス，D. H.　125–126
ロンジーノ，ヘレン　257, 259, 273

事項索引

ア行

アイデンティティ　35, 52, 62, 93, 101–102, 107–108, 116, 200, 218, 248
　—強制　95, 97, 102, 112
　ジェンダー—　14–15, 22, 47, 57, 67–75, 80, 83, 98, 117, 176, 245
　人種的—　35, 50, 66–67, 93
　セクシュアル—　180
　—に対する偏見　192–193, 195–196
　ノンバイナリー—　47, 69, 82
　フルード—　69
　ミックスド—　69
アイデンティファイ　68
欺き　89, 94–95, 106, 110
イエロー・フィーバー　**153–154**, 162
　—の社会的意味　170–172, 174
依存性　207–208
　聞き手の—　208
　話し手の—　207, 209, 210, 211, 214, 216–217
イデオロギー　23, 29, 64, 91, 158, 169, 246, 251, 271
衣服　97, 104, 108, 111–112, 116, 150
意味の押しつけ説　**121–122**, 127–128, 131, 133–134
インターセクショナリティ　→交差性
MPA　→単なる好み論証
女　→セックス

カ行

階級　→社会階級
解釈的なリソース　8, 37, 194, 201
解釈的不正義　159, 169, 194–195, 202
外集団同質化効果　165
階層化　13, 30, 155, 172　→ヒエラルキー
改訂的探究　6, 8–10, 46, 48, 60, 76
概念分析　6, 46, 124
解剖学的違い　4, 38

改良的探究　**6–9**, 11–12, 15–16, 42, 46, 48, 56, 60–63, 74, 84
　枝分かれ版の—　76–77
　—と語彙　→語の流用
　—の主体　61–62
　—への懐疑論　9–10, 60–61
科学哲学　239–240, 253, 273
家庭内暴力　220–221, 229
カテゴリー
　—からの排除　51, 57–58
　人種的—　160
　—と語彙　34–36
　—と抑圧　19–20, 32, 175
　—の指令的効力　34–37
　理論的—　10, 42, 51
稼働的概念　9
家父長制　56
カミングアウト　97, 101, 103–104, 107
　　→自己提示
カラーブラインド　158, 169–170
基礎づけ主義　**250–251**, 261
規範性の問題　15, 31–32
客観性　251, 269, 271, 273
　—の複数の意味　256–261, 271–272
共通性の問題　15, 31
経験的十全性　257–259, 272
顕現的概念　9
言語的やりとり　207–210, 213, 217–219, 221, 232–234
　—の失敗　211, 213–216
　—の双務性　→双務性
顕在化　127, 128, 131, 141–145
現実　16, 225–226, 250–251
　—と表象　139, 143, 147
　—味　101, 116　→真正性
　—を切り抜ける　67–69, 72–73
交換可能化　125
交差性　12, 33, 54–55, 103
構造的な対策　196–199, 203

構築　　101–102, 107–110, 116–117, 120, 141,
　　　144, 147, 171, 217
構築主義　　16, 239, 250, 255
語の流用　　10–11, 33–36, 39–40, 78–81
コミュニケーション　　111–112, 202, 214,
　　　225, 231, 254
　　　—と双務性の要求　　→双務性

サ行

殺人　　87–90, 94–95, 102
　　ダウリー—　　229–231
差別　　13, 19, 21–23, 47, 74–75, 114, 123,
　　　128, 137, 157, 160, 196–197
ジェンダー　　14–18, **21–25, 39**, 93, 97,
　　　238–239
　　アイデンティティとしての—　　62–64,
　　　66, 69, 71, 74–75, 78–80
　　—化　　12, 15, 24, 36, 49, 79, 162, 170
　　階級としての—　　64–66, 71
　　—カテゴリー　　**17**
　　—実践　　56, 64–65
　　出生時に割り当てられた—　　47
　　—スキーマ　　271
　　—と結びついた　　97
　　—に基づく性的嗜好　　175–181
　　—に基づく不正義　　74–75
　　—の考古学　　270–271
　　—の社会化　　22
　　—表明　　53–54　→自己提示
　　—役割　　126, 134, 138, 141, 147, 162, 247,
　　　271
視覚　　94, 137–138, 165
自己決定権　　136　→自律
自己提示　　124, 129–137, 139, 141, 144, 147,
　　　149, 151–152
自己理解　　34, 36, 99, 132, 272
シスジェンダー　　47, 53, 58, 79
　　—中心主義　　56, 81
自然種　　6–7, 245
自然な態度　　97–100, 112, 116
実情　　→現実
自動的な認識的特権テーゼ　　240, **244**, 245,

250, 251, 256, 261
自認　　82–83, 180
社会階級　　14–15, 23, 49, 56, 57, 59, 60, 63,
　　　255
社会種　　7, 9
社会的位置づけ　　211, 228, 244, 246,
　　　251–255, 262, 270, 272
社会的意味　　14, 29, 36, 39, 122, 127, 141,
　　　143, 148–151, 170, 172
　　—の押しつけ　　→意味の押しつけ説
社会的自然主義　　273
社会的地位　　15, 16, 19–21, 23–25, 28, 31,
　　　37, 39, 40, 50, 71, 196, 227
社会的役割　　14, 31–32, 35, 49, 130, 133,
　　　138, 142, 149
周縁化　　20, 46–48, 50, 55, 58–59, 72–79, 206
　　認識的な—　　194, 202–203
　　抑圧されていない女と—　　32, 51
従属　　143
　　—と特権化　　15, 18–19, 24, 32, 65
集団の統合　　→認識的な民主主義
主観性の否定　　125
主体性　　13, 22, 57, 60, 128–129, 180, 218
主体地位　　64, 66, 76, 79
状況づけられた知識テーゼ　　252–253
証言　　→認識論（証言の）
証言受信力　　221–**222**, 224–225
　　—のなさ　　219, 221, **222**, 226–228,
　　　230–231
証言的不正義　　**192**, 195, 200, 204　→封殺
　　構造的な—　　198–199, 201–202
　　先制的な—　　193
　　取引に関する—　　199
常識　　→自然な態度
焦点的分析　　**14–15**, 59, 62
承認　　→認知
女性　　**18**, 23
　　—性　　14–15, 53, 66–69, 71, 150
　　—代名詞　　52, 73
　　—的　　15, 52, 69, 72, 162, 271
　　—として機能する　　**25**, 29, 59–60, 77
　　—化　　162

女性的　　15, 52, 70–72, 162
自律　　130, 135, 137, 151, 162
　　―性の否定　　124, 135
　　―的主体　　136–138
印づけ　　13, 18, 20–25, 26–28, 39–40, 67,
　　121, 247
人種　　5, **27**, 28–30
　　―化　　36, 156, 158, 162–163, 168–171, 174
　　―主義　　12, 136, 143, 151, 164, 172
　　―フェチ　　**153**, 155, 157, 174
　　ミニマルな―　　157–158, 165, 167, 171
侵襲可能化　　125
真正性　　55, 95, 109, 116–117
身体　　5, 13, 14–18, 21–22, 26, 28–29, 36–42
親密な関係における差別　　176–177,
　　179–180
信用性　　197, 216–217
　　過剰な―　　200
　　―の指標　　199, 202–203
　　―の割引　　192, 194–196, 201
信頼性　　193, 208
心理的負荷　　164, 170, 175
推論的ヒューリスティック　　266
スタンドポイント　　238–239, 241–243,
　　244–245, **252–256**, 260–261, 268–272
ステレオタイプ　　19, 131–134, 154, 160,
　　162–163, 172–174, 179, 196–199, 217–218,
　　220　→文化による死
　　―化された言動　　22
　　―脅威　　75
　　詐欺師という―　　95–97, 101, 108–109
　　人種的―　　154, 160–165, 167–168, 172,
　　174
　　―に基づく言動　　22, 133–134
　　―の受け入れ　　35, 74, 132, 148–149, 151,
　　169
正確な把握力　　221–222　→正確に把握可
　　能
正確に把握可能　　222, 227–229　→把握可
　　能、了解可能
正義　　12–13, 16, 138, 190–191
　　構造的正義と取引に関する―　　189–191,

198, 200–201
　　分配的―　　189, 191
性差別　　19, 21–23, 74–75, 95, 123, 128, 135,
　　137–138, 148–151, 225, 239, 269–270
　　日常で起こる―　　143–144
政治的コミットメント　　36, 270
脆弱性　　131, 136, 145, 209–210, 223
生殖機能　　16, 25, 38–39, 140
生殖における女の役割　　53–54
生殖的役割　　18, 23–25, 53–54, 65, 140
精神分析理論　　244, 246–248
性的強調化　　104, 140, 148–151, 162–163,
　　167, 172
性的誘い　　111, 127, 142, 161
　　―への応じやすさ　　139, 145–146, 148,
　　151
性的指向　　94, 175–177
性的嗜好　　153, 160–164, 170, 176–177,
　　178–180
　　ジェンダーに基づく―　　175
性的人種差別　　153–154, 156
性的対象　　120, 123–124, 127, 136–138, 139,
　　140–142, 172
　　―とセクシュアル・ハラスメント
　　143–145
　　―とパブリック・イメージ　　141,
　　148–151
　　―とメディア　　143, 145–146
性的魅力　　139, 142, 145, 155, 162, 176
　　―と自尊心　　149, 151
　　―と女性の価値づけ　　145–146, 148
セクシュアリティ　　19, 35, 89, 110, 138–140
　　→性的指向、性的嗜好
　　―と責任　　179–181
　　ヘテロ―　　112, 126, 135, 145
　　―とポルノ　　141, 147–148
セクシュアル・ハラスメント　　104, 132,
　　135, 138, 143–145, 160, 164, 194
セックス　　4, **6**, 13, 18, 31, 38, 68, 91–93,
　　175
　　「真の―」　　97–99, 102
　　想定された―　　21, 28, 56

—と結びつけられた身体　63, 92, 95–97, 100, 105, 109, 111

セックスワーク　104, 150

染色体　98–100

相互作用する種　244–245, 259

相対主義　266–267, 270, 275

双務性　207–210, 212–213, 217–218, 232

タ行

ダウリー殺人　229–231

他者化　166, 167, 175, 177, 178,

男性　**18, 24**

男性優位　24, 33, 134

単なる好み論証　154, 156, 157–159, 160–161, 164, 171, 174, 178

単なる手段としてのみ扱う　125–127

単なる道具としてのみ扱う　123–127

単なる無理解　201　→共有現実バイアス

知識主体　211, 216–218, 227, 234, 246, 253–254, 260–262, 272

知識主張　243, 250, 256–258　→証言

地図　67–68, 72–73

中立性　256, 258

適切性基準　122–124

道具扱い説　121–123, 126–128

道具化　124–125

同質化　→非個人化

統制イメージ　217–218, 226

徳
　　解釈的正義の—　195
　　集団の—　203
　　証言的正義の—　195, 197

特権　61–62, 103–104, 203, 206, 255, 262, 266–269
　　—化　16, 18–19, 24, 27–30, 32, 34　→従属
　　認識的—　223, 238–239, 254–255　→自動的な認識的特権テーゼ

トランス　47, 68, 90–92, 177–178
　　—の多様性　52, 93, 95–96

トランスセクシュアル　47, 91–92, 98, 100, 110

トランス・パニック抗弁　89–90, 107, 115

トランスフォビア　91, 93–94, 96, 103, 113

ナ行

内部の部外者　262–263, 266–270
　　—からなる広範なネットワーク　264–265

肉体　150, 158–160

認可　133–134, 150　→意味の押しつけ説

認識的位置づけ　227

認識的公正性　239

認識的差異　227–229

認識的な民主主義　203–204

認識的不正義　189, 192, 195, 202–203
　　構造に関する—　191, 193–195, 198, 203
　　取引に関する—　191–193, 195, 201

認識的プロジェクト　**253**, 255, 260, 272

認識的暴力　206, 210–211, 217–218, 233–234, 254　→封殺
　　—が生み出す害　212–216
　　—の行使　232

認識的リソースへの平等なアクセス　199, 202–203, 267–268

認識論　5–6, 32, 238, 241–243, 250
　　自然化された—　253
　　証言の—　208–209
　　—的基礎づけ主義　→基礎づけ主義
　　無知の—　228　→無知

認知　79, 168, 172, 180, 129–131, 136, 141, 151

認知的不協和　197

ハ行

把握可能　221–222, 224, 227–229

バイアス　32, 158, 168, 196–197, 202
　　共有現実—　201–202
　　自人種—　→外集団同質化効果
　　自民族中心主義—　200–201, 203
　　認知—　196–198, 201

売春　113, 140, 149, 171

白人至上主義　24, 29, 163　→人種主義

暴露　94, 96, 101–103

パス　28, 31, 103–104, 114

肌の色　12–14, 26, 28–29　→有色の人々

発語行為　137, 210, 230

発語内行為　137, 208, 210

発語媒介行為　210

パブリック・イメージ　129, 132–136, 139,
　141, 149–151

反事実的能力と無能力　214–215

反照的均衡　6

反省　179–180, 195, 197, 261

反転テーゼ　**238**, 251, 255, 256, 261, 262

ヒエラルキー　22, 30, 38, 164, 171, 173,
　249, 252–253

　―的なジェンダー定義　17–18, 25–26,
　　37, 40–41, 49, 62–63

　―への対抗　33, 79

非個人化　165–166, 175, 177–178

非中立性　269

非難　82, 88, 94, 98, 103, 107, 111–113

批判　16, 32–33, 37, 65, 195, 197

　―的プロジェクト　13, 15, 16, 56, 120,
　　122–123, 137, 155, 179

批判的な意識　252, 255, 260, 265–266, 272

批判理論　11, 12, 32,

表現型　156–157, 163, 167, 170–174

表現的意味　155, 171–172, 177

表象　21, 37, 95, 134, 137–138, 143,
　161–162, 164, 170, 173, 253

　―の体系　105–107, 109, 116–117

平等な社会的立場　121, 123, 128, 130–133,
　137–139, 145, 148–151

封殺　137, 206–208, 210–211, 213, 221,
　230–231

　証言の飲み込みとしての―　207, 216,
　　219–220, 221, 226–227, 230, 232–233

　証言の無音化としての―　207, **216**, 218,
　　233

　―とポルノ　208–209

　―の個別例　214–215

　―の実践　206–207, 210, 214–216,
　　233–234

フェティシズム　154, 172–173　→人種フ

ェチ

フェミニスト経験主義　241–242, 261

フェミニスト認識論　5, 209, 241

第二波フェミニズム　240

不可視化　104–105, 158

不活性化　125

服装　→衣服

プラグマティズム　273

ふりをする　53, 101, 107–108

　『プレイボーイ』　122, 125, 135, 140,
　　142–143, 151

プロジェクト

　改訂的―　6, 8–10, 46, 48, 60, 76

　概念的―　6–7, 10

　解明的―　10

　改良的―　→改良的探究

　記述的―　7, 9, 34, 56, 65, 243

　分析的―　→改良的探究

文化による死　229–231

偏見モデル　192–195, 199

包摂問題　32–33, 45, 46–48, 50–51, 58–59,
　77–78

保証　250

ポスト実証主義　273

ポストモダニズム　100, 241–242, 248, 261

ポルノ　125, 135, 140–142, 143, 146–148,
　161, 174, 208–209

本質主義テーゼ　240, **244**, 261

本質主義　36, 244–246, 249, 251, 256, 261

マ行

マイクロアグレッション　224–225,
　231–232

マイクロインサルト　233

マイクロインバリデーション　225–227,
　231

間違った身体に囚われた　88, 92, 109

マルクス主義　16, 245–248

見かけ　96–97, 100, 104, 113, 117

民族　29, 30, 40–42, 94,

無知　101, 196, 212

　悪性の―　**210–211**, 212–216, 218, 219,

227, 231, 232, 234
　安定した―　　**210**, 211–217, 228
　状況による―　　227–230
無反応な種　　245, 257
目印　　13, 17, 25, 26, 29
目標概念　　46–52, 55, 57, 58, 60–65, 73, 74,
　　76–78, 83
モデル・マイノリティ　　158, 161–162
モノ化　　121, 124–126, 165, 167, 217
　性的―　　8, 59, 61–75, 77, 165, 175
　―と文脈　　126–128

ヤ行

唯物論　　15–17, 24–25
有色の人々　　13, 45, 93–94, 114, 166,
　　168–170, 172, 216, 220, 225–226, 229, 231,
　　233
有標化　　→印づけ
誘惑　　→性的誘い
抑圧　　20, 32–33, 38, 55, 91, 100, 117, 160,

177
　自己抑制的な―　　75
　証言に関わる―　　207, 216, 219
　女性として―される　　19–21, 58, 145
　―と印づけ　　21–24
　―の源泉　　175, 268
　―の複数の形態　　12, 17–19, 45, 114
予言の自己成就　　169

ラ行

ラベル　　79, 200
リスク　　219, 220–221, 226, 230, 232–233
リスペクタビリティ・ポリティクス　　220
了解可能（intelligible）　　221–222
リンチ　　113
ループ効果　　64
レイプ　　88–89, 95, 110–113, 116, 139–140,
　　146, 164, 220–221
レッテル　　→ラベル
連帯　　114

著者紹介

サリー・ハスランガー（Sally Haslanger）
米国マサチューセッツ工科大学教授。専門は、形而上学、認識論、言語哲学。
主要業績に、*Persistence: Contemporary Readings*. MIT Press, 2006 (Roxanne Marie Kurtz との共編);
Resisting Reality: Social Construction and Social Critique, Oxford University Press, 2012 など。

キャスリン・ジェンキンズ（Katharine Jenkins）
英国グラスゴー大学講師。専門は、社会存在論。
主要業績に、"Toward an Account of Gender Identity." *Ergo*, 5 (27), 2018: 713–44. "How to be a
Pluralist about Gender Categories", in Raja Halwani, Jacob M. Held, Natasha McKeever and Alan
Soble (eds.), *The Philosophy of Sex: Contemporary Readings*. 8th Edition, Rowman and Littlefield, 2022:
233–59 など。

タリア・メイ・ベッチャー（Talia Mae Bettcher）
米国のカリフォルニア州立大学ロサンゼルス校教授。主な専門は、トランスジェンダーの
哲学やフェミニスト哲学。
主要業績に、*Berkeley: A Guide for the Perplexed*. Continuum Press, 2009; "Trapped in the Wrong
Theory: Re-Thinking Trans Oppression and Resistance." *Signs: Journal of Women in Culture and Society*
39: 2 (Winter 2014): 383–406 など。

ティモ・ユッテン（Timo Jütten）
英国エセックス大学教授。専門は、社会哲学および政治哲学。
主要業績に、"The Theory of Recognition in the Frankfurt School." in A. Honneth, E. Hammer and
P. Gordon (eds.), *The Routledge Companion to the Frankfurt School*. Routledge, 2018: 82–94; "Adorno
on Hope." *Philosophy and Social Criticism* 45 (3): 284–306 など。

ロビン・ゼン（Robin Zheng）
英国グラスゴー大学講師。専門は、倫理学、道徳心理学、フェミニスト哲学、社会哲学、
政治哲学など。
主要業績に、"Precarity is a Feminist Issue: Gender and Contingent Labor in the Academy." *Hypatia*
33I(2), 2018: 235–255; "Moral Criticism and Structural Injustice." *Mind* 130(518), 2021: 503–535
など。

エリザベス・アンダーソン（Elizabeth Anderson）
米国ミシガン大学教授。専門は、政治哲学、倫理学、社会認識論。
主要業績に、*The Imperative of Integration*. Princeton University Press, 2013; *Private Government: How
Employers Rule Our Lives (and Why We Don`t Talk about It)*. Princeton, 2017 など。

クリスティ・ドットソン（Kristie Dotson）
米国ミシガン大学教授。専門は、認識論、メタ哲学、フェミニスト哲学。
主要業績に、"How is this Paper Philosophy?" *Comparative Philosophy* 3 (1), 2013: 3–29;
"Conceptualizing Epistemic Oppression." *Social Epistemology* 28 (2), 2014: 115–38 など。

アリソン・ワイリー（Alison Wylie）
カナダのブリティッシュ・コロンビア大学教授。専門は、社会科学・歴史科学の哲学、フ
ェミニスト科学哲学、考古学史、考古学の哲学など。
主要業績に、*Thinking From Things: Essays in the Philosophy of Archaeology*. University of California
Press, 2002; *Evidential Reasoning in Archaeology* (Robert Chapman と共著). Bloomsbury Academic
Publishing, 2016 など。

編訳者紹介

木下頌子（きのした しょうこ）

明治大学文学部ほか非常勤講師。専門は言語哲学。慶應義塾大学大学院文学研究科博士課程単位取得退学。論文に、「現実に立ち向かうための分析フェミニズム」（『現代思想 2020年 3 月臨時増刊号総特集＝フェミニズムの現在』、青土社、2020 年）。翻訳に、メアリー・ミッジリー「獣性という概念──哲学、倫理学、動物の行動」（電子出版物、*Notes from biscuit tin project*, 2020 年）。

渡辺一暁（わたなべ かずあき）

会社員。専門はフェミニスト哲学。早稲田大学理工学部卒。論文に「文化的盗用──その限界、その分析の限界」（『フィルカル 3(2)』ミュー、2018 年）、「自律性が損なわれるとき──分析的フェミニズムが提案する関係的アプローチ」（GID 学会雑誌、9 巻、2016年）。

飯塚理恵（いいづか りえ）

日本学術振興会特別研究員 PD（関西大学）。専門は認識論と倫理学。哲学博士（エジンバラ大学）。論文に、「エンハンスメントとしての美の実践」（『現代思想 2021 年 11 月号特集＝ルッキズムを考える』青土社、2021 年）、「認識的不正義」（哲学の探求、49 号、2022 年）などがある。

小草 泰（おぐさ やすし）

高崎経済大学ほか非常勤講師。専門は知覚の哲学、心の哲学など。大阪市立大学大学院文学研究科後期博士課程修了。論文に、「知覚の志向説と選言説」（日本科学哲学会編『科学哲学』42-1 号、2009 年）、共訳書に、ラリー・ラウダン『科学と価値』（勁草書房、2009年）などがある。

分析フェミニズム基本論文集

2022 年 11 月 25 日　初版第 1 刷刊行

編訳者————木下頌子・渡辺一暁・飯塚理恵・小草泰
発行者————依田俊之
発行所————慶應義塾大学出版会株式会社
　　　　　　〒 108-8346　東京都港区三田 2-19-30
　　　　　　TEL〔編集部〕03-3451-0931
　　　　　　　　〔営業部〕03-3451-3584〈ご注文〉
　　　　　　　　〔　〃　〕03-3451-6926
　　　　　　FAX〔営業部〕03-3451-3122
　　　　　　振替 00190-8-155497
　　　　　　https://www.keio-up.co.jp/
装　丁————服部一成
印刷・製本——萩原印刷株式会社
カバー印刷——株式会社太平印刷社